复旦卓越·人力资源管理和社会保障系列教材

员工关系管理

田 辉 主编　　李晓婷 副主编

丛书编辑委员会

编委会主任　李继延　李宗泽
编委会副主任　冯琦琳
编委会成员　李 琦　张耀嵩　刘红霞　张慧霞
　　　　　　郑振华　朱莉莉

内容提要

本书打破了传统教材的编写体例，采用以培养学生能力为本位的项目式教学方法，训练学生的动手、创新和自学能力，知识的传授会在教学项目完成的过程中适时进行。

本书基于员工关系管理的整个过程，设计了11个教学项目。包括：员工关系管理基础、规章制度管理、招聘录用管理、员工纪律管理、员工异动管理、员工信息管理、保密竞业管理、人事外包和劳务派遣、员工满意度管理、离职与裁员管理以及员工申诉与争议处理。每一个项目均由基础理论和业务实训组成。

本书适合实践型本科及高职高专类院校人力资源管理、社会保障和工商管理专业师生选作教材，同时也可作为各类组织管理人员培训教材和普通高等教育的教材或教学参考书。

丛书总主编　　李　琦

编辑成员（按姓氏笔画排序）

邓万里　田　辉　石玉峰　孙立如　孙　林　刘红霞
许晓青　许东黎　朱莉莉　李宝莹　李晓婷　张慧霞
张奇峰　张海蓉　张耀嵩　肖红梅　杨俊峰　郑振华
赵巍巍

前言

太平洋建设集团前董事局主席严介和说过一句话:"一流的企业家只管人不管事,二流的企业家既管人又管事,三流的企业家只管事不管人。所谓管理的概念,就是在管好自己的同时,再管好自己该管的那么几个人,其他的和我没有关系。因为企业的'企'是人字头加一个停止的'止',离开了人就停止了。"这段话揭示了管理最核心的问题——管理的本质是通过别人完成任务,管理者的核心工作不是调动自己的工作积极性,而是调动他人的工作积极性,所以员工关系管理就成了调动员工的积极性、主动性的一个有效工具。

因此,如何做好员工关系管理是每个企业都需要面临和思考的问题。随着时代的变化,特别是越来越多的年轻人进入企业,他们崭新的思维和价值观将对现有的公司管理模式产生巨大的冲击:是对公司现有的管理模式进行改造,还是在现有的管理模式下找到一个新的平衡点。这就需要管理者在日常管理工作中充分发挥自己的管理智慧和管理技巧,通过有效的员工关系管理,使企业员工更加有激情,更加有归属感,工作效率更高。

另外,教育改革不断深化,尤其是职业教育也随着经济和科技的飞速发展而普及,这对传统的教学内容及方法提出了新的要求,也促进了管理教育与课程体系的改革。现代职业教育教学改革的核心理念是"能力本位",或者说"强调能力为重",具体而言就是在教学过程中要贯彻以"项目"为主线的教学手段。

本教材以作者多年的教学实践,以及作者编写的《员工关系管理讲义》为基础编写而成。本教材的编写力图做到:

(1) 从学生实际出发,编写时力求削枝强干、优化内容、突出重点、加强基础。对于理论内容以够用为主,更多地侧重于实际训练,通过大量的社会实践以及教学项目练习来增强学生对于课程的理解。

(2) 采用系统的观念将员工关系管理的基本内容优化组合成为一个新的体系,力求保持本课程教学体系的完整性与实践性。根据学生认知规律,强化社会实践意识,以培养学生分析问题、解决问题的能力。

(3) 在教材编写中力求做到科学性与实用性、先进性与针对性相统一;做到循序渐进、深入浅出,特别注意学生动手能力的培养;每一项目都安排有详细的引导与案例讨论以及实训指导。

(4) 本教材没有长篇大论,而是通过一个个具体实用的方案和表格,让学生既可以现查现用、现学现用,又可以迅速掌握各种方案的写作要点以及技巧。这些方案和表格都是经过成功企业的实践验证,具有极大的可操作性和实用性。

本教材根据教学计划,建议讲授50—80学时。有的章节的次序和内容可依各专业要求酌情调整。本教材除可作为高等职业院校人力资源管理学类专业教学用书外,对于从事人力资源管理理论研究学者、大专院校人力资源管理专业的学生以及其他相关人员都有很高的参考价值。

本教材在编写过程中参考了相关中外文献,编者对这些文献的作者表示感谢!由于时间仓促和本人经验不足,以致书中有些内容没有指出来源,请相关人员谅解,并再次表示感谢。同时,限于编者水平,错误、缺点在所难免,敬请专家和广大读者批评指正!

编 者
2015 年 1 月 20 日

目 录 Mulu

项目一　员工关系管理基础 ……………………………………………………… 1
　　任务一　员工关系管理简介 ……………………………………………………… 2
　　任务二　员工关系管理职业定位 ………………………………………………… 8
　　任务三　劳动关系基本理论——合作冲突理论 ………………………………… 16
　　任务四　综合实训 ………………………………………………………………… 32

项目二　规章制度管理 …………………………………………………………… 34
　　任务一　企业规章制度概述 ……………………………………………………… 35
　　任务二　企业规章制度制定及修订 ……………………………………………… 41
　　任务三　员工手册编制 …………………………………………………………… 47
　　任务四　职工代表大会制度 ……………………………………………………… 52
　　任务五　综合实训 ………………………………………………………………… 65

项目三　招聘录用管理 …………………………………………………………… 67
　　任务一　录用审查 ………………………………………………………………… 68
　　任务二　劳动合同订立 …………………………………………………………… 73
　　任务三　试用期管理 ……………………………………………………………… 80
　　任务四　招聘录用沟通管理 ……………………………………………………… 89
　　任务五　综合实训 ………………………………………………………………… 95

项目四　员工纪律管理 …………………………………………………………… 97
　　任务一　纪律管理制度 …………………………………………………………… 98
　　任务二　员工奖惩管理 …………………………………………………………… 102
　　任务三　奖惩沟通管理 …………………………………………………………… 108
　　任务四　综合实训 ………………………………………………………………… 114

项目五　员工异动管理 ………………………………………………………………… 116
任务一　晋升 …………………………………………………………………… 117
任务二　降职 …………………………………………………………………… 121
任务三　综合实训 ……………………………………………………………… 125

项目六　员工信息管理 …………………………………………………………… 127
任务一　员工信息管理与分析 ………………………………………………… 130
任务二　员工人事档案管理 …………………………………………………… 137
任务三　综合实训 ……………………………………………………………… 146

项目七　保密竞业管理 …………………………………………………………… 147
任务一　商业秘密和保密管理 ………………………………………………… 148
任务二　订立保密和竞业限制协议 …………………………………………… 153
任务三　综合实训 ……………………………………………………………… 158

项目八　人事外包和劳务派遣 …………………………………………………… 160
任务一　人事外包 ……………………………………………………………… 161
任务二　劳务派遣 ……………………………………………………………… 168
任务三　综合实训 ……………………………………………………………… 173

项目九　员工满意度管理 ………………………………………………………… 175
任务一　员工满意度调查 ……………………………………………………… 176
任务二　员工满意度内容 ……………………………………………………… 184
任务三　员工满意度调查十步曲 ……………………………………………… 190
任务四　盖洛普 Q12 测评法 …………………………………………………… 195
任务五　综合实训 ……………………………………………………………… 204

项目十　离职与裁员管理 ………………………………………………………… 205
任务一　离职管理 ……………………………………………………………… 206
任务二　裁员管理 ……………………………………………………………… 213
任务三　综合实训 ……………………………………………………………… 220

项目十一　员工申诉与争议处理 ………………………………………………… 222
任务一　员工申诉管理 ………………………………………………………… 225
任务二　劳动争议处理 ………………………………………………………… 231
任务三　综合实训 ……………………………………………………………… 237

附录 ………………………………………………………………………………… 238

附录1：某公司招聘录用管理制度 ·· 238
附录2：某公司员工满意度调查方案 ·· 240

参考文献 ··· 242

项目一

员工关系管理基础

教学目标

知识目标

① 掌握员工关系的概念及内涵；
② 了解员工关系管理的意义；
③ 掌握员工关系管理的内容及职责；
④ 理解劳动关系的基本理论——合作冲突理论。

能力目标

① 能准确讲述什么是员工关系；
② 了解员工关系管理在人力资源管理中的地位和重要意义；
③ 明确员工关系管理人员应具备的职业素质；
④ 灵活运用合作冲突理论解决实际问题。

案例导入

第十批新职业缘何均出自服务业

2007年11月22日，劳动和社会保障部在青岛召开第十批新职业信息发布会，正式向社会发布我国服务业近来产生的十个新职业的信息。这十个新职业是：劳动关系协调员、安全评价师、玻璃分析检验员、乳品评鉴师、品酒师、坚果炒货工艺师、厨政管理师、色彩搭配师、电子音乐制作师和游泳救生员。

在这十个新职业中，劳动关系协调员和安全评价师是与劳动者合法权益和职业安全维护有密切关系的职业。在全球化、信息化不断发展的背景下，新型劳动关系大量涌现。由于缺乏成熟的调控机制,我国目前的劳动关系总体上比以前更加脆弱,劳动违法案件和劳动争议案件数量持续增长。为此,急需建立一支劳动关系协调的专业化队伍。目前,我国已建立企业劳动争议调解委员会数十万个,地区性劳动争议调解组织近万个。同时,越来越多的企业开始建立和完善内部劳动关系协调机制。专职从事相关工作的人员已达数十万人。随着《劳动合同法》的实施和企业劳动关系自我协调机制建设的加强,社会对劳动关系协调员的需求将会越来越大。设立劳动关系协调员这一新职业,对于提高从业人员的业务水平,增强其解决劳资问题的能力,促进稳定和谐劳动关系的建立具有十分重要的意义。

(资料来源:劳动保障部网站)

任务一 员工关系管理简介

一、任务要求

用自己的语言准确表述什么是员工关系,理解员工关系的内涵,了解员工关系管理的意义及基本内容。

二、实训

(一)【实训名称】"员工关系"大家说
【实训目的】真正理解员工关系的内涵,并能够用自己的语言准确表述
【实训步骤】
(1) 全班4~5人一组,分成若干小组;
(2) 以小组为单位,每人用一句话说明什么是员工关系;
(3) 以小组为单位,每人列举1~2件典型的员工关系事件;
(4) 每组派代表在全班做总结发言。

【实训要求】
说明什么是员工关系时要求语句完整,表述清楚;步骤(3)要求进行讨论,明确所列举的事件属于员工关系的范畴;小组代表对小组活动情况的概括应真实、总结性强。

(二)【实训名称】案例分析
【实训目的】通过具体案例分析,进一步认识员工关系管理的重要性及意义
【实训步骤】
(1) 提出案例:

留人更要留心

伴随"十一"黄金周的到来,短途旅游游客量剧增,某酒店所有员工整整加了一个多星期的班。

> 到了月底发工资的时候,人力资源部在计算加班工资时的混乱和失误使得员工的怨言彻底爆发了。从1个员工追讨加班费,到14位员工集体追讨,从追讨加班费继而到追讨探亲假……人力资源部郭经理办公桌上摆满了员工的投诉信件、公司高层的问责信件,还有媒体要求采访的电话不时响起。
>
> 对于一个具有两三百人的中型酒店来说,员工争取自身权益不足为奇,问题是员工没有向酒店人力资源部门提出正式或书面的要求,也没有员工与公司管理层正式协商,而是直接上告到当地人力资源和社会保障局,其中加班费一案又进一步告到法院。一时间该酒店成为当地乃至全国议论的焦点。
>
> 公司人力资源部迅速采取了行动,两周后所有员工被拖欠的加班费付清了,关于探亲假也有了新的明确规定和安排,但是公司声誉却因此受到影响。人力资源部郭经理认真翻看了这14位员工的档案和基本信息,发现其中一大半是在酒店工作5年以上的老员工。这在员工流动频繁的酒店业还是很难得的,说明酒店有一定的吸引力。但是员工不爱酒店,酒店留住了员工,但没有留住员工的心。
>
> (资料来源:詹婧《员工关系无小事》)

(2) 思考及讨论:

① 思考该案例中所发生事件的原因,究竟是员工本人的问题还是酒店人力资源管理的问题?

② 分析该酒店的员工关系状况,并提出改进建议。

③ 通过该案例,你得到什么启发?

(3) 教师总结。

【实训要求】

能够抓住事件的关键点,正确理解案例,联系所学知识为该酒店的员工关系管理现状进行诊断,并提出合理建议。

三、知识链接

(一) 员工关系的内涵及特点

1. 员工关系的内涵

"员工关系"一词源自西方人力资源管理体系。最初激烈的劳资矛盾和对抗给企业发展带来了诸多不稳定因素。在劳资双方力量的博弈中,管理方逐渐认识到缓和劳资冲突、让员工参与企业经营的正面作用。随着管理理论的发展,人们对人性本质认识的不断进步,以及国家劳动法律体系的逐步完善,企业越来越注重内部沟通和协调合作,改善员工关系。

员工关系是指管理方与员工及团体之间产生的,由双方利益引起的表现为合作、冲突、力量和权力关系的总和,并受到一定社会中经济、技术、政策、法律制度和社会文化背景的影响。管理方与员工之间相互作用的行为既包括双方之间因为签订雇佣契约而产生的法律上的权利义务关系,也包括社会层面双方彼此间的人际、情感甚至道义等关系,即双方权利义务不成文的传统、习惯及默契等伦理关系。

与对抗性的劳资关系不同的是,员工关系更是以员工为主体和出发点的企业内部关系,注重个体层次上的关系和交流,注重和谐与合作,如人际关系管理、劳动关系管理、沟通管理、民主参与和企业文化建设等方面。因此,员工关系不仅重视劳动关系问题,而且通过以人为本的管理方式,使企业与员工之间、员工与员工之间产生更加和谐的工作气氛。

员工关系是人力资源管理的一部分。在人力资源这个概念刚刚产生的20世纪50年代,人们对人力资源重要性的认识逐步深化:从把人当作一种成本,到强调人力资源是一种取之不尽、用之不竭的资源;从把人当作一种资源,到把人当作决定企业持续发展的重要因素;从把人当作决定性因素,到把人看成是企业的竞争对手不可模仿的人力资本。人力资源已成为企业的发展之本,员工关系问题的重要性也日益凸显出来。

2. 员工关系的特点

员工关系具有以下四个特点:

(1) 个体性与集体性。员工关系可分为个别员工关系和集体员工关系两种。个别员工关系是个别员工与管理方之间的关系,即个别员工在从属的地位上提供职业性劳动、管理方给付报酬的关系。集体员工关系是员工的团体,如工会,为维持或提高员工劳动条件与管理方之间的互动关系。

(2) 平等性与不平等性。一方面,员工以劳动换报酬,处于从属地位,在劳动过程中员工有服从管理方安排指示的义务,体现了员工关系的不平等性;另一方面,在签订劳动合同之前,员工与管理方可就劳动条件进行协商,在劳动关系存续期间,员工也可以就劳动条件的维持或提高与管理方进行协商,不存在从属地位关系,也无服从的义务,体现了员工关系的平等性。

(3) 对等性与非对等性。对等性义务是指一方没有履行某一义务时,他方可以免除另一相对义务的履行,属于双方利益的相互交换;而非对等义务指一方即使没有履行某一相对义务,他方仍不能免除履行义务,属于伦理上的要求。例如:员工提供劳动与管理方支付劳动报酬之间具有对等性;但员工提供劳动与管理方的照顾义务、员工的忠诚义务与管理方的报酬给付、员工的忠诚义务与管理方的照顾义务则均无对等性。

(4) 经济性、法律性与社会性。员工通过提供劳动获取一定的劳动报酬和福利,体现了员工关系的经济性。同时,员工关系在法律上是通过劳动契约的形式表现,员工在获取经济利益的同时,还要从工作中获得作为人所拥有的体面、尊严、归属感、成就感和满足,其经济要素和身份要素同时并存于同一法律关系中,只不过以身份要素为主。

(二) 员工关系管理的意义

员工关系管理是指在企业人力资源体系中,各级管理人员和人力资源职能管理人员,通过拟定和实施各项人力资源政策和管理行为,并用其他的管理沟通手段来调节企业和员工、员工与员工之间的相互联系和影响,从而实现组织的目标,并确保为员工、社会增值。从狭义上讲,员工关系管理就是企业和员工的沟通管理,这种沟通更多地采用柔性的、激励性的、非强制的手段,从而提高员工满意度,支持组织其他管理目标的实现。其主要职责是:协调员工与组织、员工与员工之间的关系,引导建立积极向上的工作环境和企业文化。

盖洛普对健康企业的成功要素之间的相互关系进行了深入的研究,并建立了"S路径"模型来描述员工个人表现与公司整体业绩之间的路径(见图1-1)。当新员工进入企业的时

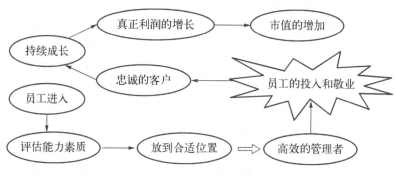

图 1-1 盖洛普 S 路径

候,通过对其能力素质的评估,将员工放在合适的岗位上,并由高效的管理者管理,实现人与事的最佳配合。当员工潜力和能力得到充分发挥,实现了自我价值时,员工就会更积极地投入到工作中,强烈的参与意愿和热情的工作态度将为企业赢得更多忠诚的客户,进而带来企业利润的增长,对上市公司而言即实现市值的增加。而这一良性循环的形成,得益于良好的员工关系管理。

从员工个人发展的角度看,良好的员工关系管理可以为员工提供实现自我职业规划的必要措施和平台,提高员工的组织归属感和幸福感。

从企业整体发展的角度看,良好的员工关系管理可以实现人与事的最佳配合,保证组织目标的顺利完成;由于照顾到员工各方面的合理需求,因而能够培养出真正敬业的员工,留住并激励优秀人才,员工积极的工作态度和出色的业绩表现则成为企业增强竞争优势、在激烈的竞争中脱颖而出的关键。

(三)员工关系管理的内容

员工关系管理的基本任务是配合人力资源管理的整体战略和计划,组织和管理好人力资源这一最为重要的生产力要素,正确处理企业与员工、员工与员工之间的关系,统筹建设和推广企业文化,充分发挥员工的积极性和创造性,不断改善人员队伍素质,保证劳动生产率的持续提高。

广义的员工关系管理涉及了企业文化和人力资源管理两大领域,包括企业核心价值观的确立、组织体系的设计和调整、工作分析、人力资源制度的制定和实施等。

狭义的员工关系管理只从人力资源管理职能上看,主要包括劳动关系管理、员工沟通管理、员工冲突处理、员工纪律与奖惩管理、员工信息管理、员工关系调查与诊断和员工咨询服务等。

1. 劳动关系管理

劳动关系管理包括员工入职、离职面谈及相关手续办理,员工申诉、纠纷和意外事件处理等内容;主要是劳动者与用人单位之间在劳动过程中所发生的关系的管理,包括劳动时间、劳动报酬、安全卫生、劳动纪律、福利保险、教育培训和劳动环境等。

2. 员工沟通管理

员工沟通管理贯穿员工关系管理工作的全过程。要保证沟通渠道的畅通,应建立完善的、利于双向沟通的渠道,引导企业和员工之间、员工与员工之间进行及时的、双向沟通,完善员工建议制度,并重视管理者与团队领导或主管之间、管理者与员工之间持续的非正式和正式的互动。员工关系管理人员应办好内部期刊,加强对公司内部网络的管理,及时反馈和处理员工的投诉或建议、电话和邮件,定期组织沟通会议听取员工意见,定期组织员工与高层的见面畅谈会,加强与员工家属的联系等工作,并致力于创造和维护更多切实有效的沟通渠道和方法。实际上,随着企业对沟通管理的重视,实践中形成了越来越多的沟通渠道,如上级经理门户开放、吹风会、工作面谈、网上论坛和员工满意度调查等。

3. 员工冲突处理

员工冲突处理是员工关系管理人员的重要职责。面对员工申诉和人事纠纷,员工关系管理人员要及时进行调查和调解,对员工的不满和质疑进行疏导和答复,避免矛盾升级。一旦劳资冲突上升为劳动争议,员工关系管理人员应主动和员工以及工会积极商讨解决方案,在不损害企业利益的前提下尽可能满足员工的要求,降低劳动争议给企业运作带来的负面影响。

4. 员工纪律管理

员工纪律管理指制定雇佣行为规范的体系、准则和程序,当员工触犯了企业纪律时,有关部门要遵照一定的程序对其实施处罚,当员工较好地遵守了企业纪律时,企业要给予员工相应的奖励。奖励和处罚不是员工纪律管理的目的,能够对员工的行为进行规范,防微杜渐,才是纪律管理的真正目的。通过纪律管理,保护双方合法利益,规范管理者对待员工的方式及工作期望。

5. 员工信息管理

员工信息管理既是企业的"信息情报部",又是企业的"决策参谋部"。员工信息管理通常要与公司的 ERP(Enterprise Resource Planning)系统相配合。员工信息管理是指利用一系列软件(如人力资源管理软件或自行设计的 EXCEL 表格等),尽可能完善地记录并管理员工的信息。这些信息包括员工的出生年月、家庭住址和婚姻状况等基本信息,也包括员工的学习经历、工作经验和参加培训等技能信息,同时还要保持信息内容的及时更新,进行动态监测和分析管理。当企业出现职位空缺时,不必花费高昂的猎头费、广告费,即可从企业完善的人才信息库里迅速找到合适的人选。

6. 员工关系诊断

员工关系诊断包括组织员工满意度调查、各项公司内部活动后的调查,解决员工关心的问题,引导员工建立良好的工作关系,创建利于员工建立正式人际关系的环境。调查只是工作的第一步,关键是利用调查结果分析诊断员工关系状况,及时报告发现的问题,并最终制订员工关系改进计划,对实施效果进行评估。此外,员工关系管理人员还需组织健康体检、公司联欢、集体旅游和拓展训练等活动,增进彼此之间的了解,建立和谐的员工关系。

7. 员工咨询服务

员工咨询服务主要是为员工提供有关国家法律、企业政策、个人身心等方面的咨询服务,协助员工平衡好工作与生活的关系,实施 EAP(Employee Assistance Program,员工援助计划)。法律咨询服务要求员工关系管理人员认真学习并研究法律问题,为员工提供有关国家政策、劳动法律法规及企业规章制度等方面的咨询服务;心理咨询服务要求员工关系管理人员帮助员工更好地面对工作压力、解决人际关系困境、平衡工作与生活的关系、做好健康和压力管理。

四、延伸阅读

《2007年中国企业员工关系管理实践与挑战》调研十大发现

本次调研是由北京万古埃森特咨询公司发起的封闭邀请调研,主要调研对象为财富500强在华企业,以及本地上市公司。万古埃森特于2007年7月开始邀请企业参加,历时半年时间,共邀请到200多家企业参加调研。其中,42%的企业为跨国公司,48%为外资企业;500人以上的企业占62%,1 000人以上的企业占45%;67.3%以上的企业年收入超过人民币5 000万元。

通过调研,万古埃森特总结了以下十个核心发现:

(1) 中国目前有接近40%的外资企业和上市公司设置了独立的员工关系管理组织,其典型的职能范围包括劳动关系管理、员工沟通、员工活动、激励、企业文化和员工关怀(工作—生活平衡计划)等;平均来看,每800名员工配备一名员工关系管理人员。另通过针对企业招聘员工关系管理的动态进行监测,发现自新劳动合同法颁布后,员工关系管理人员的招聘需求增加了75%以上。

(2) 调研企业员工关系管理的五个首要目标为提高员工满意度(84.9%)、改善员工凝聚力和归属感(79.2%)、加强与员工的沟通(75.5%)、加强企业文化的贯彻和渗透(65.5%)和提高人才保留率(49%);而衡量员工关系管理的指标则为员工流动率的变化(52.8%)和员工意见调查(满意度调查)(49.1%)。

(3) 调研企业2008年员工关系管理的三个重点挑战为"新劳动合同法实施后的员工关系管理"、"如何通过创新性的途径,加强与员工的沟通"、"提高员工满意度,降低主动离职率"。

(4) 调研企业最依赖的五个员工沟通渠道分别为绩效面谈(92.5%)、员工年会(77.4%)、内部刊物(72%)、内部网站(70%)和员工意见箱(47.2%);而最有效的五个则为绩效面谈(62.3%)、内部网站(30.2%)、员工年会(26.4%)、内部刊物(22.6%)和员工意见箱(20.8%)。

(5) 在激励员工方面,调研企业设置率最高的奖项有年度员工奖、服务年限奖、最佳团队奖、员工建议奖和总经理/总裁奖;使用率最高的十种奖品有荣誉证书、奖杯/奖牌/奖章、数码相机/摄像机、购物卡/购物券、手机、手表、MP4、衬衫/其他服装、SPA消费券、野营帐篷。

(6) 56%的企业组织过奖励旅游;调研企业选择过的前五个奖励旅游目的地为海南三亚、云南丽江、广西桂林、香港/澳门和泰国;奖励旅游人均预算超过8 000元的为19%,低于5 000元的为68%;调研企业奖励旅游使用过的前五个酒店品牌分别为雅高、凯莱、半岛、凯宾斯基和日航;备受赞赏的前五个旅行社为中青旅、中国国旅、中旅、携程旅行网和康辉旅行社。

(7) 53.4%的企业为员工提供入职体检和年度体检,只有10.7%的企业为每位员工建立健康档案,8.14%的企业在公司内设立健身器材和健身房;在体检和健康领域的前五个知名服务商为慈铭健康体检、佰众体检、爱康网、九华体检和美兆体检,然而健康体检领域知名度突出的品牌还比较缺乏,大多数企业的健康体检分散于各普通医院体检中心。

(8) 以心理咨询为核心的EAP(员工援助计划)在中国的普及率还比较低,只有22%的企业采用过EAP服务,54%的企业没有采用过,24%的企业不知道何为EAP;在引进EAP服务的企业中,大多数企业应用于"绩效沟通"项目中,而应用于裁员解决方案的仅为1.41%。

(9) 在长期激励方面,仅有29%的企业采用了股票或股票期权的方式;而在这29%的企业里,38%的情况是员工持股,62%的则用股票期权的形式。

(10) 参加调研企业的员工流动率平均为14.14%,IT行业稍微偏低,为13.85%。

(资料来源:中国人力资源经理网,2008-1-25)

任务二 员工关系管理职业定位

一、任务要求

对不同规模企业的员工关系管理定位进行分析;掌握员工关系管理人员的工作内容、岗位职责及任职要求;了解员工关系管理人员与其他职位的联系及独特之处。

二、实训

【实训名称】应聘员工关系专员
【实训目的】了解员工关系专员的职责及任职要求
【实训步骤】
(1) 全班4～5人一组,分为若干小组;
(2) 以小组为单位,自行搜集有关员工关系专员的招聘信息或工作说明书;
(3) 以个人为单位,撰写真实的个人简历,应聘员工关系专员;
(4) 以书面形式提交个人简历。
【实训要求】

步骤(2)要求学生搜集员工关系专员的招聘信息或工作说明书(见表1-1),旨在帮助学生了解员工关系专员的工作内容、岗位职责及任职要求;步骤(3)为个人任务,每个学生根据自己的实际情况,撰写真实的个人简历,要求列出本人从事员工关系管理工作的优势及不足,并编制紧急重要任务安排图。

表1-1 员工关系专员职位说明书(示例)

基本信息	职位名称	员工关系专员	职位编号	HR003	所属部门	人力资源部
	直接上级	人力资源部长	直接下属	无	晋升岗位	员工关系主管 薪酬主管
职位目的	依据国家及北京市劳动法律法规,主导集团内员工异动、劳动合同、人事档案、社会保险、住房公积金、招调工、招调干工作,处理劳资纠纷,建立和谐、愉快、健康的劳资关系					

(续表)

工作职责	员工异动管理	1. 依据招聘管理制度，及时办理员工入职手续 2. 依据入职管理制度，及时办理员工转正手续 3. 依据员工异动管理制度，办理员工职位变动、部门间调动、公司间调动手续 4. 依据离职管理制度，为员工办理离职手续 5. 指导、监督项目公司员工异动管理
	员工档案管理	1. 依据人事档案管理制度，及时建立、维护集团总部员工电子档案及书面档案 2. 履行集团总部档案保管、借阅、销毁等手续，确保人事档案完整、信息准确 3. 指导、监督各项目公司员工的档案管理
	劳动合同管理	1. 组织实施劳动合同、保密协议、竞业限制协议的签订、续订、变更、解除和保管工作 2. 建立劳动合同台账并及时更新 3. 指导、监督各项目公司的劳动合同管理工作
	社会保险、住房公积金管理	1. 依据国家及公司社会保险管理制度，为集团总部员工办理社会保险的增加、变更、停止、社保卡、工伤申报，向员工解答保险方面的疑惑 2. 依据国家及公司住房公积金管理制度，及时为集团总部员工办理住房公积金的增加、减少申报，解答员工关于住房公积金方面的疑惑 3. 指导、监督项目公司社会保险、住房公积金的管理工作
	招调工、招调干管理	1. 依据北京市招调干、招调工政策，组织实施每年的招调干、招调工的报名、资格审查及手续办理工作 2. 指导各项目公司的招调工、招调干工作
	人事基础信息整理分析	1. 每月及时准确提交人事月报 2. 主管级以下员工离职沟通，做离职原因分析 3. 定期做员工满意度调查，并对数据进行分析
	劳资纠纷管理	1. 受理员工的各类投诉及劳动纠纷，及时组织处理 2. 指导各项目公司的劳资纠纷工作
	其他工作	1. 协助部长起草、修订人事档案、劳动合同、保险管理、住房公积金管理、招调干、招调工、劳动纠纷管理等制度 2. 上司安排的其他工作
工作关系	内部关系：公司各部门 外部关系：人事局、劳动局、社保局、住房基金管理局	
工作权限	1. 员工关系工作计划权 2. 人力资源规划建议权 3. 依据相关规定，对劳动争议的处理权 4. 入职、转正、异动资料审核权 5. 人事档案保管权	
关键绩效指标	1. 异动手续办理的规范化、及时性、准确性 2. 人事档案的完整、信息准确性 3. 劳动合同签订的及时性及劳动合同台账信息的准确性 4. 社保保险、住房公积金办理的及时性、准确性 5. 人事报表的及时性、准确性 6. 工作差错率	

（续表）

任职资格	学历	大专以上	专业	人力资源管理、工商管理、心理学	年龄	22～35	性别	女
	知识	人力资源知识、国家及北京劳动法律法规知识						
	能力	掌握档案管理、劳动合同管理、招调工办理、社保办理、人事报表的制作等技能，熟练使用办公软件（尤其是 Excel），沟通协调、执行能力强						
	工作经验	一年以上员工关系专员工作经验						
	职业素养	诚实正直、沉稳细致，具有亲和力和良好的服务意识、能保守人事机密						
相关说明								
编制人员			审核人员			批准人员		
编制日期			审核日期			批准日期		

三、知识链接

（一）不同规模企业的员工关系管理定位

员工关系管理是每一位管理者的职责，其专职管理岗位一般设在人力资源部的员工关系岗，分专员、主管、经理职级。但与人力资源管理的其他职能相比，员工关系专员在我国还是新兴职业。因企业规模及组织机构设置的不同，员工关系管理在企业和人力资源部的定位有所不同。

一般来讲，在下设较多海外子公司的多元化大型集团公司，集团总部的人力资源部（管理中心）一般会单设一个员工关系部，来负责下属各级公司的员工关系管理和企业文化建设指导工作。员工关系部经理和若干员工关系专员职位，在集团公司及人力资源部是一个专门的二级部门管理岗位。

对于国内下设较多子公司或者独立性分支机构的区域级大型公司，在总公司的人力资源部中，也需要设立一个员工关系主管或者专员职位，专门负责公司员工关系管理和企业文化工作，这个岗位也是单独设置的。

在一家集生产、销售、研发于一体的部门齐全或只有分公司的中型公司，因为岗位设置有限，所以这类公司负责员工关系管理的一般就是人力资源部的最高负责人及其代理人，其主要工作是员工关系管理、企业文化建设和人力资源管理规划，至于招聘、培训、绩效考核、薪酬福利则安排下属专人分管。

如果公司的职能单一、规模较小，或公司分支机构较少，最多各地有一些代表处，每个代表处有两三个联络人员，则在这类小型公司中，没有专职的员工关系管理人员。切忌将员工关系管理置于行政部，而应该由公司的最高管理层及其代理人来主管员工关系管理工作，各部门中层经理应负责本部门的员工关系管理工作。

（二）员工关系管理工作的职责分工

员工关系管理工作不仅是人力资源部门的主要工作，也是各部门经理的重要工作，更是企业高层领导的关键职责之一。

高层领导主要从战略层面认识到员工关系管理工作的重要性,并为员工关系管理工作提供政策和资金支持,以及必要的监督和指导。作为连接企业和员工的中心环节,各部门经理和人力资源部须相互支持和配合,共同搞好员工关系管理。当然,人力资源部和各部门经理的职责侧重点有所不同,如表1-2所示。

表1-2 员工关系管理职责分工

人 力 资 源 部	各 用 人 部 门
分析员工不满的深层原因	执行员工关系管理政策
帮助一线经理理解劳动法规及风险规避	营造相互尊重、相互信任的氛围,维持健康的劳动关系
在如何处理员工投诉向一线经理提出建议和帮助	坚持贯彻劳动合同的各项条款
向一线经理介绍沟通技巧,及上行及下行沟通	确保公司的员工申诉程序按有关法规执行
确保企业各项员工关系管理工作有序有效进行	和人力资源部门一起参与劳资谈判
主持公司劳动纠纷的谈判、协商、调解、仲裁、诉讼	保持员工与经理之间的沟通渠道畅通,使员工能了解公司大事并能通过多种渠道发表建议和不满

(三)员工关系管理者的职业宗旨和能力要求

1. 员工关系管理者的职业宗旨

由于员工关系管理内容的特殊性,员工关系管理者可以说是企业管理人员中与劳动者接触最多、距离最近的管理者。员工关系管理者既要代表企业的利益,又要兼顾员工的需要,是企业和员工之间的重要桥梁,是化解矛盾冲突的润滑剂。作为员工关系管理者,应注意遵守如下职业宗旨。

(1)以实现企业和员工的双赢为目标。一方面,通过员工关系管理达到"让员工除了把所有精神放在工作上之外没有其他后顾之忧"的良好局面,即为员工创建良好的沟通渠道,帮助员工改善人际关系,解决员工与企业以及员工之间的冲突和纠纷等。通过各种无形的服务,做员工的主心骨,提高员工的满意度和对组织的认同感,形成统一的组织价值观。另一方面,员工关系管理仍然是现代企业中管理者代表企业所有者实施的一项管理活动,因此必须要维护企业的利益,将企业的想法以适当的方式传达给员工,并与员工的想法互相结合实现双赢,形成健康的企业氛围,降低劳动争议发生的几率,减少企业的内耗,实现企业目标。因此,员工关系管理者应以实现企业和员工的双赢为目标,尽可能实现企业和员工双方的最大要求,既要为员工服务,更要通过员工关系管理实现组织的目标。

(2)沟通和参与是员工关系管理的关键。很多员工关系管理工作的顺利开展都需要在企业内部建立良好的员工参与和沟通机制。如果企业内部信息传递渠道畅通、员工形成与企业沟通的习惯,那么当员工遇到困难或问题时,首先想到的是通过企业内部沟通来解决,这样员工关系管理人员的桥梁作用就能充分地发挥出来,也避免了内部矛盾的激化。

(3)心理契约是员工关系管理的核心。员工关系管理的核心不是与员工签订有形的劳动契约,而是建立和员工之间的心理契约。心理契约建立之后,企业才能清楚地了解每个员工的需求及职业发展愿望,并尽量为员工提供相应的发展平台;员工对企业的满意度和归属感提高,也将自愿为企业的发展全力奉献,因为员工相信企业能够满足他们的愿望和需求。

2. 员工关系管理者的能力要求

员工关系管理者既要维护企业利益,又要兼顾员工需要,同时承担着人力资源管理者、劳动关系法律咨询师、员工心理辅导师、企业文化宣传员等多种角色。因此,要胜任这一工作,不仅需要丰富的人力资源管理、组织行为学、劳动法律法规、劳动争议处理的知识和经验,同时还要具备敏锐的观察力、优秀的沟通能力和人际关系处理与协调能力,能平衡好各种关系,妥善处理公司劳动纠纷,化解矛盾冲突。

小资料:员工关系管理专项职业能力考核规范

(一)定义

运用法律、管理、心理等手段在矛盾和冲突的环境中建立良好的企业与员工之间及员工与员工之间和谐关系的能力。

(二)能力标准与内容

能力名称为"员工关系管理",所涉及的职业领域为企业人力资源管理,具体工作任务包括劳动关系管理、员工关系诊断与员工满意度调查、员工沟通与员工咨询服务、员工参与式管理、纪律管理、冲突化解与谈判六个方面,各方面的操作规范、相关知识和考核比重如表1-3所示。

表1-3 员工关系管理能力标准及鉴定内容

工作任务	操作规范	相关知识	比重
劳动关系管理	1. 能起草劳动合同管理制度,办理订立、解除和终止劳动合同手续 2. 能制定集体协商的有关规章制度,安排集体协商日程,完善集体合同草案的内容,改正有关问题 3. 能代表企业依照法定程序处理劳动争议 4. 能运用有关程序管理劳动合同的订立、变更、解除、终止等信息	1. 劳动合同订立、变更、解除和终止的有关法律规定 2. 集体合同以及集体协商的法律规定 3. 劳动争议和集体劳动争议处理的法定程序 4. 劳动合同信息管理的意义、内容以及注意事项	30%
员工关系诊断与员工满意度调查	1. 能调查员工满意度 2. 能分析诊断员工关系状况,及时报告发现的问题 3. 能制订员工关系改进计划,并对实施效果进行评估	1. 员工关系诊断的指导思想和诊断要素 2. 员工满意度调查的目的、方法和步骤 3. 报告员工关系问题的工作要点 4. 制订和实施员工关系改进计划的要求	10%
员工沟通与员工咨询服务	1. 能代表企业与员工进行沟通 2. 能为员工提供咨询服务,解决员工有关制度、心理、工作气氛等方面的问题 3. 能组织开展有利于建立和谐员工关系的活动	1. 沟通的概念和沟通的方式 2. 有效沟通的原则和技巧 3. 制度咨询的方法和要求 4. 员工援助计划理论及操作方法 5. 员工活动组织的程序、方法和注意事项	15%

(续表)

工作任务	操作规范	相关知识	比重
员工参与式管理	1. 能选择恰当的方式推进员工参与管理活动 2. 能建立员工参与管理保障制度	1. 员工参与管理的概念以及影响因素 2. 员工参与管理的方式 3. 开展员工参与管理的操作要点 4. 基于共识的参与式管理的概念、发展趋势和推动措施	10%
纪律管理	1. 能开展纪律管理并进行奖惩 2. 能发现形成问题员工的原因,并采用适当的处理策略 3. 能制定员工申诉程序,正确处理员工申诉	1. 纪律管理理论及程序 2. 奖惩事实、奖惩意义和奖惩方式 3. 问题员工的概念、处理策略与方法 4. 员工申诉的基本概念、程序和申诉处理操作要点	15%
冲突化解与谈判	1. 能及时发现可能出现的冲突,预见发展趋势,并采取有效措施予以化解 2. 能处理员工之间的冲突和变革中的劳资冲突	1. 关于冲突的基本知识 2. 员工之间冲突的原因、模式以及化解的技巧和注意事项 3. 组织变革阻力的知识 4. 劳资冲突的表现形式 5. 突发事件的预防与处理 6. 谈判的基本理论和谈判过程知识 7. 应对谈判过程中发生冲突的技巧和注意事项	20%

(资料来源:中国就业培训技术指导中心,《员工关系管理专项职业能力考核规范》,2006-12-31)

四、延伸阅读

专门"搞关系"的人

"搞关系"算不上一个褒义词,很容易让人联想到"走后门"、"暗箱操作"等不光彩行为,但有一类人,他们的职责就是"搞关系",这个关系"搞"得好不好,直接影响到企业的生产效率,这就是员工关系经理。员工关系经理是个不太常见的头衔,只有在正规的外企、国企集团、合资企业中才能觅到他的踪影。他的工作职责包括两大范畴:一是处理员工和公司的关系,即传统意义的劳资关系,另一方面是员工内部的关系协调。

曾有多年员工关系经理工作经验的联合汽车电子有限公司人事行政部经理张伟强先生指出,"人际关系的不和谐、不愉快,会为公司带来内耗。如原本有 100 个劳动力,可能因为人际争斗,最终只发挥出 96 个人的作用,这称为非战斗性减员。我们的任务就是协调人际关系,充分发挥生产力。"

张伟强的二三事

张伟强说,员工之间出于分工不明确等原因,经常会产生纷争。这类纷争虽然频繁,但由于员工素质普遍较高,处理起来也快,所以一直没有出现突出、典型的例子。倒是员工和公司之间的纠纷,会牵扯员工关系经理大部分的精力。

员工和公司发生纠纷大抵有两种情况:一是公司要终止劳动合同,一是劳动合同到期后,公司不予续签。员工在遭遇这些情况时,往往都会想不通、闹情绪,这时员工关系经理就要出面及时疏导员工的怨气,做好善后工作。

有件事让张伟强至今记忆犹新:有个员工因为绩效考核不合格,合同期满后,公司决定不再续签。他本人倒没多大反应,但他的妻子情绪却很激烈。那天下着大雨,张伟强和几个同事去该员工家里调解,结果家中铁将军把门。他们坚持在雨中等到他妻子回来,一了解,才发现她对公司有许多误解。她觉得,丈夫工作那么努力,公司居然不要他,不讲道理!经过耐心解释,这名家属终于理解了公司的立场。但新的问题又出现了,时针已经指向晚上9点,那名员工却还没有回家,手机也不接。大家意识到事情的严重性,千方百计与他取得联系。电话终于接通了,他在另一端激动地说:"你们不要管我,我的生死跟你们没关系,老婆孩子我也不要了!"张伟强一行使出浑身解数,百般劝慰,好歹把他安抚下来。第二天,又邀请他和妻子一起进行协商,终于圆满解决了此事。

除了协调员工与员工、员工与公司之间的关系,员工关系经理还要保证员工能以愉快的心情面对工作,维持正常的工作秩序。曾有个新员工,一天激动地告诉张伟强,他要去找他原先公司的人事经理算账。为什么呢?原来这个人事经理当初说,只要你们好好干,我保证你们干到退休!结果,这位员工还没有等到退休就被"请"了出去。他非常生气,感到受了欺骗。张伟强立刻告诉他:"我相信这个人事经理是出于好心,并非恶意的欺骗,只是10年以前,大家对市场经济发展的速度和力度都估计不足。公司关停并转,或者撤退到内地成本更低的地方去,现在看来都是正常的经营行为,但当时很难预料到。"寥寥几句话,说得新员工心服口服,一场风波化解于无形。

沟通技巧不一般

张伟强说,这两件事可以看出,一个员工关系经理,必须具备高超的沟通技能。在这里,张伟强透露了几个沟通的高招。

"沟通的场合非常重要。当员工激动地跑来'哇啦哇啦'时,我不忙听他说话,而是请他到会议室,给他倒杯水,问他,今天是不是很忙?有什么我可以帮忙的?这样他想发火都发不出来。"张伟强说,有时,他还会请员工到公司外面走走、聊聊,等员工放松下来,再切入主题不迟。

此外,沟通的语言也大有讲究。言简意赅自然是重要原则,然而最重要的是,千万不能讲"其实我也很同情你"云云。员工关系经理代表的是公司,你的责任是告诉对方,公司的决定是正确的、合理合法的。如果你真的觉得公司有不周全的地方,也应该直接跟上级沟通。员工并没有把你看成你个人,他把你当作公司行政的代表,所以不可以随便表达自己的倾向性,更不能轻易承诺。

第三,当沟通发生困难时,可以借助第三方的力量,如人才中介机构、职业介绍所、心理咨询机构等。员工认为,员工关系经理拿着公司的钱,肯定帮公司讲话,不可信。不妨告诉他一个劳动部门的咨询电话,让他自己去问。第三方说出来的话,他会觉得更入耳。

在沟通时,还可以邀请多方参加,如员工、员工所在的部门、工会和人事部门等,这样大家可以分头做些劝说工作,避免员工对某一个问题纠缠不休,也避免员工把火力集中在员工关系经理一个人的身上。

知识结构须全面

除了沟通技巧之外,员工关系经理的知识面也必须非常广博。概括起来,大致要具备三方面的知识:

一是经济学、管理学知识。员工关系经理所做的不是一般意义上的调解,他要通过对公司经营状况的分析,让员工明白,公司的做法是为了长远的发展,为了大多数人的利益,绝不是故意为难谁、针对谁。当公司要进行兼并重组、减薪等动作时,员工往往产生恐慌情绪,此刻,合情合理的分析还能达到稳定军心的目的。要想分析对路,就要有较强的把握能力,能从全局角度深刻认识公司的行业特征、投资重点,以及将来可能发生的变动。

二是法律知识。劳资冲突有时不得不借助法律。"很多员工蛮不讲理地对我拍桌子,甚至出口伤人,我们不能自乱阵脚,而要坚定地告诉对方,公司的做法是完全合法的。然后,把相关法规一条条解释给他听,如果解释得到位,对方的情绪就会缓解。"张伟强说,他曾代表公司上过区级法院、市中级人民法院,对劳动法也算得上精通了。

第三是综合的人文知识,如社会学、教育学、心理学等。"做'人'的工作,要因人而异,针对不同的个性,采取不同的工作方式。这个过程就需要多揣摩,综合运用各种人文学科的知识和技巧,"张伟强说。

"总而言之,员工关系经理的职责就是建立和谐、愉快、健康的劳资关系和员工关系,让每一个员工都能认同我们的企业文化,拥有共同的价值观和行为准则。"张伟强微笑着总结。

(资料来源:杨柯《员工关系经理:专门"搞关系"的人》,市场报,2004-5-25)

五、拓展训练

1. 试分析员工关系管理人员、劳动法律顾问、工会主席、员工心理辅导师、企业文化宣传员的角色定位及区别。

2. 阅读以下案例,如何理解"ER 让 HR 睡好觉"这句话?

实际上,目前中国企业大多没有成立员工关系管理职位,只有一些知名外企,如雅芳、IBM、宝洁等,才有自己的员工关系经理,专门负责做好员工关系管理工作。而有效利用员工关系管理,不仅能降低企业成本,提升雇主品牌,还能增强对新人的吸引力,帮助企业赢得人才、留住人才,更为重要的是,做好员工关系管理工作,还能使企业管理和业务运作效率大幅提升,从而让企业保持持续的竞争优势。

对于员工关系管理的重要性问题,《中国劳动争议网》深圳地区首席代表认为,目前大部分企业没有配置专职员工关系管理人员,而且市场上专业的员工关系管理从业人员也很缺乏,HR 对这方面不是关注得太少,就是往往无从下手,对 HR 而言,最让他们为头疼、最睡不好觉的不是招不到人,而是由于员工关系处理得不好而造成的纠纷。她认

> 为,如果企业能够专门成立/设立自己的员工关系管理部门/岗位(ER),那HR就不用经常进"急症室",也不用睡不好觉了。
>
> 据统计,目前员工离职的最主要原因,薪酬并不是第一因素,而大多是由于跟他的直接上司或者和他的同事关系不好造成的。对此,《中国劳动争议网》深圳地区首席代表认为,这其实可以从另外一个侧面反映出员工关系管理工作的重要性。她表示,维系员工关系的工作十分重要,尤其是在企业竞争日益激烈的情况下,如何留住和发展重要员工成了企业最困难的事情。而要做好这方面工作,需要企业总经理、部门经理、人力资源部以及全体员工的共同努力,只要任何一方出了问题,就会马上对企业产生不好的影响。
>
> (资料来源:中国劳动争议网)

任务三 劳动关系基本理论——合作冲突理论

一、任务要求

用自己的语言准确表述什么是合作冲突;理解雇主与员工为什么要合作;为什么要有冲突,以及合作冲突的主要类型和模式;学习合作冲突理论对于理解员工关系管理的重要意义。

二、实训

(一)【实训名称】小组讨论:为什么会有冲突
【实训目的】真正理解员工关系管理的本质特征
【实训步骤】
(1) 全班4~5人一组,分成若干小组;
(2) 以小组为单位,总结雇主与员工之间有什么样的冲突形式以及双方的合作方式有哪些;
(3) 以小组为单位,每人说出1~2件生活中观察到的员工关系活动管理中冲突或合作事例;
(4) 每组派代表在全班做总结发言;
(5) 教师点评。
【实训要求】
说明什么是冲突与合作时要求语句完整,表述清楚;步骤(2)要求经过讨论,明确所列举的活动属于员工关系管理性质;小组代表对小组活动情况的概括应真实、总结性强。

(二)【实训名称】案例分析
【实训目的】通过对该案例的分析讨论能够理解企业与员工的各种反应形式
【实训步骤】
(1) 案例:

佛山一鞋厂200名工人遭副总辱骂停工抗议

强群公司是佛山市南海区一家台资制鞋厂,已在当地经营19年,现有员工270多名,多数员工的厂龄在10年以上。南海新轨道交通建设工程将于近期动工,强群公司处于拆迁范围内。4月14日下午,公司副总林某召集全厂员工开会,表示员工在拆迁后,可以到两公里以外、强群公司的子公司永利公司继续上班,并保证"工资不变、福利不变、待遇不变"。随即就有员工要求给予经济补偿。但随即林副总的一句话激起了员工的愤怒:"不想做就滚,你们的脑子里装的都是大便!"对此,不少员工称人格和自尊心受到伤害。

从4月16日开始,工人们停下了手中的工作,要求厂方道歉,并给予经济补偿。事情发生后,当地工会、人力资源社会保障等部门迅速到场了解情况,稳定员工情绪并组织调处,要求公司行政管理人员向全体员工公开道歉。据悉,林副总已向全体员工公开道歉,公司也对相关管理人员作出停职反省的处理决定。目前,当地工会及政府职能部门正组织劳资双方协商,对员工提出的各项诉求正在协商解决中。

(2)思考及讨论:
① 通过该案例给停工下定义。
② 员工面对企业的不公平待遇时都有什么应对手段?
③ 在该案例情境下,企业的应对措施有哪些?你认为最好的应对手段是什么?为什么?
④ 通过该案例,你还能得到什么启发?
(3)教师总结。

【实训要求】

能够抓住事件的关键点,正确理解案例,联系所学理论,结合案例事实加以论证,初步学习案例分析的方法。

三、知识链接

(一)冲突与合作:劳动关系管理的实质

员工关系的本质是双方合作、冲突、力量和权力的相互交织。如图1-2所示。

1. 合作

管理方与员工要共同合作,进行生产,遵守一套既定的制度规则,双方以集体协议或劳动合同的形式,甚至以一种心理契约的形式,规定相互之间的权利义务、是非曲直。

2. 冲突

由于双方的利益、目标和期望常常会出现分歧、产生冲突,甚至彼此背道而驰,因而冲突也在所难免。冲突的形式,对员工来说,有罢工、旷工、怠工、抵制、辞职等,对管理方而言,有关闭工厂、惩罚或解雇等。

3. 力量

双方选择合作还是冲突,取决于双方的力量对比。力量是影响员工关系结果的能力,是相互冲突的利益、目标和期望以何种形式表现出来的决定因素。

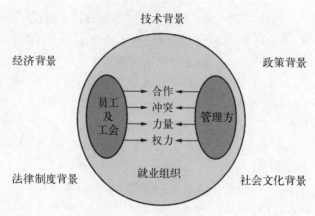

图1-2 员工关系的本质

力量分为劳动力市场的力量和双方对比关系的力量：

(1) 劳动力市场力量。劳动力市场力量反映了工作的相对稀缺程度,是由劳动力市场供求中的稀缺性决定的,一般而言,员工技能越高,其市场力量就越强。

(2) 双方对比关系的力量。双方对比关系的力量是指员工进入组织后所具有的能够影响管理方的程度,其中尤以退出、罢工、岗位三种力量最为重要："退出"是员工辞职给用人方带来的成本,如寻找和培训顶替辞职员工的费用;"罢工"是员工停止工作给管理方带来的损失;"岗位"主要是由于在岗员工不服从、不配合用人方的工作安排而带来的管理成本的增加。

4. 权力

在劳动关系管理中,管理方享有决策权力。权力是管理方拥有的权威,即对员工进行指挥和安排,以及影响员工行为和表现的各种方式。拥有权力,使管理方在劳动关系中处于主导优势地位,但这种优势地位也不是无可争议的,在某些时间和场合,可能会发生逆转。

(二) 为什么选择合作

合作,是指管理方与员工要共同生产产品和服务,并在很大程度上遵守一套既定制度和规则的行为。这些制度和规则是经过双方协商一致的,协议内容非常广泛,涵盖双方的行为规范、员工的薪酬福利体系、对员工努力程度的预期、对各种违反规定行为的惩罚,以及有关争议的解决、违纪处理和晋升提拔等程序性规定。

劳动关系理论一般认为,合作的根源主要是"被迫"和"获得满足"。

1. "被迫"

"被迫"是指员工迫于压力而不得不合作,即雇员如果要谋生,就得与雇主建立雇佣关系。而且如果他们与雇主利益和期望不符或作对,就会受到各种惩罚,甚至失去工作。即使雇员能够联合起来采取集体行动,但长期的罢工和其他形式的冲突,也会使雇员收入受到损失,还会引起雇主撤资不再经营,或关闭工厂,或重新择地开张,最终使雇员失去工作。事实上,员工比雇主更依赖这种雇佣关系的延续。而且从长期而言,他们非常愿意加强工作的稳定性、获得提薪和增加福利的机会。从这个角度讲,利益造成的合作与冲突同样重要。

2."获得满足"

(1)员工基于对雇主的信任而获得满足。这种信任来自对立法公正的理解和对当前管理权力的限制措施。对这种信任产生的原因,主要有三种解释:一是认为员工在社会化的过程中处于一种接受社会的状态,企业可以通过宣传媒体和教育体系向员工灌输其价值观和信仰,减少员工产生"阶级意识"的可能性,员工被塑造成"团队成员",而非"麻烦制造者";二是认为大多数员工都是很现实的,他们明白没有其他可行的选择可以替代当前的制度安排,并认为从整体上看,当前体系运行得还不错;三是认为员工的眼界有限,他们总是与那些具有相似资格的其他人进行比较,并且相信只要他们在这个圈子里过得不错,就没什么好抱怨的,因而那些从事"较差"工作的员工往往很乐于工作。

(2)大多数工作都有积极的一面,是员工从工作中获得满足的更重要的原因。调查显示,当今欧美国家大多数员工对其工作都有较高的满意度,认为自己已经"融入"到工作中,并且觉得工作不但有意义,而且也是令人愉快的。即使有时会感受到工作压力,或者工作超负荷,或者对工作缺乏指挥权,但他们仍然乐于工作。

(3)管理方也努力使员工获得满足。管理主义学派提倡的"进步的"管理手段,以及雇主出于自身利益考虑向员工作出的让步,都在一定程度上提升了员工的满意度。这些措施减少了冲突的根源的影响,加强了合作的根源的影响。

(三)为什么选择冲突

劳资双方的利益、目标和期望不可能总是保持一致,相反,经常会出现分歧,甚至背道而驰。

1. 冲突产生的内在根源

(1)客观利益差异。西方劳动关系学者认为,对利润的追求意味着雇主和员工之间的利益存在着根本的、本质上的冲突。在其他条件不变的情况下,雇主的利益在于给付员工报酬的最小化,以及从员工那里获得收益的最大化。同样,在其他条件不变的情况下,雇员的利益在于工资福利的最大化,以及在保住工作的前提下尽量少工作。勿庸置疑,雇主与员工之间的利益是直接冲突的。从这个角度而言,冲突已经超出了工作设计本身所包括的工资福利问题,因为工作设计的目标,是使工作组织中非技术工人的比重加大(这样可以少付工资),并使员工工作努力程度和产出最大化。在雇主来看,工作设计无疑是提高效率的有效手段,但从员工的角度来看,却意味着为保住工作不得不付出更加辛苦的劳动。劳动关系内部存在着深层次冲突,虽然这种冲突会随着具体条件不同表现出不同的形式,但这种深层冲突本身是不会改变的。

(2)雇佣关系的性质。在组织中员工与管理者是一种管理与被管理的关系,虽然企业实行了产业民主,但员工获得的权利与法理上应该具有的权利之间仍有很大的距离,雇佣关系的性质是冲突产生的深层根源。冲突存在的深层原因是:在一个崇尚个人自由和民主的社会,劳动者不愿意处于从属地位;更重要的是,管理权力的分布不是雇员的利益所在,而是资本所有者的利益(利润)之所在。劳动合同虽然可以规定一些内容,但不可能包罗万象,一些内容,比如对工作的预期和理解等并不完全是用书面形式进行约定,有时它是建立在一种"心理契约"的基础之上,建立在双方对"工资与努力程度之间的动态博弈"结果之上。即使在雇员个人与雇主签有正式书面合同的情况下,也会因对合同条款内涵的理解和解释不同产生冲突。在管理方单方引入新的管理规则,变更、破坏心理契约时,这种冲突更为明显。

2. 冲突产生的外在根源

（1）广泛的社会不平等。自20世纪80年代以来，全球收入差距不是在缩小，而是在逐步拉大，各国的基尼系数总体呈上升趋势。以美国为代表的许多发达国家，经济增长的成果仅仅被少数人所有，多数人分享到的经济增长相对很少。

（2）劳动力市场状况。法律对工人结社权及集体谈判权的确认，使民主权利逐步延伸到工作场所。工会作为工人代表，参与雇佣条件的谈判和决策。工人获得了大量权利，在与管理方的斗争中保护工人利益免受管理方独断和不公平政策的损害。国家还通过制定就业标准法、职业健康和安全法、公平就业法等相关劳动法律，保护工人权益不受侵害。社会保障政策也为工人提供了基本安全保障，使工人免受太大的生存压力，减少工人受剥削的程度。但同时工人在劳动力市场上仍要面临很多问题，失业率不断上升不仅对劳动者寻找工作带来更大难度，同时也使用人方因为有过多的选择机会而表现得更加挑剔。

（3）工作场所的不公平。垄断与非垄断行业之间，不同地区、不同部门的工作场所之间的不公平。工作场所中的性别歧视仍十分显著。

（4）工作本身的属性。通过工作分析和工作设计本身，实现劳动成本的最小化和对工人控制程度的最大化。这些政策，使工人的工作过度紧张和超负荷，工作范围过于狭隘。工人附属于机器，造成工作的高度分工和人性的异化。

这些原因，都在不同程度上对员工的行为和劳动关系产生影响。需要注意的是，这些根源共同作用于劳动关系所产生的影响，比它们单独影响的简单相加要大得多。这些冲突的共同存在和相互加强使冲突成为员工关系的本质属性之一。虽然冲突的根源使劳动者不愿意工作，但是合作的根源又使更多的劳动者选择了从事工作。从总体上看，世界上大多数劳动者在从事工作，这就是合作的根源发挥作用的结果。

（四）冲突合作的表现方式

劳动者对工作产生了一种复杂而矛盾的心理：一方面由于合作的需要他们表现出对工作的高度认同感，另一方面又因为冲突的必然存在而会产生不断的抱怨和忧虑，两者相互依存和对立。冲突的表现方式有：

1. 罢工

罢工是冲突最为明显的表现形式。因为罢工使双方都要付出成本，因而单纯从经济学角度讲，罢工是非理性的行为。然而，仅仅从经济学角度考察罢工，难免失之于狭隘和片面。由冲突的根源所导致的潜在的矛盾，逐渐积累，并在一定的条件下以罢工这种激烈的形式释放出来。罢工同样也呈现出一些规律，当雇主破坏了明确的规则和心理契约时，就可能引发工人罢工。罢工不仅是工人为了获得更好的工资和工作条件而对付雇主的手段，也是一种表达工人集体意愿的途径，工人通过这种方法来反映自己的不满，并以此对他们认为不公平或不合理的雇佣行为进行反击。也就是说，罢工从经济学角度而言虽然不经济，但从劳动者角度而言，却非常理性。罢工看上去是个经济问题，实际上罢工是工会代表提出经济利益的诉求渠道，是工人被压抑的敌视情绪的宣泄方式。劳动关系理论一般认为，罢工是表示集体不满的唯一有意义的形式。

2. 冲突的其他形式

除了罢工，冲突还有其他形式，其中最为明显的是各种"不服从"行为，例如"工作松懈"或"低效率地工作"、怠工以及主观原因造成的缺勤等。其他冲突表现形式还有"退出"行为，或称辞职。实际上很多员工辞职并不是因为有更好的选择,而是因为他们不能忍受雇主的态度和行为,以及雇主提供的工作条件。在这种情况下,辞职成为回敬雇主和恢复自尊的最终行为。

3. 权利义务的协商

另一个不太明显的冲突形式产生于员工与其上级的日常交往中。员工及其上司之间的关系是高度等级化的,管理者力图从员工那里获得更高的绩效水平,而员工的反应是,如果上司准备了更多回报,则会服从监督和管理,否则会给予拒绝。例如,员工也许会因为赶订单而加快工作节奏,但作为回报,他们会要求在此之后工作的节奏相对松弛一些或有一段非正式的间歇。如果管理者没有准备这些回报或其他替代方法,就不可能实现这种合作。员工关系正是通过这种"付出—获得"的方式形成了早期的心理契约。从这个角度而言,心理契约也属于"协商后的秩序",这种秩序反映了员工关系存续期间员工与管理方之间的"付出—给予"关系。

(五) 劳动关系调整模式

劳动条件的确定,劳动关系的调整,究竟是由劳资双方协约自治,国家主导干预,还是由资方单独决定?这是整个劳动法制理念的大前提,这一前提决定着劳动法制的体系,以及劳动关系调整的模式。世界各国由于历史、法律、文化的不同,所采用的处理劳动关系的制度模式也各不相同。台湾学者黄越钦在其《劳动法新论》中,将劳动关系的主要调整模式归纳为四类:

1. 斗争模式

"斗争模式"是以某种特定的意识形态为指导,认为劳资关系是建立在生产资料私有制基础上的具有阶级斗争性质的关系,其表现形式是雇佣劳动和剩余价值的生产,其本质是剥削与被剥削的关系,因而在劳资之间存在着不可调和的阶级矛盾。无产阶级夺取政权之后,要将工厂、土地及一切生产资料收归公有,同时要消灭资产阶级,以斗争模式解决劳动问题。随着社会的变迁和进步,工业革命以来曾经被认为是劳资间互动基础的阶级"斗争"正逐渐消失,而以"合作"为本质的劳资关系体制则逐渐形成,因而以阶级斗争模式解决劳动问题的主张已成为历史。

2. 多元放任模式

美国的劳资关系体制与大部分欧洲国家不同,美国欠缺中央级的工会组织,是全世界最大的移民国家,人种复杂,劳动者团结性欠缺,工会又倾向于以短期利益换取长期利益,政府对劳动关系的干预较小,因而可归为多元放任模式。这一模式秉承新古典学派劳动关系理论,认为市场是决定就业状况的至关重要的因素,工会或工会运动对市场机制的运行和发展具有副作用或负面影响,主张减少政府对劳动关系的干预。

3. 协约自治模式

协约自治模式具体分为二种形式:劳资抗衡和劳资制衡模式。

(1) 劳资抗衡(antagonistic)。这一模式以劳资对立抗衡为主轴,完全排除国家干预。劳资双方通过行使争议权,进行周期性的抗争,缔结集体协议,在抗争中取得均衡与和谐,以法国、意大利等西欧国家为代表。这一模式认为雇主联盟与受雇人联盟之间订立的集体协议,对其成员均具有规范效力,主张以协约自治原则处理劳资事务。早期的协约效力,只规定缔约双方负有义务令其成员遵守协议,但这种义务强制效力非常有限,因为单独的雇主或受雇人,只要不参加联盟,则联盟间的集体协议对他即无约束力。为使联盟间的协约发生广泛的概括拘束力,国家立法规定集体协议经国家认可后,在法源体系中由契约规范的地位上升为法律规范的地位,成为独立的法源。因而集体协议一经签订,对缔约双方成员即具有法律约束力,使集体协议成为规范劳资关系的基础。

(2) 劳资制衡(co-determination)。"制衡"是对"抗衡"模式的修正与超越,是劳动者以劳工的身份参与企业经营,其形式包括从"参与决定"到"共同经营",也就是所谓的"工业民主化",其基本思想是从消极保护劳工,转为积极的由劳资双方共同参与决定企业经营活动,尤以德、奥等国为代表。劳工代表参与企业内部经营的观念,产生于19世纪,其形式最早为工厂会议,后发展为经营协议、经营参议制等。经营参议制的最大特色是以法律形式将所有人在企业中的绝对主权,转变为一种由劳工参与的体制,使劳动者除了工会组织之外,还拥有了另一种形式的企业内的利益代表组织。这种工会与企业内利益代表并存的二元架构为德国、奥地利所特有。

4. 统合模式

美国著名劳动关系学者邓洛普(Dunlop)最早以统合模式(corporatism)对劳、资、政三者之间的关系加以说明,他在《产业关系体系》(1958)一书中对劳、资、政三者间的经济、政治关系进行了分析,但没有对彼此间的互动以及权力比例加以说明。随后学界对统合模式纷纷进行研究,并区分为国家统合和社会统合,20世纪90年代又增加了经营者统合。因此,统合模式具体分为国家统合、社会统合和经营者统合三类。

(1) 社会统合模式(societal corporatism)。社会统合模式的特征:劳资双方的关系以整个社会为背景;工会在跨企业的团结权方面具有很强大的力量;集体意识与阶级认同存在于社会阶层;劳工对其他劳动阶层的忠诚高于本身的产业。社会统合模式内容包括:① 工会联盟与雇主联盟力量均十分庞大,并共同构成强大的劳动市场组织。在瑞典,劳动者参加工会的比率高达90%,为世界之冠,无论蓝领劳动者还是白领劳动者都建立了强大的组织,而且彼此非常团结,几乎所有职工都分属于三个主要劳工组织。同时,瑞典资方联盟下属各组织的百分比也很高,工会组织与雇主组织的中央机构力量强大,实行中央集权制。② 劳资双方都愿意保持工业和平,都明确反对国家干预,认为劳资纠纷应以劳动市场的供需情况为基础求得解决。劳资双方有能力面对社会制度产生的弊端,采取预防措施,不需要国家立法干预。③ 设立争议处理机构。根据1938年瑞典劳资双方的基本协议,由工会联盟和雇主联合会的代表组成"劳动力市场理事会",为全国性协商机构,任何劳资争端在提交法院审理之前,应先在理事会内部进行调解。④ 劳资双方组织的影响扩大。20世纪70年代之后,工会采取主动措施,促使生产过程规范化,并参加政府的各种调查委员会,参与咨询或决策活动。⑤ 成为集团利益组织,插足政界,发表政见左右舆论。总之,劳资双方已超出以协约自治处理劳资关系的范围,成为统合经济、政治活动的当事人。

(2) 经营者统合模式(managerial corporatism)。经营者统合模式的特征:劳资关系主要发生在企业层级;工会在跨企业的团结权方面不具有强大的力量;集体意识与阶级认同只存在于产业阶层;劳动者对本产业的忠诚高于对其他劳动阶层。经营者统合模式以日本最为典型。二战之后日本制定了劳动基准法保障劳动者权益,提升劳动力品质。日本模式是建立在以劳动基准法为核心的三项"国粹"之上,即终身雇佣制、年功序列制和企业工会制。经营者在统合各方面力量之后,通过政府将其决策表达在劳动基准法中,要求各阶层予以服从。不过日本虽以经营者统合为原则,但对协约自治则仍维持某种程度的存在。

(3) 国家统合模式(state corporatism)。国家统合模式,是指企业与劳工组织在一个社会结构中所扮演的角色由国家决定。国家通过立法对企业的功能与活动范围予以界定、限制、命令或禁止。国家统合模式的特点是:① 国家对劳资双方采取强而有力的控制手段,对劳动契约采取干预态度,对集体劳动关系予以压缩。在工会方面,实行强制入会制、单一工会制,禁止或限制特定当事人组织工会,在实务上政党力量介入较深,工会的自主性非常有限。在雇主团体方面,政府也采取相应的干预手段,对产业的控制极深。政党与产业界的关系密切,产业界对政府的影响力量也很大,但劳资双方团体却壁垒分明而互不相涉,没有固定的合作机制。② 以劳动基准法为核心,国家公权力对劳资双方的劳动契约直接介入、干预和管制。③ 在劳动安全卫生与劳动监督检查方面,采取官僚本位主义,缺乏工会与劳动者的参与。④ 劳动力市场政策主要是为配合国家经济发展计划,而较少从劳动者的立场进行规划,体现劳动者利益。

(六) 劳动关系管理的外部环境

影响劳动关系的因素除了就业组织内部的因素之外,还有很多环境因素,这些因素被称为劳动关系的外部环境。这些环境因素可以归纳为五方面:经济环境、技术环境、政策环境、法律和制度环境,以及社会文化环境。

1. 经济环境

经济环境一般包括宏观经济状况,如经济增长速度和失业率,也包括更多的微观经济状况,如在某一特定产品市场上雇主所要面对的竞争程度。经济环境影响员工关系的例子很多。比如,作为经济外部环境因素的失业率如果很高,就会减少劳动者凭其技术和能力获得工作的力量,即减弱他们的劳动力市场力量,从而影响其对工作的预期。再比如,在同行业工资普遍上升的情况下,企业可能就会面临更大的员工要求增加工资的压力。

经济环境能够改变员工关系主体双方的力量的对比。一方面,经济环境可能来自劳动力市场的变化,直接影响双方的劳动力市场力量的消长;另一方面,经济环境也可能来自厂商所要面对的要素市场,那么,要素市场的变化通过影响雇主的生产函数和员工的消费函数来改变双方的成本收益,从而带来各种关系的力量的变化。同样,偶发的经济冲击,以及有规律的经济周期都影响就业组织内部的劳动关系调整机制。经济冲击往往会造成产量的骤减,不同的企业会因为对未来预期的不同而制定不同的人力资源政策。在经济周期的影响下,就业组织内部的调整也会随着经济的起落而变化。一般来说,经济处于繁荣阶段,员工的力量就会强些,管理方会作更多的让步;而经济处于低谷阶段,管理方让步的空间很小,员工的力量相对较弱,在谈判和冲突中处于更为不利的地位。

经济环境往往会首先影响员工的工资福利水平、就业、工作转换,以及工人运动和工会的发展,其次会影响到产品的生产、工作岗位的设计、工作程序等,最后可能会间接影响劳动关系的整体状况。

2. 技术环境

技术环境的内容包括产品生产的工序和方式,以及采用这些工序和方式所必需的资本密度(人均资本投资量)的程度、产品和工序是否容易受到新技术的影响、工作是否复杂和需要高水平的知识和技能。如果企业的产品易受新技术影响(比如 IT 产业)或者企业是资本密集型的（比如轿车生产商），那么员工不服从管理会给管理方带来更多的成本，因而员工岗位的力量就会增强。相反，那些不易受新技术影响（比如民族手工编织业）或者低资本密集度的行业（比如餐饮业），员工岗位的力量就弱些。

同样，技术环境的变化也会改变劳动力市场上不同技术种类工人的供求状况。例如，近年来随着我国IT产业的兴起，计算机、网络方面的人才需求量成倍增加，这类人才的劳动力市场的力量上升，因而在员工关系中的优势更大些。

3. 政策环境

政策环境是指政府的各种政策方针，包括货币政策和财政政策、关于就业的政策、教育和培训的政策，以及其他政策。例如，作为政策环境的政府教育和培训政策，能够提高劳动力的素质和技术水平，最终影响由雇主提供的工作种类、工资和工作条件。

（1）就业政策。在诸多政策环境中，就业政策对于劳动力市场以及就业组织中的员工关系的影响最为直接，它往往通过对供求状况的调整来改变双方劳动力市场的力量，以经济激励和惩罚措施来改变双方在就业组织内部的关系的力量。例如，我国出台了促进残疾人就业的政策，对残疾人的比例达到一定标准的就业组织给予税收、费率等方面的优惠。这些政策从客观上促进了企业雇佣更多残疾工人。

（2）教育和培训政策。教育和培训政策主要作用于人力资本投资的供求，改变劳动者的知识技术结构，从而改变不同种类的劳动力市场供求和企业的资本/劳动比重。因此，教育和培训政策对于劳动关系具有更加长期的影响。

（3）货币政策和财政政策。货币政策和财政政策也会通过宏观经济环境来影响各营利组织的劳动关系。另外，这两种政策还可以通过影响资本的价格，改变资本和劳动的价格比率来影响企业的雇佣决策和企业的劳动关系。

4. 法律和制度环境

法律和制度环境是指规范雇佣关系双方行为的法律和其他力量的机制，这些机制规定了双方的权利义务，并具有相对的稳定性。比如，我国《劳动法》规定了集体谈判中双方的权利义务、雇员的最低工资、健康和安全保护等。法律要求雇主承认工会，并同工会进行集体谈判，这一规定作为法律制度外部环境，提高了工会有效代表其会员的能力，进而影响了工会会员的工资和工作条件。

市场经济国家在规范劳动关系、保护劳动者权益方面，制定了比较完善的法律体系。法律和制度是政府调整劳动关系的最基本的形式。

5. 社会文化环境

社会文化环境由各国、各地区甚至各工种的主流传统习惯、价值观、信仰等组成。如果社会文化外部环境表现为笃信工会的重要性和积极作用，那么，政府和企业就会通过制定政策提高工会的密度，扩大工会的影响力。文化的影响是潜在的、不易察觉的，它通过社会舆论和媒介来产生影响，对于违反社会文化规则的个人和组织，虽然惩罚不像法律那样具有强制性，但其作用却不可低估。

四、拓展训练

1. 结合自己所学专业，分析员工关系管理对所将从事的职业岗位的意义。
2. 分析以下两个案例。

案例1：通钢悲剧的逻辑①

社会矛盾复杂局面下的改革，更加需要操作者依靠调查研究走群众路线，不能把改革对象等同于利益牺牲对象

8月6日，不断袭来的阵雨反复刷洗着山城通化，这座"7·24"事件的"震中"地带雨雾迷蒙。按照约定的时间，穿过烟囱高耸、白烟滚滚的通化钢铁集团厂区，《瞭望》新闻周刊记者在集团家属楼的单元房见到了年近70岁的钢厂退休工程师、共产党员刘吉。

"调查研究是'十月怀胎'，作出决策、解决问题是'一朝分娩'。"这位1969年的部队转业干部坐在一张陈旧的红色人造革木质沙发上，神情平静地认为，两周前"一个人被活活打死"的通钢悲剧，"完全是不走群众路线的结果。"

在他看来，7月22日吉林省国资委作出建龙集团控股通钢集团的决定，7月24日就要通钢上下全面执行，"3天的时间就想解决过去1 300天（自2005年通钢改制以来）积累的矛盾，轻一点说是急躁，重一点说是粗暴。"

最令刘吉不能理解的是，当7月24日下午事态已经失控后，从15时到18时的3个小时内，省政府分别以"暂缓"、"终止"、"永不"，连续作出了三份停止重组的省政府决议，以期平息事态。"自2006年以来，因通钢改革矛盾的上访一直不断。就在7月10日还有职工去长春上访，都没有触动主管者去解决问题。现在，3个小时作出3份决议，决策者的行为给群众留下什么印象？"

"改革是要深入，但改革的力度要和企业的承受能力相结合。"刘吉对两周来众多媒体对通钢事件的报道颇多不满，认为误解的多、有助事件真相揭示的少，"通钢的工人，反对的不是国企改革，而是反对改革过程的不透明、不公正和不尊重职工利益；反对的不是民营企业，而是反对那种不讲社会责任感、把企业和工人当作'印钞机器'的企业经营者。"

为了理解通钢转制之所以以悲剧收场的事态发展逻辑，在刘吉的帮助下，本刊记者经过多方努力找到了三位在职且全程参与过通钢转制过程的通钢管理人员。尽管事前顾虑重重，经过复杂的思想斗争，他们最终开口，在二道江一个酒店的隐蔽包间里，讲述了一场风暴爆发前的全过程。

一变"国有控股"

"国企改制是大势所趋，面对市场，必须引入先进的竞争机制。但改制能否成功，关键是怎么改。"张泽成是最不情愿站到本刊记者面前的人，也是本刊记者遇到的掌握通钢情况最多的人。他介绍说，这些年来国有钢铁企业改制，有两条基本经验：其一，钢铁企业是规模型企业，必须强强联合；其二，改制必须在企业最困难的时期，否则阻力太大。

张泽成回忆，通钢2003年开始酝酿改制，"按照当时省里定位，通钢改制方向是国有控股，主要内容是社会职能移交和辅业剥离。"为此，在此后的两年里，为摸清情况，通钢

---

① 健君.通钢悲剧的逻辑.《瞭望》新闻周刊.2009-8-10.

就改制进行了两年的前期调研准备。

2005年初,省国资委批复了通钢"国有控股"的总体改革方案后,通钢改制进入实质阶段,成立了以公司董事长、党委书记、总经理安凤成为组长的通钢集团改制工作领导小组,下设五个分组,分别是综合组、资产组、人事组、宣传组和纪律检查组。

"当时,首先着手的工作是社会职能移交和辅业剥离。"张泽成回忆说,为此,当时的通钢副总经理于春有带队,于2005年1月15日前往河北承德钢铁厂考察"主辅分离"改革。回来后决定在通钢建筑公司、通钢冶金机械厂和通钢物业公司先行试点。

前两家下属公司最后在2005年6月底分别改制成功。同时,公安和教育等社会职能也顺利移交通化市政府。经过此次改制,通钢原有3.6万多职工,被精简到2.2万人左右。"因为此次精简工作准备充分,尽管剥离了1.4万人,但工作顺利平稳。"他说,"当时的省政府主管领导比较满意,指出下一步可以考虑引进战略合作伙伴。"

此时,通钢劳动关系的基本改制工作已经进行,通钢职工的国企职工身份被置换为合同制职工,所有职工按岗位、职务等分成不同层次发放经济补偿金,经济补偿金也可以转成企业股权。同时,通钢也找到了一位战略合作伙伴——河北德龙钢铁公司。这家外资身份的民营企业准备以现金形式收购通钢30%的股份,并签订了协议。

二变"整体改制"

2005年中,吉林省委省政府要求通钢集团改变方向,进行整体改制。这意味着按照吉林省2005年国企改革要求,用一年左右的时间基本完成改制任务。具体讲就是:实现整体改制到位,债权债务处理到位,职工劳动关系转换到位,国有资本退出到位,推动改制企业基本建立起现代企业制度。

白建国当时作为通钢改制小组成员,参加了2005年7月份在长春召开的吉林省国企改革专题会议。

"通钢改制工作一直围绕着国有控股进行,突然要求整体改制,实在始料未及。而且要求年内就完成,太急迫了。"他为《瞭望》新闻周刊回忆说,"省政府领导会上要求一年内推进完成,哪个公司工作不积极、拖后腿就免职。并指出,要清楚谁是老板,国资委是老板,企业董事长就是打工的。"

张泽成补充解释说,"整体改制当时的实质含义就是多元化投资,最大的特点就是身份置换、产权多元和国有资本退出。这也意味着国有控股的改制思路必须推倒重来。"开完会回来的路上,掐指一算距离年底仅有不足五个月时间,白建国观察到董事长安凤成压力很大,在车里自言自语地说,"这事不干不行了啊。"

2005年7月27日,吉林省国资委发布了《关于对通化钢铁集团有限责任公司整体改制重组实施方案的指导意见》,称通钢集团的整体重组要实现投资主体多元化,形成1000万吨产能的总体目标要求。

张泽成说,这种急促的改革推进,尤其是方向上的"急转弯",使得通钢整体改制准备不足、仓促上阵,"为了完成这项'政治任务',不得不带'病'(矛盾和问题)工作,甚至是为改制而改制,为后续改革工作的接连受挫埋下了伏笔。"

建龙入吉

建龙集团,是作为"财神"通过招商引资迎进吉林省的。

吉林省国资委一直把招商引资作为改制重组的重要手段，而建龙成名的突破口则是2001年重组吉林市明城钢铁厂。2001年3月，吉林市政府通过考察河北建龙钢铁集团，希望这家民营企业重组濒临破产的国有地方企业明城钢铁厂。同年4月，建龙进入，以9 784.29万元收购负债3.53亿元的明钢全部资产。两年后，明钢实现100万吨生产能力，销售收入达10亿元。此举给吉林省领导留下了深刻印象。

借助此，建龙集团开始对吉林省其他钢铁企业产生了更大兴趣。在省政府的认可下，2004年建龙集团与由原吉林省冶金厅基础上组建的吉林省冶金控股公司达成重组协议，事实上间接期望重组整个吉林钢铁业。

但没有想到，与此同时，吉林省国资委"为支持通钢发展壮大，通钢集团出资关系已从冶金控股提升为直接监管企业"。作为吉林最大的钢企，没有通钢的冶金控股对建龙而言无异于"鸡肋"。于是，建龙2005年上半年终止了与冶金控股的重组，开始直接寻求进入通钢的机会。

张泽成说，在一年完成改制任务的压力下，吉林省国资委把建龙集团"推荐"给了以前丝毫不了解建龙的通钢集团。而为了完成年底前的改制任务，通钢集团高层也不得不尽力满足建龙的要求。此时，河北德龙钢铁突然被告知建龙要进入，非常不满意，宣布退出。

白建国回忆说，于春有曾给他讲了一个故事，"听说建龙要进入，于春有跑到安凤成办公室询问事情真假，董事长激动地大声说，'你问我，我哪知道？'"

改制"急行军"

本刊记者采访中拿到的最初的《通化钢铁集团有限公司改制重组合作协议书》显示，通钢集团注册资本39亿元。除了通钢，还包括吉林铁合金公司（全国最大的铁合金企业）、唐山建龙、浙江忠祥、华融公司和吉林省国资委，共六家法人参与重组。

随后，吉林铁合金因不满意建龙的规模和没有技术优势而退出。2007年4月，该公司与中钢集团及吉林省国资委实施增资重组进入央企中钢集团，当年完成主营业务收入37.4亿元，同比增长49.22%；实现利税3.9亿元，同比增长256%。指标均创企业历史最高水平，也成为事后通钢羡慕的对象。

2005年12月25日，通钢改制协议最终正式签署：建龙集团出资14亿元（其中现金8亿元，加上吉林建龙资产作价6亿元），拥有新通钢36.19%的股份；吉林省国资委拥有46.64%的股份，通钢的管理层为2.57%，华融资产管理公司拥有14.6%的股份。

2005年12月30日，短短五个月内，改制完成，通钢集团正式揭牌。

事后，吉林省网络新闻宣传管理办供稿文章对此总结说，"全省国企改制，通钢一直是个重点。"并强调，"通钢的改制也有一个助推者：公司董事长、党委书记、总经理安凤成。为确保改制顺利进行，公司成立了改革领导小组，安凤成任组长。他亲自参与制订了《通钢集团公司改革调整方案》。"

最后给予通钢领导班子表扬，"通钢党政领导进入角色很快，工作做得很细，提出了阳光改制、平稳改制、发展改制的目标。各改制单位党委开设了政策咨询室、热线电话并设置政策咨询人员，对员工提出的改革难题和热点问题，耐心细致地解释。"

"30年工龄"的"砍刀"

目前,舆论对建龙的责难众多,其中杀伤力较大的是"8亿元现金是否到位"和"满30年工龄下岗的政策"。对此,对重组后通钢财务熟悉的白洁告诉《瞭望》新闻周刊,"建龙8亿元的现金尽管有拖延,但最后都已到位。"至于民怨最大的"30年工龄下岗"的"一刀切"政策,张泽成说,"建龙最多是间接影响者,重组时的通钢领导层要为此负直接责任。"

张回忆说,重组谈判时,建龙提出的一个重点是冗员太多,要求精简裁员。但是,通钢刚刚基本完成社会职能移交和辅业剥离,已经剥离了1.4万人,余震还未平,而且没有顺理成章的政策依据。

但是为了完成年底前的改制任务,有人把2004年吉林省人民政府《关于实施国有企业妥善处理下岗职工劳动关系促进再就业试点工作的指导意见》(吉政发〔2004〕29号)拿了出来。其中有一条:"截至2003年12月31日,距法定退休年龄不足5年或工龄满30年,实现再就业有困难的下岗职工,有条件的企业可以实行企业内部退养。"

"2004年的时候,通钢没有敢实行这条。但迫于改制任务,只能制订实行。"张泽成说,2005年10月份出台的这项政策,最大的问题就是把"有条件"的选择措施变为事实上的"一刀切",甚至随意扩大内退范围。"当时,我听说后,赶快找人事部门领导,千万不能实行这一条,这事违反政策。"他说,这项措施最后仍然硬性操作了。

张泽成介绍说,按照30年工龄的杠杠,大概只有50%的人出于自愿,结果是最小的46岁就下岗了,"由于这个工龄段大部分属于经验丰富的技术工人,最惨重的是造成技术工人的大批浪费。改制前,通钢技师以上的职工1 000多人,改制后仅剩下300多人了。"说到此处,他的眼圈红了。

建龙进入通钢后,这个措施被继续使用,变成了一把裁员的"砍刀",也成为后来通钢职工上访和发生多起群体性事件的主要"祸源"之一。

失去"缓冲器"的通钢

进入2006年后,第二大股东建龙集团的管理人员基本把持通钢的关键管理职位,并从2006年下半年开始主导并继续裁员。这一次轮到了通钢的33名处级干部。一位此时还在改制工作组负责的干部采访中告诉本刊记者,自己当时还在考虑如何平稳安定职工对改制工作的情绪,"突然被告知自己有可能要退下来。"

"作为党员,又是改制工作组成员,自己想到应该以身作则,就主动写了申请。"当他还侥幸以为自己负责的工作重要,而且已经完成了身份转换,不会被调整的时候,自己和20多位处级干部已经被安排到当地二道江区政府工作了。最小的不到50岁,最大的57岁。"我每月工资扣除后拿到手里只有800元。"他说自己顿时感觉"等于把一个人的一生画上了句号。"

虽然,最后安凤成等原通钢高层对这批干部感到内疚,2007年3月分批接回了通钢,并提高了待遇(正处年薪6.5万元、副处年薪6万元),这批处级干部只能属于"在职不在岗",没有岗位,被干养着。其连锁反应是,引起了许多下岗工人新的不满。

"减员增效、降低成本的初衷没有错。"白建国说,但操作中却出现了问题,最大的隐患是,建龙还通过精简把包括宣传、团委等党群工作部门和许多科级干部合并处理到了生产部门,成为一般工人,"通钢的党群工作职能已经完全停止,科级干部大量流失。这意味着稳定改制震荡、疏通职工情绪的功能基本丧失,处在改制中的通钢失去了'缓冲器'。所以,问题解决稍有失误,矛头将会直接对准改革操作者。"

这个时期,通钢内部干群关系发生了显著变化。一个细节是,2006年10月份,通钢办公大楼出入要预约登记,二楼的经理办公层加了一道隔断门,从楼大门到二楼加了两道警卫。白建国说,从那个时刻,通钢开始出现上访者了。

悲剧来临

建龙入主后的两年,没有实现省国资委当初期望——新通钢成立两年内形成年产1000万吨钢规模。相反,随着国际金融危机的深化,从2008年6月开始,钢材价格暴跌,通钢陷入"生产越多就亏得越多"的怪圈。到2009年2月,亏损一度高达10亿元。

而建龙除了强硬的成本控制和利润第一外,并没有在技术和管理上拿出让通钢职工信服的本领,尤其是管理上的粗暴和缺少方法。白建国举例说,"在收入上过高拉大管理人员和一线工人的差距,依靠体罚和罚款贯彻执行力,不是把工人当作企业财富而是像机器一样对待工人,让自己与通钢职工完全处在水火不容的对立面上。"

2008年底,炼轧分厂厂长宋凯晚上巡视车间时,发现一位因圣诞节饮了酒的员工,当即作出下岗处理的决定。这名员工在酒劲作用下,锤杀了宋凯。白建国评价说,"在员工饮酒情况下,不应该当即作出处理,应该在事后其清醒状态下作决定。这件事不但反映了宋的管理素养低下,也反映了建龙管理风格的粗率。"

建龙的企业政策前后矛盾之处,也频繁刺激了通钢职工。比如,建龙一方面在通钢大举裁员,另一方面又从外面招聘大批农民工进入通钢。白建国介绍说,今年春节后,建龙突然提出将从外引入5000人到通钢从事维修工,头一批500人已经进入车间实习。

一位为这批人当师傅的通钢员工向本刊记者介绍说,当看到这批人拧螺丝连什么型号的扳手都不知道,又得知他们每月工资4000多元,徒弟收入是师父的3倍多,大家的情绪一下子来了,"把他教会,我们就得下岗。"激动之下,这些通钢员工集合起来到办公楼抗议。

此时,正值全国两会期间,人大代表、董事长安凤成迅速赶回通钢平息事件。在工人面前,安凤成公开说,"建龙已宣布撤资。"得知此事后,通钢上下群情振奋,抗议的员工当即散去,晚上烟花飞上了二道江的天空。

建龙集团退出通化钢铁的第三个月,也就是6月份,通钢电视台的报道称,通化钢铁当月实现盈利近7000万元。

在白建国看来,这种背景下,建龙又重新回来,对通钢职工而言完全是"突然打击"。7月22日,一位干警朋友向他透露,建龙又要回来了,而且是控股通钢,上面已经让他们提前布控。"那一天,对我而言太清晰了,本世纪最大的一次日全食。"

7月24日,建龙负责接管通钢的陈国君被群殴致死。

7月26日,通钢钢产量创造单日最高纪录。

通钢7月份超越月度赢利目标,据初步统计,已经超过1亿元。

8月5日,吉林省调整了通钢集团主要领导,安凤成通钢集团董事长和党委书记的职务被免,通化市主管工业的副市长巩爱平出任通钢董事长。

"现在,通钢工人的情绪还是比较压抑的,把劲头都用到了生产上。"张泽成最后告诉本刊记者,无论怎样,通钢的改革还会继续下去,"但要把改革最终搞成功,改变这起悲剧的多输局面,以及所波及的影响,关键还在于如何依靠通钢工人。"

案例2：各种劳资冲突令人关注 4悬念拷问当前劳动关系[①]

不签合同，血汗工厂，恶劣的劳动条件……形形色色的劳资冲突已经成为当前中国社会各种矛盾中最令人关注的一部分，正在酝酿中的《劳动合同法》正是为了构建一种和谐的劳动关系，遏制违法用工。日前，全国人大常委会办公厅向社会公布了征求意见的结果。据了解，全国人大下一步将针对这些征集的意见作进一步的立法调研。

"一次性员工"知多少？

在北京前门一带的大小饭馆，门口几乎都写着"招工"字样。记者乔装成找工作的打工妹，随便走进一家小饭馆应聘。老板说，给服务员的工资是每月500元，包吃包住，奖金不超过100元。记者看到，饭馆大厅里有七八张桌子，六七个服务员。当记者问餐馆是否为服务员购买社会保险，他很干脆地说"没有"，并表示这类饭馆"行情都这样"。同时记者也了解到，北京市刚刚发布的最低工资线是640元。

当记者来到在北京中关村一家拥有五六十名员工的"家乡菜"餐馆时，遇到了在这家餐馆专职做海鲜管养的服务员小丁。小丁告诉记者，他离开家乡到外地打工已经五年了，五年中他辗转南北，在餐饮业里已经换了五份工作，从来没有一家给他买过社会保险。不过在这家餐馆里，老板给五六名老员工缴纳了社会保险，其余的普通服务员都和他一样。当记者问他是否在意有没有社会保险时，他说"不在乎，有工作、能吃饱肚子就行了。"小丁说，像"家乡菜"这样档次稍高的中档餐馆，一般有不到10%的骨干人员会得到较好的福利待遇，有时也会有社会保险。而其他员工的收入水平则和普通小饭馆差不多，刚刚超过当地的最低工资线。

记者在采访中还了解到另一种听起来匪夷所思的用工方式——在北京香山脚下的一家小餐馆每三个月就换一批服务员。一位知情人介绍，这些服务员都是外地职业学校的学生，以实习生的名义在小餐馆里打工，餐馆包她们吃住，每月有200元收入。"她们的身份仍然是学生，而非雇佣关系。所以收入就可多可少，任由老板定。"通过这种形式，餐馆老板不仅省下了社会保险等福利费用，而且在工资支付里也大大省下一笔钱。老板让来就来，说走就走。一些人把这些人称作是"一次性员工"。

即使是在标榜"最遵守中国法律"的外资企业中，也不时传出违法用工的消息，近来肯德基的劳务纠纷官司就在国内引起热议。京城一家著名的日资企业的员工陈小姐告诉记者，她所在公司刚进入中国的时候，是严格按照劳动法要求上报职工的收入，根据员工所得薪金总数按比例缴纳社会保险费。过了没多久，老板发现了身边其他企业在这方面大有"奥妙"，于是效仿他人，上报员工的薪金时少报了一大半，只以剩下的一小部分为基数上交社会保险。这样一来，职工的福利水平当然就大大降低了。

陈小姐说，她还遭遇过另一种令人愤怒的合同关系：此前她工作过的一家企业与员工每次只签一年合同，期满后，若要继续雇佣，则中间要中断一个月记录考勤及生活福利，然后再重新签合同。这样一来，员工就始终没有任何连续工龄记录和累计福利，企业也就名正言顺地少支付了工龄工资和福利报酬。

[①] 曹滢，徐建凤．各种劳资冲突令人关注 4悬念拷问当前劳动关系．经济参考报．2006-8-22．

守法成本高,违法利润大?

总部设在上海的一家跨国公司人力资源部主管张平先生(化名)告诉记者,企业违法用工从另一个角度来说也反映出在中国企业守法成本很高,违法的利润则很大。中国的社会保险费用高昂,成为多数企业甘愿冒违法之风险、不给职工购买社会保险福利的客观原因之一。我国法律规定企业应当承担的职工社会保险一般由养老、医疗、失业、生育等几项构成。中国社会科学院社会政策研究中心研究员唐均调查发现,目前各地社会保险缴纳费用一般占到职工工资总额的近一半。尤其是上海,这一数字已达到了48%。在这几项社会保险中,比重最大的养老保险,虽然政府要求降低养老保险缴纳比例,但是多数省份的养老保险比例仍超过20%。

专家分析,造成高缴费率的原因是我国在养老保险体制转轨过程中产生的巨额的隐性债务未得到有效解决,为了填补转制成本,不得不用提高门槛,增加缴费金额的办法来维持体系的运转,应付当前的收支压力。

高缴费率提高了参保的"门槛",使吸纳企业参保的步伐变得缓慢而艰难,尤其是在一些年轻职工比重大的非公有制企业,即使参保了,欠缴社会保险费的现象也越来越突出。数据显示,全国自2000年以来,参保人数年平均增长只有4.04%,低于离退休人数6.64%的年增长速度。在湖北省,记者了解到有关部门对天门、荆门、咸宁等城市的市直企业参保情况进行抽样调查发现,养老保险参保户占当地工商登记户数不到10%,全省仅养老保险欠缴保费达到45亿元。

一位在湖北基层社保单位工作的工作人员指出,当前用于劳动保护的有限力量应当用在广大职工最迫切需要解决的问题,想办法解决难以落实的最基本的保护问题才是当务之急。如果只是一味设想更高的福利,那么对广大职工来说更是难以落实。

解雇成本的"双刃剑"指向了谁?

在推进社会保险和合法雇佣的进程中,"解雇成本"越来越成为一些大公司和守法企业重视的问题,甚至已是影响企业用人和管理中一项举足轻重的因素。

新的《劳动合同法(草案)》规定,终止劳动合同需给予经济补偿。在终止合同时用人单位需按照劳动者在本单位工作的年限,按照满一年支付一个月工资的标准向劳动者支付经济补偿。显然,这进一步提高了企业的解聘成本。

《劳动合同法(草案)》公布后,新华网论坛上有网友认为,在当前我国庞大的后备劳动力带来劳动合同短期化大量出现的时候,为制约用人方任意解雇劳动者、违法用工,法律以终止劳动合同要支付补偿金的方法,提高企业的解雇成本,同时限制解雇条件。当合同期限越短、解雇次数越多时,企业所承担的支付费用就越高。这体现了法律对劳动者的保护。

但许多企业则呼吁,当企业正常守法时,如果再提高用人单位的解雇成本,会影响到企业用人管理的自主权,同时还将大大削弱企业的竞争力。

解雇成本的提高到底利弊如何,这柄"双刃剑"正切中了针对草案两种对立观点的要害。

上海市劳动和社会保障局2005年6月公布的一项对上海企业人工成本抽样调查情况显示,2004年招聘解聘费用占人工成本的1.4%,而2005年这一数字上升到了1.8%,

解雇成本中一项重要内容人均教育培训费在2004年为513元,比上年增长36%,增幅在所有行业中位居第二。在全国十几家城市都开有连锁店的迪欧餐饮管理有限公司的管理人员凡文状告诉记者,他们公司每个员工都有机会得到相当数额的培训基金,一位成熟的员工离开所造成的损失是难以估量的。有人做过测算,新员工培养投入的费用平均比原来使用老员工的成本增加1.5倍。

张平表示,与原来的法规相比,终止合同的补偿金增加了用人成本和风险,尤其是对于一些私营中小企业来说,企业主要靠利润来维持正常的经营活动,每月已按照法规在为职工支付福利金,若再按草案现有的内容实施,将使企业在用人成本上有所增加。"更何况,过度保护很可能会造成部分员工的不求上进,这势必影响企业的经营效率,从长远看,也将最终影响到企业内的员工生存和发展,从而影响国家经济的发展。"

最终造成生产成本的提高?

《劳动合同法(草案)》公布后引起的争议中,代表"资方"利益的声音中来自外资企业的意见显得尤其刺耳。欧盟商会和上海美国商会向全国人大递交了各自的建议和意见。他们主要对新草案中限制用人单位的灵活性提出质疑,并认为这将最终造成中国生产成本的提高。

一位航空界的外企人力主管表示,"不管法律怎样制定,企业的用人最终肯定要以服从企业经营需要为宗旨,解雇或者聘约,企业都会进行成本与效益的比较,进行精细的计算;如果用人成本高到难以为继,企业一定是只能以解雇人员来解决困难。"

中国社会科学院人口与劳动经济研究所副研究员都阳认为,劳动合同法的立法依据的选择最终决定了我们选择什么样的劳动力市场制度。中国正处于转型时期,需要有合理的制度来符合国家的比较优势,才能促进经济快速发展。

中国劳动法学研究会理事董保华指出,目前中国劳动用工中存在的最主要问题不是缺乏保护的法律,而是有法不依、执法不严,覆盖面太窄。当前制定劳动规则应当把能否有效制约拖欠工资、劳动安全、社会保险作为优先考虑的部分,而不是回到原来僵化的体制之下。应当以低标准、广覆盖、严执法为劳动关系的平衡点,坚持"雪中送炭"的思维方式,在中下层劳动者中实现"广覆盖",真正落实劳动法对弱势群体的保护,只有在这样的基础上才有可能逐步提出更高的要求。

任务四 综合实训

一、任务要求

通过填写表格回顾本项目的学习内容和技能。

二、实训

【实训名称】回顾——本项目学习的收获
【实训目的】通过系统回顾,对本模块内容进行总结复习

【实训内容】认真填写下列表格

回顾本项目学习的收获					
编制部门：		编制人：		编制日期：	
项目编号		学号&姓名		项目名称	
课程名称		训练地点		训练时间	
	1. 回顾课堂知识，加深印象 2. 培养学生思考的习惯 3. 工作任务驱动，使学生带着工作任务去学习				
本项目我学到的三种知识或者技能					
本项目我印象最深的两件事情					
一种我想继续学习的知识和技能					
考核标准	1. 课堂知识回顾完整，能用自己的语言复述课堂内容 2. 321记录内容和课堂讲授相关度较高 3. 学生进行了认真思考				
教师评价				评分	

【实训要求】

（1）仔细回想本章所学内容，若有不清楚的地方查看有关的知识链接。

（2）本部分内容以自己填写为主，不要过于在意语言的规范性，只要能分条说清楚即可。

项目二

规章制度管理

教学目标

知识目标

1. 理解劳动规章制度的内涵及构成;
2. 掌握制定劳动规章制度的程序;
3. 理解员工手册的内容及意义;
4. 掌握劳动规章制度沟通的内容。

能力目标

1. 能够按照预定程序与要求制定劳动规章制度;
2. 能够组织协调制定规章制度的会议等;
3. 能够编制符合企业实践的员工手册;
4. 能够熟练进行劳动规章制度的协调工作。

案例导入

规章制度与劳动合同,哪个效力高?

《劳动合同法》实施以后,为了规避法律风险,某公司人事部的周经理就把公司的规章制度重新梳理修订了。但是公司最近发生的一起劳动争议案件让他很是困惑。事情的起因是对一名违纪员工的处理。2009 年 11 月,公司市场部经理谢忠诚被查实存在泄露公司商业秘密的违纪行为。经过公司董事会讨论,公司决定立即解除谢忠诚的劳动合同。之后不久,谢忠诚就把公司告到仲裁庭。谢忠诚在仲裁中要求公司支付其在公司工作期间未休的年休假补偿,共计

10 000 元。仲裁过程中，谢忠诚尽管没有否认泄露公司商业秘密，但是他坚持认为公司没有按照规定支付他的离职补偿金，要求公司依法赔偿。

谢忠诚是 2006 年 3 月 15 日到公司工作的，和公司签订了劳动合同。在劳动合同中，公司与他约定"公司的中层管理者可以享受每年 15 天的公司福利年休，如果当年没有休完，可以累积到下一年度使用或者按照员工的日工资给予相应补偿。"按照这样的规定，到离职的时候他一共累积了 50 天的未休年休。作为补偿，谢忠诚认为公司理应补发他 50 天的工资。可是，周经理告诉仲裁员，2008 年国家出台《企业职工带薪年休假条例》以后，公司对于该项福利制度专门作出修改，修改后公司的年休制度规定对于员工没有休完的公司福利年休假不再补偿。该项制度经过工会协商讨论，并在公司公示过一个月，最终公司全体职工讨论通过。当时，谢忠诚作为职工代表还在制度公示时签字确认。周经理觉得公司的规章制度事实上已经修改了劳动合同的条款，企业规章制度属于企业管理的"根本大法"，效力应当高于劳动合同。也就是说，公司原来和谢忠诚的劳动合同已经不算数了，应该按照新的制度执行才对。

问题：你认为规章制度与劳动合同，哪个效力高？为什么？如何才能杜绝此类事件的发生？

任务一　企业规章制度概述

一、任务要求

通过案例分析讨论、掌握企业规章制度的含义及特征，理解企业规章制度与劳动合同的联系与区别。

二、实训

【实训名称】案例分析
【实训目的】通过讨论理解规章制度的作用
【实训步骤】
(1) 全班 4～5 人一组，分为若干小组；
(2) 案例：

制度的力量

这是历史上制度建设的一个著名例证。

18 世纪末期，英国政府决定把犯了罪的英国人统统发配到澳洲去。一些私人船主承包从英国往澳洲大规模地运送犯人的工作。英国政府实行的办法是以上船的犯人数支付船主费用。当时那些运送犯人的船只大多是一些很破旧的货船改装的，船上设备简陋，没有什么药品，更没有医生，船主为了牟取暴利，尽可能多地装人。船上条件十分恶劣。一旦船只离开了岸，船主按人数拿到了政府的钱，对于这些人能否能远涉重洋活着到达澳洲就不管不问了。有些船主为了降低费用，甚至故意断水断食。3年以后，英国政府发现：运往澳洲的犯人在船上的死亡率达12%，其中最严重的一艘船上424个犯人死了158个，死亡率高达37%。英国政府费了大笔资金，却没能达到大批移民的目的。

英国政府想了很多办法。每一艘船上都派一名政府官员监督，再派一名医生负责犯人和医疗卫生，同时对犯人在船上的生活标准做了硬性的规定。但是，死亡率不仅没有降下来，有的船上的监督官员和医生竟然也不明不白地死了。原来，一些船主贪图暴利，贿赂官员，如果官员不同流合污就被扔到大海里喂鱼了。政府支出了监督费用，却照旧死人。

政府又采取新办法，把船主都召集起来进行教育，教育他们要珍惜生命，要理解到澳洲去开发是为了英国的长远大计，不要把金钱看得比生命还重要。但是情况依然没有好转，死亡率一直居高不下。

一位英国议员认为是那些私人船主钻了制度的空子，而制度的缺陷在于政府给予船主报酬是以上船人数来计算的。他提出从改变制度开始：政府以到澳洲上岸的人数为准计算报酬，不论在英国上船时装多少人，到了澳洲上岸的时候再清点人数支付报酬。

问题迎刃而解。船主主动请医生跟船，在船上准备药品，改善生活，尽可能地让每一个上船的人都健康地到达澳洲。一个人就意味着一份收入。

自从实行上岸计数的办法以后，船上的死亡率降到了1%以下。有些运载几百人的船只经过几个月的航行竟然没有一个人死亡。

(3) 思考及讨论：
① 制度的作用有哪些？
② 劳动规章制度在企业中的具体表现形式。
(4) 以小组为单位，以书面形式提交讨论成果。

【实训要求】

能够抓住事件的关键点，正确理解案例，联系所学理论，结合案例加以论证，初步学习案例分析的方法。

三、知识链接

(一) 劳动规章制度概述

1. 劳动规章制度的内涵

劳动规章制度，又被称为雇佣制度或工作规则。规章制度是规范职工行为的保障；是维持用人单位正常生产、经营秩序的保障；是制定劳动合同内容的基础；是奖励或处分职工的依据；是体现企业文化的窗口；是法律、法规的补充与延伸。

1959年，国际劳工组织(ILO)将劳动规章制度定义为企业界对工作规则、企业规程、服务规则、就业规范、职场纪律的统称，适用于企业的全体从业人员或大部分从业人员，是专对或主要对从业人员的行为所作的各种规定。

通常认为,企业规章制度的范围更加宽泛,不仅包括劳动规章制度,也包括与劳动无关的其他规章制度。因此劳动规章制度是指用人单位按照法定程序制定的,在用人单位内部对用人单位和劳动者具有约束力的劳动规章制度的总称。依据《劳动合同法》第4条第2款规定,劳动规章制度的内容包括劳动报酬、工作时间、休息休假、劳动安全卫生、保险福利、职工培训、劳动纪律以及劳动定额管理。

2. 劳动规章制度的内容

目前在员工关系管理方面,企业人力资源管理制度,主要包括薪酬制度、招聘管理、培训管理、业绩考评与奖惩管理、工作时间和休息休假管理、劳动保护和劳动条件、福利保险管理、员工的行为准则等。

(1) 企业招聘制度应注意规定录用条件,明确规定应聘材料如学历、经历、婚育和健康状况的真实性,要求员工能完成工作任务,具有符合工作要求的道德素质、技能和身体素质等。招聘简章要注意避免一些歧视性用语,试用期约定要符合法律、法规,注意签订无固定期限合同的法定条件。

(2) 培训制度应包括培训协议的签订,规定有关培训费、服务期、违约责任以及履行的有关事项。对特殊岗位员工,企业可以与之签订商业秘密保护和竞业禁止协议,明确需要保密的内容、范围、保密期限、违约责任以及经济补偿等。

(3) 建立健全的考核制度,做到每个步骤都有明确规定,且合理合法。合理使用考核结果维护企业利益,规定考核结果可以作为调动工作、升降薪酬,甚至解除合同的依据。考核结果须形成书面文件,作为以后争议中企业的举证依据。

(4) 薪酬制度应包括企业的薪酬体系、薪酬标准及薪酬调整原则和程序,规定工资的调整权限、发放时间、工资的构成以及变更等,明确工伤、婚丧假、探亲假、年休假、少数民族节假日期间的工资支付,以及病假工资、女工三期、事假工资的发放等,并履行告知义务,确保工资制度得到员工认可。贯彻"薪随岗变"的原则,员工薪酬水平的变动,必须根据企业薪酬体系标准来进行,这样才能得到员工支持。实行密薪制的,要按照与员工的约定执行。

(5) 劳动保护制度是保障劳动者在劳动过程中获得适宜的劳动条件而采取的各项保护措施,包括工作时间和休息时间、休假制度,保障劳动安全与卫生的措施,女职工与未成年工劳动保护等。为避免引发劳动保护争议,企业要了解相应的法律规定,主要是《劳动法》、《工厂安全卫生规程》、《关于装卸、搬运作业劳动条件的规定》、《职业病范围和职业病患者处理办法规定》、《女职工劳动保护规定》、《女职工禁忌从事劳动范围》、《国务院关于工作时间的规定》等,并结合本企业实际,将法律法规的相关规定进行细化、具体化。

(二) 劳动规章制度的特征

企业制定的劳动规章制度是针对本单位的实际情况及现实问题而制定的,也是用人单位加强管理、进行制度规范的常用手段,它反映着人与人和人与物之间的关系,体现了企业生产过程中领导与被领导之间,干部与群众之间,技术人员与工人之间,工人相互之间的互相合作和分工协作关系。劳动规章制度的制定不仅仅是用人单位领导层意志的体现,同时也是全体员工意志的体现。

(1) 目的性。制定劳动规章制度的目的主要是为了控制生产过程、规范员工在工作中的行为、协调用人单位与员工以及员工之间的关系。

(2) 明确性。劳动规章制度是针对企业的具体工作内容、职责、程序等制定的行为规范,因此,劳动规章制度的各项条款必须明确、具体、逻辑清晰、易于理解、具有很强的可操作性。

(3) 强制性。企业劳动规章制度一经颁布,相关人员就必须遵守和执行。组织内的所有成员,不论是管理者还是普通员工都应该遵守用人单位劳动规章制度的规定。

(4) 民主性。虽然企业劳动规章制度具有强制性,但劳动规章制度的制定体现了用人单位所有成员的意志,代表了用人单位绝大部分成员的利益,因此具有民主性。

(5) 稳定性。稳定性主要是指劳动规章制度一旦形成,将保持在较长的时间内适用,如果朝令夕改则会削弱劳动规章制度的权威性。

(三) 劳动规章制度的重要性

企业劳动规章制度是整个组织机构正常运行的制度保障,没有合理的劳动规章制度就没有一个真正发挥作用的组织和机构,也就没有企业的正常生产和经营活动。只有通过劳动规章制度来规范领导和职工成员的职责和行为,才能使企业正常运转,充满生机和活力。

(1) 劳动规章制度是企业正常运行的保证和组织成员行动的指南。在组织的运行过程中,针对组织内部成员的劳动用工管理主要有四种工具可以运用,分别是劳动法律法规、双方当事人签订的劳动合同、集体合同以及企业劳动规章制度。在劳动关系管理中,由于劳动法律法规的局限性、劳动合同的单一性以及集体合同在劳动关系管理中作用的有限性,企业劳动规章制度较好地弥补了以上三种劳动关系管理工具的缺陷,与这三种劳动关系管理工具共同构成了劳动关系管理体系。

劳动规章制度虽属调整个别劳动关系的规范,但劳动规章制度规定的是企业共通的权利义务,适用于用人单位的所有劳动者。劳动规章制度明确了组织的劳动条件和组织成员的行为规范,可以大量减少因劳动条件不统一或对行为规范的解释不一致所带来的劳动争议和劳动纠纷。因此,劳动规章制度保证了组织的正常运行,是组织成员行动的指南。

(2) 劳动规章制度是企业奖惩的依据。《劳动法》第四条规定:"用人单位应当依法建立和完善劳动规章制度,保障劳动者享有劳动权利和履行劳动义务。"这里的劳动权利和劳动义务仅仅是一种抽象的法律规范。在具体的劳动条件确定和劳动关系运行中,这些抽象的法律规范很容易产生歧义以至发生劳动争议。企业劳动规章制度就是对以上抽象的法律规范的具体规定与解释,它明确了工作场所的劳动条件与行为规范。

可见,劳动规章制度是企业劳动条件及劳动纪律等方面的具体规定,不论其法律性质如何解释,劳动规章制度都对企业的劳动者具有规范作用。因此,组织的奖惩必须以劳动规章制度为依据,这样才有助于组织对工作场所的正常管理,保障企业的日常运转,预防劳动争议的发生。

(3) 劳动规章制度是劳资双方维权的利器。劳动规章制度是用以规范劳动者个人与用人单位之间的个别劳动关系运行的用人单位规则,是用人单位制定劳动合同的主要依据之一。

市场经济中的企业,因为拥有经营自主权,也就拥有了对劳动者进行指挥命令的管理权,因此,企业通过制订劳动纪律、行为规范等手段来促使劳动者履行劳动义务,对劳动者进行管理。但是,市场经济中的企业毕竟是以追求利润为目标的,企业很容易牺牲劳动者的利益甚至侵犯劳动者的权利。所以,我们强调劳动规章制度要"通过民主程序制定"才能具有法律效力,即"用人单位在制定、修改或者决定有关劳动报酬、工作时间、休息休假、劳动安全卫生、保险福利、职工培训、劳动纪律以及劳动定额管理等直接涉及劳动者切身利益的劳动规章制度或者重大事项时,应当经职工代表大会或者全体职工讨论,提出方案和意见,与工会或者职工代表平等协商确定"。通过民主程序制定的规章制度应该是劳资双方利益妥协和利益平衡的结果。

因此,劳动规章制度一旦具有法律效力,劳动规章制度就不仅仅是资方维权的工具,也成了劳方维权的利器。

(四) 劳动规章制度与劳动合同的关系

企业的劳动规章制度和劳动合同都是确立劳资双方权利义务的重要依据,也是劳资双方共同意志的书面表达。因此,从企业的劳动规章制度和劳动合同发挥的功能来看,两者都具有协调、调整企业劳动关系的作用。但是,企业的劳动规章制度与劳动合同也存在明显的区别,主要体现在以下方面:

(1) 制定主体不同。劳动合同的主体是劳动者和用人单位,是双方在平等协商的基础上合意确定的。企业劳动规章制度的制定主体是用人单位。尽管劳动者以及劳动者团体有参与权和建议权,但最终决定权还是在用人单位一方。用人单位为了保证所制定的劳动规章的权威性和统一性,只能而且应当由单位中处于最高层、对全体劳动者具有管理权的机构来制定,并非任何机构都能制定。单位中的其他行政管理机构不能作为独立的劳动规章制度制定主体来制定和颁布规章制度。

(2) 效力范围不同。企业劳动规章制度规定的内容是集体性的,它规定的是本用人单位劳动者共同的权利和义务,因此,其效力范围覆盖整个企业的全体员工。劳动合同只是约定单个劳动者的权利和义务,依据《中华人民共和国合同法》第八条规定:"依法成立的合同,对当事人具有法律约束力。当事人应当按照约定履行自己的义务,不得擅自变更或者解除合同。"劳动合同属于合同的一种,其效力范围仅适用于同企业签订劳动合同的单个劳动者,对其他劳动者没有法律效力,合同当事人任何一方不能擅自为第三人设定合同上的义务。

(3) 效力等级不同。依法制定的企业劳动规章制度和依法签订的劳动合同都具有法律效力,但当企业劳动规章制度和劳动合同针对同一事项作出了不一致的规定时,这两者的法律效力是有所差别的。《最高人民法院关于审理劳动争议案件适用法律若干问题的解释(二)》第十六条规定:"用人单位制定的内部劳动规章制度与集体合同或者劳动合同约定的内容不一致,劳动者请求优先适用合同约定的,人民法院应予以支持。"

(4) 终止条件不同。企业劳动规章制度的废止时间由用人单位和劳动者自行商定,法律对于企业劳动规章制度的废止时间并无具体规定。但是,劳动合同的终止条件是法定的,不允许用人单位和劳动者双方当事人约定。《劳动法》第二十三条规定:"劳动合同期满或者当事人约定的劳动合同终止条件出现,劳动合同即行终止。"而《劳动合同法》取消了约定终止,并扩充了终止的情形。

四、拓展训练:案例讨论

一张票据引发了一桩命案

日前,一名37岁的女性消费者在江西景德镇沃尔玛店购物后被5名沃尔玛员工群殴,后不治身亡。事件的缘起,仅是一张购物小票。

昨天,沃尔玛(中国)方面向《每日经济新闻》发来声明称:对死者家属表示诚挚的问候和哀悼；事件和死因正在调查中。

"作为世界500强企业，沃尔玛竟会出现这种伤人事件，是该检讨自身内部管理体制的时候了！"第一商业网CEO黄华军如是评论。

【事件回放】

女顾客遭员工群殴

8月30日晚20时左右，家住江西景德镇广场南路的余小春如往常一样，拎着一大包东西从离家约500米的沃尔玛购物广场出来。然而，5名沃尔玛员工突然围住了她，其中一位员工向她索要购物小票。余见对方未穿沃尔玛工作服，以对方并非超市工作人员为由迅速抢回了小票。于是，双方打了起来。

"我在旁边多次阻止沃尔玛员工的行为，但没有用，后来她（余小春）的父母亲在现场请求不要再打了都没用，最后就打110报了警。"随后赶来的余小春亲戚对媒体说。

事后，余小春被送往医院救治。9月1日下午15时许，医院下达"病危通知书"。9月2日凌晨1时许，余小春因抢救无效死亡。

【主角回应】

沃尔玛表示哀悼

据景德镇警方介绍，殴打余小春的5名员工均为沃尔玛内部员工，其中有3名男性系沃尔玛资产保护部员工，2名来自其他部门。

据涉案人员交代，8月30日晚19时40分，沃尔玛员工喻某怀疑余小春在偷东西。随即，喻某便安排胡某对余小春进行跟踪，并由喻某包抄拦截，刘某、胡某、余某、梁某将余小春围住，在前述5人向余索要购物小票未果的情况下，双方发生争执，并展开厮打。

死者家属则称，他们在赶到现场后从余小春口袋中找到了所购商品的小票。

当地警方表示，双方发生争执和厮打，造成余小春身体伤害后送医院就诊，救治无效死亡。目前该案已上升为刑事案。犯罪嫌疑人刘某、喻某已被刑拘，此案还在调查中。

沃尔玛中国区公关经理牟明明昨天向本报发来声明表示：8月30日傍晚，在江西景德镇发生的事件，我们对死者家属表示诚挚的问候和哀悼。事件和死因正在调查中。公司正全力以赴配合有关部门的调查，适当时将公布更多详情。

9月6日，死者余小春的丈夫对媒体记者说："到目前为止，沃尔玛既没有派人来医院来看望，也没有来家里表示慰问。"

【专家看法】

"内部管理有问题"

"沃尔玛出现这样的伤人事件，内部管理肯定有问题。"黄华军表示，无论调查结果如何，沃尔玛员工殴打顾客的行为本身就不对，且公司应该尽快与其家属取得联系，并给予一定的安慰等。

他进一步指出，该事件从一定程度上折射出，沃尔玛内部管理体制上出现了诸如制度不够人性化、制度难以执行、经营压力过大等问题。

数据显示，沃尔玛的第二财季销售收入由去年同期的1 023亿美元下滑至1 009亿。沃尔玛表示，将加码中国市场。分析认为，这无疑会继续增大沃尔玛中国区员工压力。

问题：如果你是沃尔玛的员工关系专员，你会对公司提出什么样的建议？

任务二　企业规章制度制定及修订

一、任务要求

掌握劳动规章制度制定的具体过程和要求，能够根据法律和企业的要求制定具体的劳动规章制度。

二、实训

【实训名称】案例分析
【实训目的】了解试用期的相关规定，能制定具体的规章制度
【实训步骤】
(1) 全班4~5人一组，分为若干小组；
(2) 案例：

员工索赔被斥荒唐

张铮是河南人，今年40岁。他与单位签订了一份雇佣协议，用工单位泰科公司是一家外资企业。双方于2012年10月25日签订的这份合同显示，合同期限为3年，试用期6个月。合同约定张铮担任北京地区区域销售经理，月薪人民币14 000元，同时，按13个月计发工资。

"任职期间，我表现良好。2012年12月28日，公司突然用电子邮件的形式，以试用期不符合录用条件为由，单方解除我的劳动合同，且拒绝任何解释。"张铮说："由于公司无故拖欠我2012年11月20日至12月29日的工资，属于违法行为，所以，我申请仲裁裁决支持我的六项请求。"

张铮提出的这六项请求是：① 撤销公司解除劳动关系通知书，继续履行劳动合同。② 支付被拖欠的工资18 505.7元及拖欠工资25%的经济补偿金4 626.4元。③ 报销差旅费、交通费、通话费等费用7 654.62元。④ 支付2012年12月30日至2013年3月26日的工资收入损失10万元及25%经济补偿金2 500元。⑤ 支付年终奖励工资56 000元及25%经济补偿金14 000元。⑥ 公司向其赔礼道歉。

记者问："你是怎么想到这样维权的？"张铮说："以前没接触过法律，也没想着和谁打官司。而这一次，公司欺人太甚。为出口气，我买了好几本法律书研读其中的内容，同时请教一些律师、专家。通过算账对比，我才知道，在公司违法的情况下，如果只索赔，不提其他要求，那样的话拿不了多少赔偿，打官司没什么意义。如果要求继续履行合同，你别看我不上班了，我跟上班一样拿工资，打官司更主动，还不怕公司拖我。所以，才提出了上面那些要求。"

(3) 思考及讨论：
① 你认为员工的要求荒唐吗？为什么？

② 作为员工关系专员你会向公司提供什么建议?
(4) 以书面形式提交分析结果;
(5) 小组选派代表汇报;
(6) 教师点评。

【实训要求】
(1) 无论是支持还是反对理由都要求充分且有确切的依据。
(2) 提供的建议要求详细具体。

三、知识链接

(一) 劳动规章制度制定的法律依据

目前,我国关于企业劳动规章制度制定的法律依据主要包括《宪法》《劳动法》《劳动合同法》《公司法》以及其他配套法律法规。共同协商制定劳动规章制度不仅是企业和员工的权利,也是企业和员工应尽的义务,是劳资双方享有权利、履行义务的制度保障,因此,企业在与劳动者代表双方共同协商确定劳动规章制度时必须遵守上述法律的规定。

《宪法》第五十三条规定:"中华人民共和国公民必须遵守宪法和法律,保守国家秘密,爱护公共财产,遵守劳动纪律,遵守公共秩序,尊重社会公德。"这里提到的劳动纪律就是企业劳动规章制度的重要组成部分。

《劳动法》第三条第二款规定:"劳动者应当完成劳动任务,提高职业技能,执行劳动安全卫生规程,遵守劳动纪律和职业道德。"这里的"劳动纪律"指的就是用人单位制定的劳动规章制度。《劳动法》第四条规定:"用人单位应当依法建立和完善劳动规章制度,保障劳动者享有劳动权利和履行劳动义务。"这里的"应当"表明制定劳动规章制度,既是用人单位的法定权利,也是用人单位的法定义务。依据《劳动法》第二十五条规定,劳动者严重违反劳动纪律或者用人单位劳动规章制度的,用人单位可以解除劳动合同。

《劳动合同法》第四条规定:"用人单位应当依法建立和完善劳动规章制度,保障劳动者享有劳动权利、履行劳动义务。用人单位在制定、修改或者决定有关劳动报酬、工作时间、休息休假、劳动安全卫生、保险福利、职工培训、劳动纪律以及劳动定额管理等直接涉及劳动者切身利益的劳动规章制度或者重大事项时,应当经职工代表大会或者全体职工讨论,提出方案和意见,与工会或者职工代表平等协商确定。在劳动规章制度和重大事项决定实施过程中,工会或者职工认为不适当的,有权向用人单位提出,通过协商予以修改完善。"该法明确规定了用人单位必须依法建立和完善劳动规章制度,制定劳动规章制度程序必须合法。

《公司法》第十八条第三款规定:"公司研究决定改制以及经营方面的重大问题、制定重要的劳动规章制度时,应当听取公司工会的意见,并通过职工代表大会或者其他形式听取职工的意见和建议。"该法明确规定了用人单位有制定劳动规章制度的权利。

《最高人民法院关于审理劳动争议案件适用法律若干问题的解释》第十九条规定:"用人单位根据《劳动法》第四条之规定,通过民主程序制定的劳动规章制度,不违反国家法律、行政法规及政策规定,并已向劳动者公示的,可以作为人民法院审理劳动争议案件的依据。"

(二) 劳动规章制度制定的框架结构

企业在制定劳动规章制度时,不仅应该做到内容合法、符合企业发展要求,还应该做到形式结构的规范化。作为管理劳动关系最重要的工具,劳动规章制度实际上就是企业内部的法律。因此,在制定劳动规章制度时可以参照法律条文的表述形式,便于企业在发生劳动纠纷时,法院、劳动仲裁委员会作出公正的判决。根据相关法律条文通用的表述形式,可以将企业的劳动规章制度的框架结构分为以下三个部分:

1. 前言

企业的劳动规章制度在前言部分应包含三个部分:① 劳动规章制度的目的或原则。明确地告知员工劳动规章制度制定的目的或原则是制定的基础。② 劳动规章制度的适用范围。针对不同层级、不同职能的员工或不同地域的分公司、子公司等,所使用的劳动规章制度也有所不同;因此,在制定劳动规章制度时需要明确其适用范围。③ 劳动规章制度的相关术语解释。这是对劳动规章制度的完善和补充。

2. 主文

企业的劳动规章制度在主文部分应明确企业员工所享有的权利、需要履行的义务以及需要承担的责任。劳动规章制度中的权利规定了员工应该享有什么权利,即在双方保持劳动关系期间应当作什么,是劳动规章制度的核心部分。例如,企业的奖惩制度规定在什么情况下,员工有权利获得奖励。劳动规章制度的义务明确了员工在和企业保持劳动关系期间不应当作什么。例如,企业的考勤制度规定了员工需要履行公司上班时间的义务。责任是当员工违反了劳动规章制度中对员工义务的规定后应该承担的后果。例如,在企业的考勤制度中,若员工违反了其按时上下班的义务,就应当承担相应的后果、责任。

3. 附则

企业的劳动规章制度在附则部分应该包括三个部分:① 劳动规章制度的解释、修改;② 劳动规章制度的追溯力;③ 劳动规章制度的生效时间。在第一部分中,劳动规章制度应明确具有解释、修改权力的主体,以及进行解释、修改的原则;在第二部分中,要明确企业的劳动规章制度不具有追溯力,即现下颁行的劳动规章制度对于企业成员以往的行为不具有规范力;在第三部分中,同国家制定的部分法律有所不同,劳动规章制度的生效日期可以自颁布之日起实施。

(三)劳动规章制度的生效要件

根据《最高人民法院关于审理劳动争议案件适用法律若干问题的解释》《公司法》《劳动合同法》等规定,劳动规章制度的生效要件包括:

1. 制定主体合法

《劳动法》和《劳动合同法》的第四条都规定,用人单位应当依法建立和完善劳动规章制度,因此,劳动规章制度只能由法律或企业章程授权的主体制定,即用人单位。在实践中,企业制定劳动规章制度时通常会授权或委托人力资源管理部门、行政部门或战略规划部门等起草,但是,劳动规章制度在发布时一定要以企业的名义发布,否则其效力范围将容易遭到质疑,面临制定主体不适格的法律风险。

2. 制定内容合法、合理

劳动规章制度的内容必须在现行法律法规的框架之内制定,不得违反法律、法规和政策的规定,否则,企业极易因劳动规章制度内容不合法、不合理而引起劳资纠纷。依据《最高人民法院关于审理劳动争议案件适用法律若干问题的解释》第十九条规定,劳动规章制度得以成为审理劳动争议案件依据的一项重要前提,就是其内容不违反国家法律、行政法规及政策的规定。从实践来看,相对来说,在企业劳动规章制度法律地位的问题中,合法性比合理性更容易认定。当劳资双方就劳动规章制度的合理性问题产生纠纷时,劳资双方都不是最终的裁判者,最终的裁判者是劳动争议仲裁机构和人民法院。此外,企业劳动规章制度的内容要和劳动合同、集体合同衔接,避免发生冲突。

3. 制定程序合法

根据《劳动合同法》第四条的规定,劳动规章制度制定的程序一般包括起草、讨论、通过和公示四个步骤。

(1) 制定草案。劳动规章制度的起草一般有两种情况:一种是为订立新劳动规章制度的新法案起草,一种是修改旧规章的修正案的起草。起草人一般是企业行政人员,也可委托外界顾问或专家代为起草。制定草案的具体过程可依照以下顺序进行:

① 选定起草人员。拟定劳动规章制度是一项具有一定政策性、知识性和技术性的工作,需要专业的团队才能完成。企业应当选择懂法律政策、熟悉企业实际经营状况、具有管理知识以及较高写作能力的人员组成起草班子,承担企业劳动规章制度的起草工作。起草班子中既要有企业领导和人事劳资管理业务人员,也要吸收工会干部和职工群众参加,以形成多层次的人员组合。起草班子的人数没有特别的规定,但是要注意精干有效的原则。如果企业难以组成专业化的起草班子,也可以委托专门的劳动保障政策法律咨询机构代为起草。

② 拟定起草大纲。为了保证起草工作有序进行,在确立了起草班子后,要由起草人员拟定劳动规章制度大纲。所谓的劳动规章制度大纲,就是确定基本框架、体系构成、内容梗概,明确起草工作的指导思想、方法步骤、人员分工、起草工作的要求以及完成起草工作的时间等。起草大纲须经企业行政部门讨论,审定后即可开始起草工作。起草大纲决定着以后起草工作的成败,一定要反复论证,多征求群众和有关专家的意见,确定成熟后再着手起草。

③ 形成草案文稿。起草工作人员按照起草大纲确定的框架和内容,在计划时间内进行起草工作,形成劳动规章制度草案的文稿。形成的草案文稿虽然不是正式的劳动规章制度,不一定要很正规,但也应符合劳动规章制度的外在表现形式,即符合一般的格式,内容也应全面。

(2) 职工讨论

《劳动合同法》第四条第二款规定了劳动规章制度制定的必备法律程序,即经由职工代表大会或全体职工讨论、修改。

起草劳动规章制度和起草其他文件一样,不可能一次完成,而是要经过反复的修改才能成熟、完善,因此,草案文稿修改时需要多次的讨论。同时,劳动规章制度草案文稿的修改讨论,不只是简单的起草工作程序,而是企业制定劳动规章制度坚持民主原则和公正原则的体现,修改的过程也不只是对文字的简单增删,而是对劳动规章制度内容的更进一步认识和深化,使其更加成熟和完善。

企业劳动规章制度草案的修改,应按照一定的步骤进行。通常先由起草工作人员自行修改,然后召开职工代表大会或全体职工大会讨论、修改,再由起草人员在征求各方意见的基础上进行综合整理、去粗取精,对文稿进行修改补充。经过反复讨论和征求意见,对文稿作反复的修改后,形成比较成熟的审议文稿。

(3) 协商通过

企业的劳动规章制度草案向职工代表大会或全体职工征求意见后,企业应对意见或方案进行梳理、修订和总结,完善劳动规章制度草案,从而形成制度建议稿,然后,企业需要派企业代表同工会或者企业职工代表共同对企业劳动规章制度建议稿进行协商,最终形成企业劳动规章制度的终稿。在我国,虽然司法解释要求劳动规章制度要"通过民主程序制定"才能具有法律效力,但对何为民主制定并无明确的说明。考察我国相关法规政策,一般认为,民主制定包括工会同意、职代会通过、职工代表投票通过等几种方式。

(4) 制度公示

企业制定的劳动规章制度,经法定程序确认其内容合法、程序有效后,要由企业法定代表人签字并加盖企业行政公章,作为正式文件向全体员工正式公布。

(四)劳动规章制度的公示及实务

《劳动合同法》第四条第四款规定:"用人单位应当将直接涉及劳动者切身利益的劳动规章制度和重大事项决定公示,或者告知劳动者。"《最高人民法院关于审理劳动争议案件适用法律若干问题的解释》第十九条规定:"用人单位根据《劳动法》第四条之规定,通过民主程序制定的劳动规章制度,不违反国家法律、行政法规及政策规定,并已向劳动者公示的,可以作为人民法院审理劳动争议案件的依据。"《劳动合同法》和《关于审理劳动争议案件适用法律若干问题的解释》都规定公示是企业制定劳动规章制度的法定程序,也是用人单位劳动规章制度的生效条件。在实务中,企业公示的目的是使员工知晓企业的劳动规章制度。

1. 劳动规章制度的公示手段

需要指出的是,作为企业内部的劳动关系工作者,还必须有证据证明员工已经知晓企业的劳动规章制度。企业可以通过网站、电子邮件、公告栏、员工手册、培训和劳动合同附加条款等手段进行公示,告知员工必须遵守企业制定的劳动规章制度:

(1) 通过网站或电子邮件公示。企业可以将制定的劳动规章制度发布在网站上或通过邮件发送员工,这种公示手段优点是快捷、节省成本,其缺点是增加了企业的举证成本,要达到这种证据保存的目的,必须要有相应的技术支持。

(2) 通过公告栏公示。企业可以将劳动规章制度张贴在员工容易看到的公告栏等处,其优点是无需召集员工开会学习,还可以节省印刷费用、节省空间,公示成本低且容易操作;其缺点同网络公示基本相同,即增加了企业的举证成本。以公告栏公示作为证据需要企业和员工双方共同认可,否则证据无效。因此,员工如辩称用人单位没有公示,用人单位将较难举证。

(3) 通过员工手册公示。企业可以将劳动规章制度印制为员工手册发放给员工,这种手段的优点是用人单位可以通过印发并让劳动者签收,企业容易举证已经公示,且便于员工随时查阅和学习。其缺点是印刷成本高,如需修订和更改,容易造成浪费。

(4) 通过培训公示。企业可以组织员工开会学习企业的劳动规章制度,并且让参加会议的人员签到或签字。此手段的优点是容易证明用人单位已经公示,而且可以节省印刷成本,其缺点是有的用人单位人数多,组织开会耽误时间。此外,这种手段不便于劳动者随时了解劳动规章制度的内容。

(5) 通过劳动合同附件公示。企业可以直接将和员工的权利义务息息相关的劳动规章制度作为劳动合同的附件,这种手段的优点是降低了企业的举证责任,能够有效预防劳动争议的发生。其缺点是劳动合同附件的制订需要耗费一定的人力、物力,其条款必须表述清晰才能发挥其优势。例如,企业在和员工签订劳动合同时,可以写上"乙方(员工)已经认真阅读了上述劳动规章制度,并且理解了上述劳动规章制度的含义,而且愿意遵守这些劳动规章制度",这样就能保证公示的有效性。

2. 劳动规章制度不公示的法律后果

虽然我国《劳动法》对企业劳动规章制度是否需要公示以及未公示的法律后果没有明确规定,但《劳动合同法》及相关的司法解释都对规章制度不公示的法律后果作出了阐释。企业未按规定公示劳动规章制度的法律后果包括:劳动规章制度无效、用人单位承担行政责任或民事责任。

(1) 劳动规章制度无效。企业劳动规章制度无效,不仅起不到劳动关系管理的作用,也无法作为审理劳动争议案件的依据。如果无效的劳动规章制度在实行过程中给员工利益造成了损害,还要承担相应的赔偿责任。劳动规章制度无效的情形很多,制定主体不合法、内容不合法、程序不合法、未公示等均可造成企业制定的劳动规章制度无效。

(2) 用人单位承担行政责任。《劳动合同法》第八十条规定:"用人单位直接涉及劳动者切身利益的劳动规章制度违反法律、法规规定的,由劳动行政部门责令改正,给予警告;给劳动者造成损害的,应当承担赔偿责任。"企业收到劳动行政部门的警告或处罚,不仅会对企业声誉造成负面影响,严重的还可能间接影响到企业日常的生产经营。

(3) 用人单位承担民事责任。《劳动合同法》第八十条还规定了用人单位未依法公示的民事责任,即劳动者因此遭受损害的,用人单位应当承担赔偿责任。赔偿的范围原则上限于受害人的实际损失,如工资福利损失。

3. 劳动规章制度公示的举证方式

在《劳动合同法》第四条和《关于审理劳动争议案件适用法律若干问题的解释》第十九条都明确规定了"公示"是劳动规章制度生效的要件,但是对于如何认定公示并未作出具体规定。企业与员工发生与劳动规章制度相关的劳动纠纷或争议时,有可能导致司法机关对同一案件做出相反的判决。因此有必要对于劳动规章制度公示的举证方式进行实践指导。

(1) 签字确认。当企业通过员工手册、培训或劳动合同附件等方式进行劳动规章制度的公示时,可以在员工领取员工手册前后、培训前后或签订劳动合同时,请员工签字确认并注明相应日期。需要注意的是,以培训方式进行公示时,应当作好培训记录(包括培训的劳动规章制度名称)。

(2) 拍照或录像。当企业通过公告栏进行劳动规章制度的公示时,可以选择在张贴期间拍照留存证据,需要注意的是,照片一定要明确包含公示时间、地点等信息。当企业选择培训方式进行劳动规章制度公示时,有条件的企业也可以选择将培训过程录像,以此作为证据。

(3) 申请公证。当企业通过网络或电子邮件等方式进行劳动规章制度的公示时,建议企业通过法律程序申请公证。《民事诉讼法》第六十七条规定:"经过法定程序公证证明的法律行为、法律事实和文书,人民法院应当作为认定事实的依据。但有相反证据足以推翻公证证明的除外。"此外,企业签字确认、拍照或录像的资料也可以经过法定程序进行公证。

四、拓展训练：案例讨论

> 侯先生是某公司高压配电室值班长。2008年，侯先生所在公司下发《关于对〈员工手册〉工作时间岗中睡觉处罚条例内容进行修订的通知》。侯先生认为《通知》内容违反行业规范及技术规范，拒绝在《通知》上签字。
>
> 公司以侯先生"不接受公司管理，严重违反了公司的规章制度"为由，对侯先生作出开除处理。公司人力资源部的理由是："公司《员工手册》中有明确规定，员工不服从公司管理，不执行上级正确指令，不接受批评教育，工作中弄虚作假，严重妨碍和扰乱公司正常管理秩序的，给予警告处分并罚款200元至400元，情节严重的辞退或开除。侯先生不服从管理，公司有权将其开除。"
>
> 侯先生向北京市海淀区劳动争议仲裁委员会提出申诉，要求继续履行合同。该委员会经审理，裁决公司与侯先生继续履行劳动合同。
>
> 公司不服仲裁，诉至法院。公司主张《员工手册》在岗睡觉条例修订内容经民主程序制定，但未能举证。
>
> 法院审理认为：
>
> 用人单位在制定或修改有关劳动报酬、劳动纪律等直接涉及劳动者切身利益的规章制度时，应当经职工代表大会或者全体职工讨论，提出方案和意见，与工会或职工代表平等协商确定。该公司自行修改《员工手册》在岗睡觉条例后，在"签字即代表同意"的思想指导下让员工在通知上签字，员工应有拒绝签字的权利，否则就是将自行修改的、涉及劳动者切身利益的规章制度强加于全体劳动者。故侯先生拒绝在修改《员工手册》在岗睡觉条例的通知上签字，并无不当，公司以侯先生严重违反规章制度为由决定开除侯先生，没有法律依据。
>
> 法院于是支持了侯先生的主张，判决继续履行合同。

问题：法官认可什么样的公司规章制度？

任务三　员工手册编制

一、任务要求

掌握员工手册的具体内容以及员工手册的生效要件，能够根据国家法律以及企业的实际情况编制员工手册。

二、实训

【实训名称】编制员工手册
【实训目的】理解员工手册的具体内容
【实训步骤】
(1) 全班4~5人一组，分为若干小组；

(2) 每个小组自创虚拟公司,确定经营范围和具体地址;
(3) 以小组为单位讨论如何编制该虚拟公司的员工手册;
(4) 以小组为单位,以书面形式提交讨论成果。

【实训要求】
(1) 尽可能多地查阅资料。
(2) 不要面面俱到,要符合企业实际需要。

三、知识链接

(一) 员工手册编制"四步法"

员工手册,简单地说就是能够让员工快速了解公司并能规范员工日常行为的小册子,它有两项基本功能:一是使刚进入公司的"准员工"能够快速了解公司的历史、文化、运作模式、员工管理政策、日常行为规范等,快速成长为公司的"合格员工";二是规范员工的日常行为,强化行业或公司的特殊要求,提升公司整体的运作效率。

对于企业来说,如果能够有效地发挥员工手册的功效,一方面可以缩减培训成本与员工管理成本,另一方面还可以促使员工降低工作失误率与事故率,从而提高员工的工作效率与效果。员工手册的编制往往需要以明晰的企业文化和规范的人力资源管理体系为基础,而目前我国大部分企业的企业文化还处在混沌状态,人力资源管理体系也还不够规范,在这种状况下,中企业该如何编制既适合自身又不失操作性的"员工手册"呢?下面介绍编制员工手册的"四步法"。

1. 第一步:定框架

定框架,即确定员工手册内容的基本框架。一般来说,一套完整的员工手册其基本框架应该包括五个部分:第一部分是"写在前面的话",第二部分是"公司概述",第三部分是"行为规范"和"特殊的职业要求",第四部分是"员工管理制度",第五部分是"附则"。对中小企业来说,同样可以直接将这个基本架构作为员工手册的主要内容,然后,在这一主框架的基础上,确定相应的次级框架。

(1) 用好"写在前面的话"。这部分的内容通常是以公司的最高行政长官名义签发,其主要目的是欢迎员工并激发员工学习手册的热情,因而,其次级框架通常包括以下几个方面:① 欢迎词;② 员工可通过员工手册获得什么;③ 祝语与希望;④ 签名。最近两年,中小企业在编制员工手册的时候,虽然在结构上都会包含这一部分,但在次级框架确定时却经常出现偏差,往往把"总则"作为次级框架的一个项目。例如,一家有800多名员工的不锈钢架制造企业,其"写在前面的话"的次级框架的项目在包括"欢迎词"之外,还包含有"本手册的编写目的""本手册的指导思想"等项目。以这种"写在前面的话"开篇的员工手册从形式上说不伦不类,从效果上说会使员工反感,影响其对员工手册的学习效果和进一步的内化、执行。因此,建议中小企业在编写员工手册时,严格按照"欢迎词""学习员工手册的收获""祝语与希望"及"签名"的次级框架进行编写。

(2) 灵活运用"公司概述"。"公司概述"部分的目的就是让员工快速了解公司、快速融入公司。这部分的次级框架通常包括以下几个方面:① 公司的价值观;② 公司的战略目标;③ 公司业务概况;④ 公司的组织架构;⑤ 公司的发展历史;⑥ 公司的企业文化。

在确定这个主项目的次级框架时,可以根据企业的实际情况灵活处理。如果公司目前尚没有明确的价值观或发展战略目标,也没有提炼出明确的企业文化,那么暂时可以将"公司业务概况""发展历史"及"组织架构"作为"公司概述"的次级框架,同时,要着手明确公司的价值观、战略目标等,适时地提炼出自己的企业文化。

（3）明确"行为规范"和"特殊的职业要求"。通过对行为规范或特殊的职业要求的学习和理解,可以提升公司员工整体的职业素养,进而提升员工的工作效率与业绩。这部分的次级框架通常包括以下内容:① 公司日常行为规范;② 公司日常工作中的行为规范;③ 对外业务交往中的行为规范;④ 行业特殊职业要求（例如食品行业对卫生行为的要求）。目前,部分行业的中小企业比较重视这部分内容,例如酒店行业、连锁专卖行业、保险行业等,但许多制造企业对这部分却重视不足。因此,建议中小企业在编制员工手册时,不要考虑自身属于什么样的行业,不管目前是否具备相关的制度,都要将这部分作为员工手册主框架的一项主要项目。目前没有相关制度的公司务必组织相关人员进行编制,因为,缺少这部分内容的员工手册对员工行为的引导作用将大大减弱。

（4）重点制定"员工管理制度"。这是目前中小企业的员工手册中最重视的部分。通过这部分内容,企业可以让员工充分了解相关制度与要求,进一步规范员工行为、降低员工管理成本。因而,这部分内容应该涉及从员工聘用到离职的一系列员工管理制度,其次级框架应该包括以下主要内容:① 聘用与离职（入职培训、试用、人事关系、离职管理等）;② 工作时间（正常上班时间、出勤、加班等）;③ 报酬与福利;④ 休假;⑤ 员工培训与发展;⑥ 奖惩制度及其他。不过,实际情况中,许多中小企业员工手册这部分的次级框架,往往仅仅包含强调对员工约束的部分,如考勤、加班、奖惩等,而忽略员工最关心的、与员工发展和福利相关的内容。例如,一家办公家具制造企业员工手册的"员工管理制度"部分,仅包括了劳动合同、考勤与加班、奖惩与报酬、调动（包括入职、内部调度与离职）几个部分,忽略了休假、员工晋升与发展等员工非常关心的部分。其实,员工只有在看到个人的发展与收获时,才有可能根据工作要求进行自我约束,才有可能全身心地投入工作。完全依靠高压政策来控制员工行为的制度是缺乏人文关怀的,注定要付出更高的管理成本。因此,建议中小企业在确定这部分的次级框架时,一定要将员工的晋升与发展、员工福利等内容包含进去。

（5）不容忽视的"附则"。这部分比较简单,主要是对一些未尽条款的补充说明,包括手册的有效性、手册的解释权、手册的修订、未尽事宜的参照办法、保密原则、员工签收确认函等。中小企业在确定这部分内容时,经常忽视"员工签收确认函"这部分,然而,员工签收是保证员工手册合法及有效落实的一项重要措施,同时也是企业已经将相关政策告知员工的一项书面证明,因此,建议中小企业在确定"附则"的次级框架时务必将员工签收确认函作为一个子项目。

2. 第二步:填内容

在确定了员工手册的基本框架及次级框架后,下一步就是对照具体的框架,填写内容。完成这项工作时,企业人力资源部要通过与相关部门的充分沟通,来调动和发挥相关部门的专业性,与其共同完成员工手册内容的草拟。其中,"写在前面的话"的内容可以由人力资源部编写,然后交给总经理或董事长审批、签字,也可以由总裁办编写,然后交给总经理或董事长审批、签字,具体由公司的权限特征与董事长或总经理的管理风格而定;"公司概述"部分,通常交由负责对外形象宣传的部门负责,一般由市场部、企管部或行政部草拟;"行为规范"、"特殊职业要求"和"员工管理制度"及"附则",一般由人力资源部草拟,但人力资源部可以协调相关部门提供相应的制度文本与要求。填写完成整个员工手册后,人力资源部对整个手册的内容进行认真审核,有疑问或错误的地方,及时与相关部门或责任人沟通确认。

在这一环节中,企业最容易、也最常犯的错误就是"闭门造车",人力资源部独自完成员工手册所有内容的编写工作,并直接交给总经理或董事长审批后发行,结果往往出现相关部门拿着员工手册找总经理投诉的现象。因此,中小企业在填内容时,切忌闭门造车,一个部门独自完成所有工作,一定要与相关部门和人员进行充分的沟通,一方面是要发挥他们的积极性与专业性,另一方面,也要让他们获得参与感与共同完成这项任务的成就感。

3. 第三步:审语言

企业在编写员工手册时,在语言方面通常会遇到以下问题:

(1) 语言风格过分苛刻。例如一家制衣企业员工手册的"写在前面的话"写道,"欢迎你成为我们的一员。员工手册就是一部法律手册,你必须严格遵守手册的每项条款,否决将会受到相应的处罚,严重者将直接辞退"。这样的言辞暴露了对员工的不尊重,必定招致员工的反感甚至敌意,又何谈心甘情愿地遵照执行呢。

(2) 表述拖沓,不易理解。例如一家不锈钢网架制造企业员工手册中这样写道,"上班前酗酒影响工作、工作时间酗酒、妨碍公司正常工作秩序、妨碍公司正常生产秩序、妨碍正常生活秩序及其他有碍于公司保安工作的员工,将被禁止上班……"

(3) 项目之间缺乏条理性或逻辑性。例如,一家酒店员工手册的"行为规范"部分这样写道,"① 员工必须恪尽职守,令行禁止,不谋私利,努力工作,勤奋上进,培养廉洁自律、友爱团结、互谅互助的团队精神。② 员工应热爱公司,珍惜公司的形象和荣誉,不得…… ③ 员工应严格遵守公司制定的各项规章制度,如有违反将…… ④ 工作时间不准擅离岗位、串岗闲谈、戏耍、做私活、办私事、会亲友、打私人电话…… ⑤ 员工应该服从领导指挥,不得…… ⑥ 提倡精神文明,讲礼貌…… ⑦ 员工应保持工作区域设备仪器和工具箱柜的整洁完好……"——这几条"行为规范"之间看不出任何的逻辑,而且有些条款还存在一定的重复。

因此,建议企业在完成"填内容"部分时,一定要从以下几个方面对员工手册进行语言的审核:

(1) 从语言风格上,审核员工手册是否与公司倡导的企业文化相吻合。通常来说,"写在前面的话"部分,应该保证语言风格的轻松并充满感情,"公司概述"部分,应保证语言风格的激昂与客观,对"行为规范""特殊的职业要求"和"员工管理制度"及"附则"部分,应保证语言风格的客观、严谨;

(2) 从用词与表述的方式上,审核员工手册的表述是否简洁流畅,是否易懂易记,去掉多余的表述,避免过多的长句;

(3) 从整体的逻辑性与条理性上,审核员工手册每项内容之间的条理性,以及各项内容之间表述的逻辑性。

4. 第四步:审合法

在完成语言审核后,下一步的重要工作就是审核员工手册内容的合法性。审核员工手册的合法性通常从以下几个方面开展：

(1) 内容上是否与国家的相关法律相冲突。《劳动合同法》明确规定："用人单位应当依法建立和完善劳动规章制度，保障劳动者享有劳动权利、履行劳动义务。"然而，目前我国许多中小企业往往忽视对相关法律的重视，而是强制推行公司的相关规定，这样做会存在较大的法律风险。因此，中小企业在制定员工手册时，必须充分考虑相关法律条款，有条件的企业最好将员工手册交由公司内部负责法务的人员或外部法律顾问审核。

(2) 相关制度的制定程序是否合法。《劳动合同法》明确规定："用人单位在制定、修改或者决定有关劳动报酬、工作时间、休息休假、劳动安全卫生、保险福利、职工培训、劳动纪律以及劳动定额管理等直接涉及劳动者切身利益的规章制度或者重大事项时，应当经职工代表大会或者全体职工讨论，提出方案和意见，与工会或者职工代表平等协商确定。"此前，我国的中小企业出台相关制度的程序大部分都不符合相关法律的规定，因此，建议中小企业以后在制定员工手册及相关制度时，必须按照相关程序执行，并在每个阶段做好相关的文本记录并保存，做到有据可查，避免因为程序的不合法而承担不必要的风险。

(3) 员工手册发布途径是否合法。《劳动合同法》明确规定："用人单位应当将直接涉及劳动者切身利益的规章制度和重大事项决定公示，或者告知劳动者。"目前，中小企业在这方面仍存在许多遗漏，经常出现员工受到相关惩罚时说公司没有告知其相关制度的现象，原因有二：一方面可能是公司确实没有告知或公示给员工，另一方面可能公司确实告知过员工但员工在故意耍赖。但即使是员工在故意耍赖，由于公司不能证明告知过员工，也会在仲裁或法院辩护中败诉。因此，建议中小企业在系统地完成员工手册的编制与审核后、正式公布之前，应采取会议传达、文件传阅、问卷调查等方式，使员工熟悉员工手册的具体内容，并提出个人意见，在向员工发放最终版本的员工手册时，一定要让员工填写签收确认函，企业一定要保存好相关的记录、意见和签收确认函等。

(二) 编写员工手册的要求

1. 编写部门

员工手册应由人力资源管理部门负责编写，其他部门本着结合实际、相互配合的原则完成配合工作。编写中应适当听取员工意见、建议，以达到逐步完善的目的。

2. 编写原则

员工手册应本着"精简、实用、全面"三个基本要求来编写。所谓精简，就是要求把最重要、最基本的东西编写进去，内容不可多而杂，要一目了然。所谓实用，就是不单独写理论方面，要注重实用性、有效性。所谓全面，就是在员工手册中要注重员工基本的方面，尽量维护员工利益。

3. 编写内容

对应上面的编写原则，编写内容应包括以下几个方面。

(1) 公司简介是了解公司的一面镜子，是对公司第一眼的印象，公司简介要简洁、全面，让员工尽快了解企业，同时要及时更新。

(2) 企业文化可以使员工更好地了解企业的核心价值观，为企业的发展贡献力量。

(3) 员工须知、员工管理制度、员工奖罚制度这些都是让员工了解企业的基本制度。制度中重要的、易疏漏、易犯错的应用重点符号标明，如考勤、请假制度等。奖惩制度由于直接关系到员工的切身利益,应更加进一步予以明确,引起员工应有的重视。

(4) 员工基本权利及手续的办理,应让员工明确自己所拥有的基本权利,特别是本地员工与外地员工有区别的(如探亲假),应予以特殊标注。涉及与员工利益、福利相关的内容,如社保、公积金、档案等基本手续的办理程序,应着重予以说明。

以上方面是固定内容,其他方面则应灵活处理,建议组织架构、相关部门职责及岗位设置可以编入,让员工对组织架构有个基本了解。对一线员工应加上基本的操作流程,形成初步印象。另外,为让员工在工作中免受或少受伤害,可以在员工手册中增加一些基本的自救知识,如止血、骨折等应急处理措施,提高自我保护能力。在员工手册的最后,可以留出一页作为意见反馈页,员工在看完员工手册后,可以写下意见,作为意见反馈,无意见的也应把这份反馈页上交人力资源管理部门,作为培训结果的反馈。对于意见,人力资源管理部门应由专人整理、汇总。

四、拓展训练:案例分析

> 李某为某生产加工企业员工,2008年1月15日至1月21日,其未经请假,六天未到岗。之后,企业根据《员工手册》第一百零五条"员工无故旷工五日以上(含五日)者,为严重违反公司管理制度,公司可以与其解除劳动合同"的规定与该员工解除了劳动合同。员工对企业的决定不服,向当地劳动仲裁部门提起劳动争议仲裁。仲裁委员会经过调查认为,虽然公司《员工手册》有此规定,但是该公司并无证据证明该员工知悉《员工手册》内容,因此,该内容对李某不产生效力,从而裁决该企业单方解除劳动合同行为无效。

问题:企业为什么会在劳动争议仲裁中败诉?

任务四 职工代表大会制度

一、任务要求

理解劳动规章制度沟通的重要意义,了解沟通的形式,能够根据沟通的目的采取合适的形式。

二、实训

【实训名称】期望目标讨论会
【实训目的】确保会议的既定目标得到与会人员的认可
【实训步骤】
(1) 预先设定会议的计划和沟通,使会议目标能够顺利地得到众人的认可和配合,达到良好的沟通效果。
(2) 会议开始前,会议主持人把印有活动目的和主要内容的说明材料发给大家,说明活动的目的和日程、指出活动的主要内容和次要内容。

(3) 请参与人员阅读材料,在他们自己参加活动的首要目的上打勾,以确保他们个人目标和活动的既定目标协调。如果参加人员有未被材料提及的目的,请他们把自己的目的在期望表格上写下来。

(4) 请与会者分成三到四人一个小组,对各个期望值进行比较与陈述。

(5) 会议主持人在听取各个小组汇报后,对汇报的结果进行总结,并记录下来。

(6) 思考及讨论：

① 为什么采用这种方式能够使会议圆满地达到预定的目标？

② 如果某些参与人员提出了不在活动的既定目标和内容之内的要求,应该如何妥善处理？

(7) 教师总结。

【实训要求】

(1) 教师给学生分组时注意人员的搭配,每组的成员在 8~10 人为宜。事先要先确定每组的会议主持人,会议主持人要预先准备好会议的说明材料,包括活动的目的和日程、活动的主要内容和次要内容。

(2) 与会者阅读材料的时间为 10 分钟,小组讨论并向主持人汇报的时间为 20 分钟。

(3) 每个会议主持人向全班汇报本小组的会议既定目标得到与会人员的认可和支持的程度,以及通过讨论后,会议目标和内容有哪些相应的变化。

(4) 教师最后总结会议前的计划和沟通对会议目标能够顺利地得到众人的认可和配合的重要性。

三、知识链接

(一) 职工代表大会制度建设

职工代表大会制度是公有制企业中职工实行民主管理的基本形式,是职工通过民主选举,组成职工代表大会,在企业内部行使民主管理权力的一种制度。它是中国基层民主制度的重要组成部分,其主要任务是：贯彻和执行党和国家的方针、政策,正确处理国家、企业、职工三者的利益关系,在法律范围内行使职权,保障职工的合法权益和主人翁地位,调动职工的积极性,办好社会主义企业。

1. 组织制度

(1) 大会主席团：职工代表大会一般由企、事业工会主持。规模较大、职工人数较多的企业,或实行区域性联合职代会、专业行业职代会的地区,可由职工代表大会选举主席团主持会议,主席团成员应包括工人、技术人员、管理人员、工会和党组织负责人。其中工人、技术人员、管理人员应超过半数。职代会主席团不实行常任制。

① 产生程序：工会根据企、事业内部组织结构和人员分布状况,提出主席团成员的构成比例方案；经党政工协商确定后,由职工代表团(组)长会议研究提出主席团的候选人名单,并由职代会预备会议选举产生,经职工代表半数以上通过后当选；大会主席团由全体代表以无记名投票方式选举产生,也可举手表决通过；主席团成员选举一般为等额选举。

② 主要职责：主持职代会议召开,负责职代会期间的组织领导工作；听取和综合各代表

团(组)对各项议题审议的结果;研究会议议题中需要通过和决定的事项,草拟会议决议;主持会议表决和选举;处理大会期间发生的问题。

会议期间,职代会主席团成员可轮流担任执行主席,主持会议。会议可设秘书长、副秘书长若干人。

(2) 代表团(组):根据企业模模大小,职代会下面可成立若干个代表团或代表组,统一组织职工代表的活动。被推选出来的职工代表按分厂、车间、工段、科室等组成代表团(组),推选团(组)长。代表团(组)长一般由所在的工会负责人担任。

主要任务:做好本团(组)职工代表的日常联系和组织工作;根据会议下发材料要求,征集所在单位(部门)职工意见;按要求布置征集会议议题、提案或合理化建议,统一上报会议组织部门;认真审议会议报告和有关决议草案,注意收集情况、反馈信息;组织职工代表如期出席职代会,协助行政安排好职工代表与会期间的生产和工作;选派代表参加会议的文件起草、监票计票等有关工作及在大会上发表意见;会后组织好职工代表参与日常民主管理,贯彻会议精神,参加学习培训,开展专题调研。

(3) 专门小组:是为职代会行使各项职权服务的专门工作机构。应根据企、事业实际情况,分别设置民主管理、劳动法律法规、规章制度、评议监督等临时或者经常性的专门小组(或专门委员会),完成职工代表大会交办的有关事项。

工作任务:专门小组对职代会负责,完成职代会交办的有关事项;审议提交职代会的有关议案;职代会闭会期间,根据职工代表大会授权,审定属于本专门小组分工范围内需要临时决定的问题,并向职代会报告予以确认;检查、督促有关部门贯彻执行职代会决议和职工提案的处理;办理职代会交办的其他事项。

(4) 联席会议:是职代会闭会期间,为解决临时需要职代会审议或审查某些重要问题,而由工会提出或行政建议召集职工代表团(组)长和专门小组负责人参加的会议。

① 工作职权:一是有关职代会职权范围内的重要问题。根据职代会授权,在职代会闭会期间,协商处理职代会职权范围内必须临时处理的重大问题;经营者和工会认为需要提交联席会议商定的问题。二是职工代表大会日常工作中的重要问题。讨论制订召开职代会方案,提出大会议题的建议并提交大会主席团审定;根据职代会授权,处理职代会已原则同意,又须完善、修改的重大问题的决议和方案;协商处理职代会决议执行过程中出现的新情况;检查、督促、指导专门小组工作;讨论研究企业民主管理工作的有关问题。

属于企、事业重大决策的问题,应尽可能提交职代会处理,或由行政、工会或三分之一以上职工代表提议,召开职代会研究解决。

职代会闭幕期间,职工代表团(组)长和专门小组负责人联席会议所决定的职代会职权范围内的问题,必须向下次职代会作出说明,提请大会予以确认。

② 工作制度:联席会议应建立组织制度和会议制度,经职代会审议通过后方为有效。

③ 组成人员:由企、事业工会委员会委员,职工代表团(组)长,专门小组负责人三方人员组成。召开联席会时,可邀请党政负责人、有关方面负责人、有业务专长的职工代表参加,听取意见,民主决策。

④ 会议程序:由行政、工会、职工代表团(组)长或职代会专门小组提出协商处理议题,经企、事业工会委员会汇总确定;工会将拟审议的议题及相关材料,提前发给与会人员,并由

他们征求职工代表和职工群众意见;工会收集各代表团(组)和专门小组意见后,交有关方面研究或修改;召开会议,认真讨论,各抒己见,协商一致,形成决议;联席会议在讨论问题出现意见分歧时,可暂时休会,统一认识,再次提交联席会议协商解决;处理的结果或形成的决议,责成有关部门执行落实。

⑤ 会议制度:

联席会议一般每季度召开一次,如因需要可随时召开;每次会议必须有三分之二以上人员参加;联席会议由工会召集,工会主席主持会议;联席会议可记届次,如×厂第×届职工代表大会第×次联席会议。

(5) 民主原则:职代会实行民主集中制。每次职代会必须有全体代表三分之二以上出席。职代会进行选举和作出决议必须经全体职工代表过半数通过。

对职代会议程,企、事业工作报告等作出决议,可采用举手表决;对涉及职工切身利益的重要事项作出决议,应以无记名投票进行表决。

凡职代会通过的决议、决定和方案如需修改,必须请职代会按程序重新审议表决;凡经职代会形成的决议,要向全体职工公布,并定期检查执行情况。

(6) 届期制度:按照全总有关规定中"职代会与工会会员代表大会可以结合进行""届期可一致"的要求及多年来各地操作的实践,职代会与会员代表大会的届次、会议的届期应一致,以便管理和操作。

届期一般三年至五年为一届,可与工会委员会届期一致。职代会和工代会采取二会合一的形式,每年至少召开一次。如遇重大事项,经企业经营者、工会或三分之一以上职工代表提议,可临时召开会议。

2. 工作制度

(1) 日常活动制度:职代会闭会期间,要组织职工代表定期或不定期地开展督查,检查工作,督促有关部门落实职代会决议和提案。

(2) 提案处理制度:对职工代表大会提案的征集、整理、立案、落实、反馈等处理程序要通过制定实施细则作出明确规定,并将提案和会议决议的落实情况向下一次职工代表大会报告。

(3) 档案管理制度:对职工代表大会的有关资料,及时整理归档、妥善保存、专人管理。

3. 工作机构

企、事业都应依法建立工会组织。企、事业工会是职工代表大会的工作机构,是职工代表大会和其他民主管理活动的组织者。

(1) 工作职责:组织职工选举职工代表;提出职工代表大会的议题的建议,负责职工代表大会的筹备和组织工作;督促行政和发动职工落实职工代表大会决议、决定和职工代表提案;接受和处理职工代表的申诉和建议,维护职工代表的合法权益;负责职工代表的培训工作,组织职工代表学习法律、政策、业务和管理知识,不断提高职工代表的素质;建立、健全民主管理工作档案;定期向上级工会报告民主管理工作情况;组织开展职工民主管理的其他工作。

召开区域性或行业性非公企业职工代表大会的地区,应由本届职工代表大会选举产生负责职工代表大会组织领导的常设工作机构,负责职工代表大会的具体组织工作。

(2) 两会合一:根据全总有关规定的精神,基层单位可以将工会会员代表大会和职工代表大会合并召开,即"两会合一"的会议操作模式。

① 代表合一:在基层选区代表选举时,可在"选举办法"中明确两会代表的身份可以重合,并一起分配代表名额,同时推荐候选人,同步安排选举;因特殊原因非会员职工(必须是与用人单位签订劳动合同者)在两会代表的身份不能完全重合的,应分别推荐候选人,分别安排选举事宜;实行"两会合一"代表的身份,统称为职工代表(兼会员代表)。

② 会期合一:工会在研究全年工作目标时,应对"两会合一"统筹考虑、协调安排、同步进行;一般情况下,工会会员代表大会由工会研究决定会期。职工代表大会由工会提出,党政工协调决定会期;特殊情况下,可在时间上稍稍错开,但总体时间还是一致的。

③ 内容合一:"两会合一"召开时,在会议内容上可以兼容。两会代表可共同听取行政工作报告、财务工作报告等有关报告,可听取工会工作报告、工会经费审查等有关报告;两会代表可共同组织讨论会议的有关报告,并在职代会履行和行使应有职权;对未能同时兼任两会代表身份的代表,在行使权力(表决权)时应按代表性质和会议内容有所区分。

④ 操作合一:"两会合一"除两会的换届大会外,两会召开时,有关机构设置可以以职代会为主,"合并办事";两会同时召开换届大会时,可以工会会员代表大会召开换届大会的规范要求进行;召开年度性(一年、半年期)的"两会"时,应以职代会会议规范为主。

(二) 职工代表

(1) 职工代表条件:具有一定政治觉悟和政策水平;具有一定业务知识和管理能力;做好本职工作,有较强的责任感;关心集体、遵守纪律、联系群众、办事公正;在职工群众中具有一定的威信等。

(2) 职工代表比例:企业根据本企业实际情况按适当比例产生职工代表。

职工人数在一百至二百人的可按百分之十五至二十五(一般不少于30人),二百至五百人的可按10%~15%,五百至一千人的可按7%~10%,一千至五千人的可按5%~7%,五千人以上可按3%~5%。

职工人数在一百人以下的企业,适合召开职工大会。

(3) 职工代表产生:职工代表应当以班组或者工段为单位,采取无记名投票方式,由职工直接选举产生。职工代表中应当有工人、技术人员、管理人员和其他方面的职工。

直接从事生产、营销、科研、教学、医护的一线职工占代表总数40%;中层以上经营管理人员不超过20%;科技和管理人员占代表总数40%;青年职工和女职工应当占适当比例。

职工代表按分厂、车间、科室(或者若干科室)组成代表团(组),推选团(组)长。

职工代表实行常任制,每届任期同于本单位工会委员会任期,可以连选连任。

(4) 职工代表权利:① 在职代表大会上,有选举权、被选举权和表决权。② 参加职工代表大会及其工作机构对企业执行职工代表大会决议和提案落实情况的检查。③ 参加职工代表大会及其组织的各项活动而占用生产或者工作时间,按照正常出勤享受应得待遇。职工代表行使民主权利,任何组织和个人不得压制、阻挠和打击报复。

(5) 职工代表义务:① 努力学习法律、法规,不断提高政治素养、技术业务水平和参加管理的能力。② 密切联系群众,代表职工合法利益,如实反映职工群众的意见和要求,认真执行职工代表大会的决议,做好职工代表大会交给的各项工作。③ 遵守国家的法律、法规和企业的规章制度、劳动纪律,保守企业商业秘密,做好本职工作。

(6) 职工代表资格:① 经过规定的民主程序选举出来的职工代表大会代表,其代表资格有效。② 职工代表退休或调出原选区时,代表资格自然取消。③ 因辞职,自动离职或者主动与企业解除劳动合同,其代表资格自动终止。④ 因触犯刑律依法剥夺政治权利或被强行劳动教养,职工代表大会应立即宣布撤销其代表资格。⑤ 职工代表对选举单位的职工负责。选举单位的职工有权监督,撤换或者替补本单位的职工代表。

(7) 特邀代表设置:职工代表大会为广泛听取各方面的意见和建议,经工会和联席会议批准,可适当邀请退休员工、劳务工为特邀代表参加会议。特邀代表有参加讨论发言的权利、但无表决权、选举权和被选举权。

(8) 列席代表安排:根据每次职工代表大会的需要,未被选为职代会代表的部分党政领导干部、技术人员、管理人员,经工会和联席会议批准,可邀请作为列席代表参加会议。

(三) 职工代表大会职权

1. 国有企业职工代表大会职权

(1) 知情权(审议建议权):是对企业生产经营重大决策进行审议并提出建议的民主管理权(企业经营方针、长远规划、年度计划、基本建设、技术改造、职工培训、留用资金分配和使用、承包和租赁经营责任制等方案)。

(2) 共决权(审查同意或否决权):是对企业重大改革、工资调整、奖金分配、劳动保护措施、奖惩办法及其他重要规章制度方面的审查同意或否决的权力(安全生产、职业病防治、工作时间和休假休息、女工特殊保护、劳动保护基金使用和用品发放)。

(3) 决定权(审议决定权):是对职工生活福利方面的重大事项作出决定的权力(职工福利基金使用、住房制度改革等方案;其他有关职工生活福利的重大事项)。

(4) 监督权(评议监督权):是对企业行政领导干部进行评议、监督的权力。

(5) 选举权(民主推荐或民主选举权):是指民主推荐或民主选举企业行政主要领导的权力。设董事会、监事会的企业,由职代会选举、罢免职工董、监事,选举和罢免参加企业平等协商、工资谈判的职工方代表。

(6) 其他需要职工(代表)大会履行的职责。

2. 现代企业制度中的职工代表大会职权

(1) 知情权:听取和讨论本公司发展规划和生产经营重大决策方案(涉及企业商业秘密的除外)的报告,提出意见和建议。

(2) 共决权:讨论通过集体合同文本,对涉及职工切身利益的重要改革方案和重要规章制度事先提出意见和建议。

(3) 决定权:审议决定本公司提出的公益金使用方案。

(4) 监督权:评议、监督本公司董事、经理等高级管理人员,向有关方面提出奖惩的建议。

(5) 选举权:依法选举和更换董事会和监事会中的职工代表;选举和罢免参加平等协商、工资谈判的职工方代表。

(6) 其他须经职工代表大会审议或者决定的事项。

3. 非公有企业职工代表大会职权

由于非公企业的资本构成、领导体制、管理方式、分配形式、运行机制等方面具有与公有制企业不同的特点,决定了非公企业职工民主管理应以协调劳动关系为核心,以维护劳动者的基本权利为基调,以实现"劳资双赢"、共谋企业发展为要务。

(1) 知情建议权:听取企业有关发展规划、重大决策、经营状况和年度生产经营计划完成情况的报告,职工养老保险金和失业保险金缴纳情况的报告,企业实行企务公开情况的报告;听取企业认为需要向职代会报告的其他事项,并提出合理的意见和建议。

(2) 协商共决权:审议通过集体合同草案、工资协议草案,未获通过的合同条款和协议条款应重新协商修订;听取职代会专门小组对上年度集体合同的履行情况的检查报告,经审议提出意见,对本年度集体协商的合同条款提出要求。

(3) 审议通过权:协商通过工资福利、安全生产保护、奖励与惩罚、岗位责任制、企业改革方案、休息休假、职工培训、参加社会保险等涉及职工权益的有关方案和重要规章制度。

(4) 评议监督权:根据需要,评议、监督企业经营者贯彻执行国家有关法律、法规和政策的行为;监督企业为职工交纳养老、医疗、失业、工伤、生育保险金和住房公积金等情况;监督检查企业实行厂务公开和履行集体合同的情况;根据企业安排,民主评议企业经营者、中层管理人员的工作和业绩,提出奖惩建议。

(5) 选举罢免权:设董事会、监事会的企业,由职代会选举、罢免职工董、监事;选举和罢免参加企业平等协商、工资谈判的职工方代表。

(6) 其他需要职工(代表)大会履行的职责。

4. 集体企业职工代表大会职权

(1) 共决权(审查同意或否决权):制定、修改企业章程,审议厂长(经理)提交的各项议案,决定企业经营管理的重大问题;如经营方针、长远规划、年度计划、基本建设、技术改造、职工培训、重大改革、劳动保护措施等。

(2) 决定权(审议决定权):审议并决定企业职工工资形式、工资调整方案、奖金分配和分红方案、职工住宅分配方案、有关职工福利的重大问题、职工奖惩办法、重要规章制度。

(3) 选举权(民主选举权):按照国家规定选举、罢免、聘用、解聘厂长(经理)、副厂长(经理)。

(4) 监督权:监督企业各项活动和管理人员的工作。

(5) 特定权:法律、法规和企业章程规定的其他职权。

5. 事业单位(院、校)职工代表大会职权

(1) 知情权(审议建议权):是依法对本单位年度工作计划、发展规划、重大医(教)学、机构、人事分配制度改革、基本建设、技术改造、职工培训等重大决策进行审议并提出建议的民主管理权。

(2) 共决权(审查同意或否决权):是指对本单位涉及职工切身利益的重大改革方案(改制、兼并、裁员、分流、安置)、工资调整和奖金分配、职工聘任办法、奖惩办法及重要规章制度、重要改革方案的审查同意或否决的权力。

(3) 决定权(审议决定权):是对职工生活福利方面的福利费使用原则和办法、住房制度改革方案、创收分配方案等重大事项作出决定的权力。

(4) 监督权(评议监督权):是对本单位领导干部进行民主评议、监督的权力。

(四) 职工代表大会的议题、提案

1. 议题

指列入职工代表大会议程、提交职工代表大会讨论审议的问题。

(1) 内容:针对企业生产发展和经营管理活动,以及职工生活福利等方面的重大问题确定中心议题,议题内容应包括所要审议的问题的要点,依据和实施议题的方法和步骤。

(2) 程序:① 工会在会前广泛征求职工代表和职工群众各方意见,了解当前企业生产经营中存在的主要问题和职工群众迫切要求解决的重大问题。② 工会与经营者进行协商,并提请党组织讨论,形成议题初步意见。③ 召开职工代表团(组)长和联席会议进行讨论,征求意见。④ 工会将议题提前一周上报上一级工会预审,上级工会在两个工作日内予以答复,提出确的预审意见。⑤ 由工会向职代会预备会提出议案预审建议,并由预备会审议通过。企业遇到重大事项时,经行政主要领导、工会或三分之一以上职工代表提议,可就此作为议题召开临时会议。

2. 提案

指提请职工代表大会讨论、决定、处理的方案和建议。提案由职工代表或职工群众提出,经职代会提案审查小组审查立案后,方能确定为职工代表大会的提案。

(1) 内容:主要涉及企业生产管理、企业改革、内部分配、规章制度、劳动保护和生活福利等方面,需要职工代表大会立案处理的问题。提案内容应包括提案的理由、依据、具体要求和解决办法,并由提案人和附议人署名。

(2) 程序:① 召开职工代表大会前,由工会或提案审查小组发出征集提案通知,发放提案征集表。② 职工代表在听取和收集职工意见的基础上填写提案表。③ 各代表团(组)收集提案并送交工会或提案审查小组。④ 工会或提案审查小组对提案进行审查,对不够条件立案的要退回提案人并作说明。⑤ 工会或提案审查小组对提案进行分类登记,分送行政主要领导或有关部门进行处理和实施,重大问题的提案应提交职代会讨论,因条件不具备而不能落实的提案,要向提案人说明情况。⑥ 工会或提案审查小组对提案的落实情况进行检查和督促,并在下次职代会上报告提案的处理及落实情况。

(五) 职工代表大会程序

1. 会前准备工作

职工代表大会是企、事业职工行使民主管理权力的主要载体和基本形式,基层工会在召开职工代表大会和换届时,必须充分做好大会的各项准备工作,确保大会顺利举行。

(1) 建立筹备机构:

① 组织领导:召开职代会(或工会换届)前要成立筹备领导小组,在同级党组织领导下,具体负责筹备工作,重大问题经工会和联席会议集体讨论决定,并报同级党组织审批。

② 工作小组:根据工作需要,领导小组可下设若干工作小组,如代表资格审查组、组织秘书组、宣传会务组等,负责大会事务工作。

(2) 制订工作方案:

① 明确大会筹备工作的主要领导成员、大会设立的专门工作机构及其组成人员和工作职能。

② 确定大会的主要任务,如大会指导思想、上届大会以来的工作总结、今后工作思路与

目标、需大会审议的文件和提案、选举产生专门工作委员会、工会委员会换届改选有关事项等。

③ 确定大会代表和条件、构成及产生程序。

④ 确定领导机构的配置和推选、选举办法。

⑤ 拟定大会召开日期及会期日程安排。

⑥ 预算大会经费。

(3) 呈报会议安排：

① 向同级党委和上级工会呈报关于本次职代会安排的请示。请示内容主要包括：大会代表的产生和比例、大会的时间安排、组织机构、职代会专门工作小组的设置、选举方法；各级工会委员会和经费审查委员会的设置，"两委"候选人名单等工会换届改选有关事项；会议时间及费用。

② 同级党组织和上级工会对呈报大会安排请示的批复。批复内容主要包括：对会议时间安排、代表名额构成原则及比例、"两委"换届改选等意见。

③ 根据批复精神作出本次大会的安排意见。安排意见主要包括：职工代表大会的组织领导、代表的比例构成、大会的主要议题、大会时间安排及其他具体要求；对本单位和分厂、车间(科室)两级工会换届改选的时间安排、具体操作提出安排和要求。

(4) 营造大会氛围：可编写、张贴和悬挂一些相关标语口号，在职工中营造职工代表大会的良好氛围；也可及时编写一些以大会安排意见为基准的宣传提纲，在职工群众中广泛进行宣传教育。

(5) 大会材料准备：

① 大会文件材料：职工代表大会各项准备工作就绪后，工会应发出会议通知文件，内容主要包括：大会召开的时间、地点和会期通知；大会中心议题；大会议程安排；大会要求。

② 大会相关材料：主要有行政工作报告、集体合同草案或集体合同执行情况报告；工资协议草案；提案审议落实情况报告；党组织领导讲话、工会工作报告；民主评议管理人员情况报告；关于表彰优秀员工的通报；选举办法、选票等；大会决议、决定。

工会委员会换届相关材料：关于工会委员会换届改选的请示报告(报同级党组织和上一级工会审批)；本届工会委员会委员和经费审查委员会委员候选人花名册和简历情况；上届工会委员会工作报告；上届工会财务工作报告；上届工会经费审查委员会工作报告；选举办法、选票等。

(6) 组织相关会议：

① 工会委员会会议：实行职工代表大会和工会会员代表大会两会合一，在工会换届改选时，在正式会议前应召开工会委员会会议。

主要内容有：审议工会委员会和经费审查委员会提交大会的工作报告；确定工会委员会委员和经费审查委员会候选人名单及各工作委员组成人员名单；审议通过选举办法；推荐总监票人、监票人等。

② 联席会议：召开工会委员会及代表团(组)长和专门工作小组(委员会)负责人联席会议。主要内容有：审议大会议程和日程安排；审议大会主席团和秘书长名单；审议职代会各专门工作小组(委员会)名单；审议参加董事会、监事会职工代表名单。

③ 平等协商会议：按法定程序产生的职工和企业的集体协商代表，对集体合同中有关

问题进行平等协商。主要内容有：审议集体合同执行情况报告；协商解决工会劳动法律监督检查中发现的问题；协商处理职工关心的热点、难点问题等。

④ 民主推荐选会议：按照民主集中制的原则发动和组织各分厂、车间(科室)工会、工会小组和广大会员自下而上地进行反复讨论，初步推荐"两委"候选人。

(7) 准备会务工作：

① 划分代表团(组)：一般以车间、工段、科室工会为一个团，每团根据各自的人数还可再划分若干小组，总的原则是便于讨论、利于活动。

② 产生代表团(组)长：代表团团长由车间、工段、科室工会主席担任，各代表小组组长可由所在小组成员推荐产生。

③ 会议证件制作：为适应大会组织工作的需要，可制作分别示明主席团成员、职工代表、列席代表、特邀代表、工作人员等与会人员身份的证卡或佩条。

(8) 召开预备会议：

① 预备会议内容：通过代表资格审查报告，通过大会主席团名单和秘书长名单；通过大会议程以及其他需要确认的事项。

② 预备会议程序：职代会的组织领导机构是大会主席团。由于召开预备会议时，大会主席团尚未产生，因此，预备会由工会主持。主持人通常是工会主席或拟担任大会秘书长的同志。预备会一般应有以下议程：a. 清点到会人数。主持人向大会报告应参加大会和实际参加大会的人数。确认到会人数符合法定人数后，即可开会。b. 报告职工代表大会筹备情况。c. 审议通过代表资格审查报告。d. 通过职工代表大会主席团名单和大会秘书长名单。e. 通过职工代表大会议程和日程安排。

预备会在通过上述议程后可暂时休会，召开职工代表大会主席团第一次全体会议；通过各次全体会议执行主席名单；通过副秘书长名单。主席团第一次全体会议结束后，预备会复会，宣布主席团第一次全体会议通过的有关事项。

(9) 大会组织领导：

① 大会主席团：职工代表大会主席团是负责职工代表大会期间的组织领导工作机构，在职代会预备会议上由全体职工代表选举产生。

② 大会秘书长：秘书长是大会期间日常工作的组织者，其主要职责有：主持召开第一次主席团全体会议；处理主席团日常事务；在主席团领导下，负责处理大会期间的事务性工作；领导大会秘书处，签发会议各种文件。

秘书长由工会和联席会议在代表中提名，经代表讨论后，在大会预备会上表决通过。一般由工会副主席担任。根据工作需要，可设副秘书长 1～2 名，协助秘书长工作。

2. 召开正式会议

(1) 开幕式：

① 清点到会代表人数，并作出说明(应到多少、实到多少、是否符合法定人数、能否开会等)。

② 宣布职工代表大会开幕，全体起立唱《国歌》。

③ 宣读党组织和上级工会的有关批复(换届时收到的各方贺电、贺信)。

④ 致开幕词：简要介绍本次大会的目的、意义、中心议题和主要任务。

(2) 大会程序：

① 企、事业主要负责人作工作报告：主要内容应包括企业生产经营管理情况、存在的问

题及改进措施,企、事业有关发展规划、重大决策、经营状况和年度生产经营计划完成情况,职工养老保险金和失业保险金缴纳情况。

② 集体合同和提案处理专题报告:由工会主席及职代会专门小组负责人对上年度集体合同履行情况的检查,本年度集体协商和集体合同有关条款修订的情况,上次职代会职工代表提案落实和处理的情况等向大会作出报告。

③ 行政有关负责人作专门议案报告:凡应提交职代会审查和审议的议题(如财务预决算报告、社会保障费用缴纳情况报告),均应由行政有关负责人向大会报告,说明制订的依据、目的和具体实施办法,也可针对职工代表对议案的意见作出说明。

④ 联席会议情况说明:工会主席就上一次职代会闭幕期间,职工代表团(组)长和专门小组负责人联席会议所决定的职代会职权范围内的问题向大会作出说明,提请大会确认。

⑤ 工会工作报告:工会主席代表工会委员会就上一年(届)的工会工作向会员(职工)代表作工作报告;工会经费审委员会就上一年(届)的工会经审工作向会员(职工)代表作工作报告。

工会换届时还应向会员(职工)代表作上届工会财务工作报告。

⑥ 代表团(组)讨论:各职工代表团(组)就以上报告、说明、议案等分组进行讨论;对大会的各项决议草案、需经大会选举的候选人进行酝酿;大会主席团成员分别参加本代表团(组)的讨论;职工代表的讨论发言经整理归纳后,将讨论意见向大会主席团汇报。

⑦ 大会发言:由各代表团(组)长推荐代表,在大会陈述本团(组)讨论审议的意见和建议,也可让职工代表进行书面发言。

(3) 大会选举:根据大会规定议程,进行有关人员的选举(撤换)。

① 应由职代会选举产生的人员:职工董事、职工监事;集体协商、集体合同和工资集体协商的协商代表;职工代表大会专门小组人选;其他需要经职代会选举的人员。

② 应由工会换届改选产生的人员:工会委员会委员和工会经费审查委员会委员。

工会委员会的增补、替补和工会各专门工作委员会委员的调整,可在"两会合一"时进行。

③ 选举要求:在选举中应严格按程序进行,选举投票结束,代表不能离开会场,应等待计票人员结束计票,由大会宣布选举结果后才能离开;若第一次选举无效,应用预备选票重新选举,直至选举有效,并宣布结果后散会;选举应采取无记名投票并实行差额选举。

④ 工会换届"两委"领导人员选举程序:大会选举只是选举产生新一届工会委员会委员和经费审查委员会委员,工会委员会主席、副主席、经审会主任则应由两个委员会选举产生。因此,当大会选举结束,两个选举产生的委员会应立即分别召开第一次全体委员会会议,选举产生工会主席、副主席和经审会主任。其会议程序是:a. 讨论通过主席,副主席和经审会主任选举办法(草案)。b. 讨论通过监票人,计票人名单(草案)。c. 酝酿本届主席、副主席、主任候选人名单。d. 选举。选举程序与大会选举相同,因此项选举人数少、范围小、好计票,时间不会很长就可以结束。

按照《中国工会章程》规定,工会基层委员会的主席、副主席也可由会员大会或会员代表大会直接选举产生。

(4) 讨论通过大会决议:召开主席团、代表团(组)长会议,听取各代表团(组)讨论情况,审议有关决议,起草研究大会总结。

（5）闭幕式：职工代表大会的主要议程完成之后，所举行的最后一次全体会议即闭幕式。主要议程如下：① 报告参加会议的代表人数。到会代表应超过应到会人数的三分之二，可以举行会议。② 宣布大会议程。③ 工会换届会议：宣布新当选的工会主席、副主席、经审会主任名单。年度职代会：宣布新当选的职工董事、职工监事；集体协商、集体合同和工资集体协商的协商代表；职工代表大会专门小组人选；其他经职代会选举的人员。④ 逐项表决需通过的有关决议和决定。⑤ 表彰及奖励。⑥ 领导讲话。⑦ 致闭幕词。⑧ 全体起立：召开职工代表大会时，唱《国歌》；召开工会换届会议时，奏《国际歌》。⑨ 大会执行主席宣布大会闭幕。⑩ 工会换届大会结束后，全体代表合影留念。

职代会运行流程图

（一）建立职代会

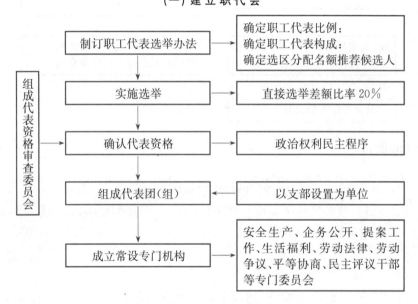

（二）会前准备

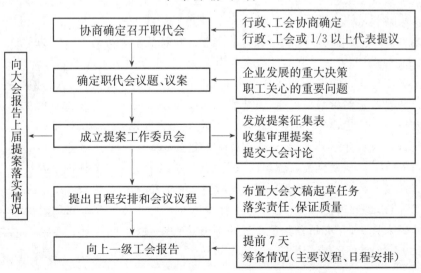

（三）会前审议

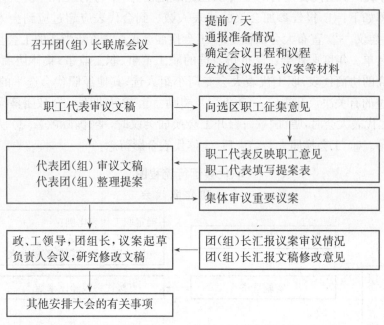

四、延伸阅读

劳资纠纷频发鼓励"和为贵"

近年来，随着印度经济快速发展和自由化，劳资纠纷频繁发生，已成为印度政府面临的一个新问题。印度政府鼓励以和解方式解决劳资纠纷，工会对维护工人权益也起到一定的作用。

1. 劳资纠纷频繁发生

据印度劳工部介绍，最近几年，印度包括外资在内的私营企业连续发生劳工罢工。今年5月，印度南部泰米尔纳德邦一家外资汽车公司的人力资源部官员被工人打死，这是印度近年来发生最严重的劳资冲突事故。这一事件引发了该邦现代、诺基亚等跨国企业的工人大规模抗议和罢工活动，导致企业停产。

前不久，印度国营的印度航空公司和私营的捷特航空公司的飞行员为待遇问题举行罢工，在工会与资方紧张谈判后才恢复工作。最近，由于一名工人的非正常死亡，印度首都新德里附近的固尔岗新工业园区发生60家工厂8万名职工上街抗议的事件。

由于印度劳资纠纷频繁发生，因此有人担心印度将面临激进工会组织重登政治经济舞台的可能性。同时，印度的罢工等往往与政治紧密联系在一起，如最近印度反对党人民党为抗议政府放开燃料价格，组织罢工，致使各大城市日常生活受到影响甚至处于半瘫痪状态。在一些反政府武装控制的农村地区，也经常发生罢工抗议事件。

根据印度官方数字，从1981年到2001年，印度每年工作在183天以上的劳动者人数增加了一倍，达到近4亿人，还不包括打零工和半失业的工人。在印度既有大量从事传统生产的农民工，也有相当数量受过高等教育的科技、工程人员。不仅蓝领工人时常组织罢工，白领职工近来也经常举行抗议活动。

2. 沿袭英国法律传统

印度有关劳资纠纷的法律早在英国殖民时期就开始制定，独立之后有所增补，但总体还是沿袭了英国相关法律的传统。

1926年英国殖民时期制定的工会法最早承认印度早期的工会运动。1947年印度独立后，政府制定了工业纠纷法，根据这一法律，政府可以指派解决劳资纠纷的"协调官"、"和解委员会"、"调查法院"和"工业纠纷法院"等。1956年，印度政府修正了这一法律，成立了"劳工法院"和"全国劳工纠纷法院"。

独立以后，印度工会的数量大量增加。在印度全国工会联盟、全印工会代表大会、印度工会中心等全国性组织的领导下，工会规模不断扩大。这些工会与国大党、人民党和印度共产党等政党力量关系紧密，能起到解决劳资纠纷、维护工人权益的作用。但政治人物支持工会的目的主要是为了争取选票，工人权益并未完全得到保障。

3. 鼓励以和解方式解决劳资纠纷

在印度，劳资纠纷通常因不满工资待遇、工作条件，以及资方违反法规和合同约定等引起，如工人被随意解雇、被转到别的工厂、未付工资、超时工作、没有拿到应有补偿、工作条件不符合安全和卫生标准等。

随着劳资冲突日益增多，国家在解决劳资纠纷中开始扮演越来越重要的角色。印度法律规定，可以有两种解决劳资纠纷的方法：一是劳资双方通过和解解决纠纷；二是劳资双方不通过和解解决纠纷。印度法律鼓励劳资双方通过和解解决纠纷。不通过和解解决纠纷时所达成的协议只对相关的双方有约束力。因此，印度政府鼓励解决纠纷的程序先后为：协商讨论、谈判、和解、调解、仲裁和法律裁决。其具体做法有四：

其一，国家作为"第三者"发挥指定法律的作用，这些法律为劳资"互动"，主要是劳资协商讨论等事宜，可以起引导和规范作用。

其二，一旦劳资双方就某个问题的协商不能产生结果，国家将进行干预，来促成协商讨论产生结果。

其三，为了解决劳资纠纷，国家可以提供促成和解的服务工作，并可以起到在劳资之间斡旋和仲裁的作用。

其四，国家可在国营企业中充当资方的角色，并通过这一角色来直接影响劳资关系的发展变化，并为私营企业提供参考和样板作用。

由于印度司法制度工作效率极低，一个劳资纠纷案子拖上十余年没有结果已司空见惯，因此劳资双方大多对法律裁决望而却步，更愿意通过协商和调解方式解决纠纷。

（资料来源：http://finance.ifeng.com/roll/20100727/2446293.shtml）

任务五　综合实训

一、任务要求

通过填写表格回顾本项目的学习内容和技能。

二、实训

【实训名称】 回顾——本项目学习的收获

【实训目的】 通过系统回顾,对本模块内容进行总结复习

【实训内容】 认真填写下列表格

回顾本项目学习的收获						
编制部门:			编制人:		编制日期:	
项目编号		学号 & 姓名		项目名称		
课程名称		训练地点		训练时间		
	1. 回顾课堂知识,加深印象 2. 培养学生思考的习惯 3. 工作任务驱动,使学生带着工作任务去学习					
本项目我学到的三种知识或者技能						
本项目我印象最深的两件事情						
一种我想继续学习的知识和技能						
考核标准	1. 课堂知识回顾完整,能用自己的语言复述课堂内容 2. 321记录内容和课堂讲授相关度较高 3. 学生进行了认真思考					
教师评价					评分	

【实训要求】

(1) 仔细回想本章所学内容,若有不清楚的地方查看有关的知识链接;

(2) 本部分内容以自己填写为主,不要过于在意语言的规范性,只要能分条说清楚即可。

项目三

招聘录用管理

教学目标

知识目标

① 掌握招聘录用中可能发生的风险和避免风险的方法;
② 理解劳动合同订立的潜在风险及其防范,掌握劳动合同订立的流程;
③ 理解试用期的具体含义及其作用,掌握试用期内企业与劳动者双方各自的权利义务;
④ 理解招聘录用沟通的重要意义及需注意的事项。

能力目标

① 能准确讲述什么是公共关系;
② 能够撰写简单的劳动合同管理办法;
③ 能够进行简单的招聘面谈。

案例导入

背景调查降低录用风险

一家微电子企业在招收财务主管时,对录用人员的背景了解不够,就办理了该员工的入职手续。半年后,该公司发现账上的300多万现金不翼而飞,而该财务主管不久后也不知所终。虽然后来公安机关对此作了处理,但是该企业短时间内所受的损失却无法弥补。

在企业中经常发生这样的事情,如竞争对手派人伪装成应聘者应聘竞争公司的关键技术岗位,待进入对方公司后窃取技术秘密资料,同时会率先将产品或技术等推入市场,抢占市场份额,造成竞争公司的核心竞争力下降。在企业的实践中还发生过很多其他的同类案例,主要原因在于对应聘人员的背景资料不了解,对拟录用员工的诚信程度、犯罪记录等不知晓,这类员工会延续以前的犯罪行为,造成企业的直接经济损失。

问题:作为员工关系专员,你认为应该采取什么措施来避免类似风险?

任务一 录用审查

一、任务要求

掌握招聘录用中可能发生的风险和避免风险的方法。

二、实训

【实训名称】案例分析
【实训目的】分析具体案例,加强对录用风险的理解
【实训步骤】
(1) 案例:

"注水简历"骗得高级人才待遇

2004年11月14日,郑州航空工业管理学院参加国家人事部举办的全国第六届高级人才洽谈会,刘志刚对该院谎称自己是北京大学在读博士生,声称自己将于2005年7月毕业,并提交了其编造的个人工作简历。在简历中,刘志刚称,其于1994年考入北京大学,1998年考取北京大学经济学专业(硕博连读)。研究生在读期间,曾先后任中国证监会基金部助理研究员、信息产业部电信规划院电信规划咨询师、北京大学经济学院教员、天津开发区管委会主任助理等职,主持过东风汽车与日产合资的改制和并购、上海浦东发展银行股份有限公司股权转让定价说明、中国电信企业的管理方案与投融资策略研究等十三项活动,并有科研成果、论文等二十一项。郑州航空工业管理学院信以为真,即与刘志刚谈招聘事宜。该学院为能让刘志刚毕业后到其学院工作,决定让他毕业前上班。2004年12月份,刘志刚被当成高级人才招聘至该院工作。学院按博士待遇付给刘志刚4万元安家费、6 000元工资,共计46 000元,并分给其一套120平方米的住房。刘志刚上班后多次以自己是北京大学博士生,要进一步提高待遇为由,不断向学院提出需要配置电脑、打印机和科研启动资金等要求,郑州航空工业管理学院经向北京大学查询发现,刘志刚未在北京大学攻读博士。2005年2月2日,刘志刚再次向该院提出上述待遇时被抓获。归案后,公安机关追回赃款40 630元和分配给他的住房一套,已返还被害单位。2005年5月19日,郑州市二七区法院一审认定其诈骗罪成立,并判处其有期徒刑3年6个月。

(2) 思考及讨论：
① 讨论该案例中的录用风险，总结录用可能会有的风险有哪一些。
② 如何才能避免发生录用风险？
③ 通过该案例，你还能得到什么启发？
(3) 教师总结。

【实训要求】

能够抓住事件的关键点，正确理解案例，联系所学理论，结合案例加以论证，初步学习案例分析的基本方法。

三、知识链接

招聘是人力资源管理的第一环节，也是人力资源管理的难点所在，其中隐藏着诸多的风险。深入分析招聘环节中潜在的风险并提出相应的防范措施有助于降低用人成本、提高企业的生命力。

(一) 人员招聘存在的风险

1. 不完善的招聘体系的风险

成功的招聘是需要健全的招聘制度作支撑的，但是目前一些企业（尤其是中小企业）没意识到人力资源的重要性，并没有投入物力财力进行招聘制度的设计，而只是敷衍地制定了一些不完善的、简单的制度，这将会给企业的招聘不能顺利开展甚至招聘失败埋下伏笔。

2. 招聘渠道选择的风险

目前，人才招聘渠道较以前要丰富很多，普通的渠道包括招聘会、网络招聘、广告招聘、电话招聘、校园招聘、员工推荐等，特殊的渠道包括猎头公司、人才中介机构、参加行业专题会议、参加专业培训班等。

采用普通的渠道进行人才招聘很难招聘到适合企业发展的优秀人才，因为优秀的人才很少会跳槽，他们的工作是相对稳定的，他们即便跳槽也不会通过普通的招聘会、广告招聘等方式，而参加招聘会的多半是应届毕业生和一些不太成熟的人才，甚至不乏存在一些品德修养较差的人员。如果招聘这些人员则对公司团队的建设、企业的发展有可能带来极大的负面影响，严重的还要进行重复招聘，造成招聘成本增加，因此采用普通招聘方式进行招聘是存在着很大的风险的。

目前，大多企业的 HR 为了尽量降低招聘成本和招聘管理，对公司中高层管理人员的招聘外包给猎头公司进行，但因猎头公司的门槛较低、数目繁多，另外猎头公司为企业招聘员工所收取的费用较高（约为招聘人员年薪的 30% 左右），因此如果不能筛选出专业的猎头公司，并与其保持有效的对接与合作，其潜在的风险是巨大的。

企业在招聘过程中对招聘渠道的选择存在着风险，采用错误的招聘渠道所造成的后果是招聘不到合适的人才，轻则造成招聘成本增加，重则会增加人力资源管理成本，甚至影响公司的发展。

3. 信息不对称的风险

应聘者与用人单位存在信息不对称的风险，应聘者为了获得工作，往往会向企业提供有利于个人的虚假信息，如伪造文凭、各种证书，夸大自己的工作履历和工作成绩等。如果在应聘过程中不能及时发现，将会给企业的人力资源带来很大的风险，增加企业的损失。

同样,有些用人单位为了吸引优秀人才,会肆意夸大公司的形象、虚报公司根本支付不起的薪酬、福利待遇,采取"先骗来、再治理"的手段,这在一些缺乏诚信度的企业是很常见的事情。信息不对称是招聘工作中难以避免的风险,而且由于个人对企业信息的掌握远多于企业对个人信息的掌握,因此信息不对称所带来的风险给企业带来的损失要严重一些。

4. 测评风险

对企业而言,人才测评是现代人力资源管理中的重要技术,是招聘环节的重要组成部分。目前存在的测评工具、测评方法可谓五花八门,如性格测评、人员素质测评、心理分析、职业测评等,但是无人能保证其效能是百分之百的,这其中必然受到应聘者和招聘者的主观因素等的制约,存在着潜在的风险。

5. 应聘者简历的管理风险

用人单位发布招聘信息(尤其在每年末的各种形式的大型招聘会上)后,会收到数以千计的应聘者简历,而且不同的企业会收到同一个应聘者的简历,这就要求用人单位要采用较好的简历管理机制,即简历的筛选机制和对应聘者的回复机制。而往往有些单位对这一块的管理并不是很重视,造成简历损坏、丢失,发现差不多符合条件的就懒得去筛选了,导致所招人才不合适、真正的人才漏掉等。由此可见,如不能准确地完成这些简历的筛选工作,将会造成发现不了人才的风险;如不能快速地进行筛选,则会造成所选定的合适人才已被招聘的风险,便只能重复招聘,增加招聘风险,提高招聘成本。

6. 招聘成本风险

人力资源的成本是企业成本的重要组成部分,包括人才获取成本、开发成本、使用成本、保障成本、退出成本等,其中获取成本又包括招募成本、选择成本、录用成本和安置成本。根据相关资料:校园招聘成本最低,零元至 600 元不等;上海、成都、浙江、南京、广西、武汉、云南等地招聘会的招聘成本为 100~1 600 元不等;猎头公司的招聘成本为所招聘岗位人员年薪的 30%。这仅仅是人才获取成本中的招募成本,由此可见人才获取成本是很高的,尤其在金融危机的背景下,企业在要求招聘到适合企业发展的优秀人才的同时,还要求招聘者必须尽可能地降低招聘成本,即招聘者需要在招聘优秀人才和降低招聘成本之间寻找到平衡点,这本身就是风险所在。

另外,现在国内普遍存在的一个现象是,自大学扩招以来,大学生人数剧增,而社会所能提供的岗位并没有成比例地增加,加之大学生眼光高等因素,大学生就业形势严峻。在这样的背景下,有些用人单位的招聘工作往往就丢掉人力资源成本不管,忽略自身的生产规模、薪酬福利供应能力等,只是一味拔高应聘条件,如高中生的岗位招聘大专生、专科生的岗位招聘本科生、本科生的岗位招聘研究生,还有类似中级职称以上等,招聘条件与岗位的实际要求相脱节,以为天下大学生都"找不到工作",其结果不是招不到人,就是招到了也留不住,造成重新招聘,增加招聘风险和招聘成本。

7. 招聘中的法律风险

在招聘工作中,一些 HR 们往往意识不到招聘环节中的法律风险,而事实上人力资源管理的法律风险不仅仅是存在于与员工形成事实的劳动关系过程中,招聘过程中也是存在着法律风险的。下面简单介绍一些常见的潜在风险:

(1)招聘条件描述不清的法律风险。企业在招聘时,招聘信息的撰写不应该是随意的,其中要写明对应聘者有约束力的条款,如对应聘人学历、工作经验、身体条件等的要求,如果这些约束性的条款描述不清,将会带来法律风险。比如《劳动法》中,企业享有一项权利:"如果发现劳动者不符合录用条件,可以随时解除劳动合同。"如果用人单位没有写明约束性的条款,便无法证明劳动者不符合录用条件。

(2) 存在多个事实劳动关系的风险。目前,很大一部分公司采用签订长期劳动合同,利用高昂的违约金的办法低成本用人、留人,在员工离职这一块做得并不规范,导致在合同期内,员工离职往往采用恶意离职的方式,并未与原公司解除劳动关系。根据《劳动法》第九十九条规定,用人单位招用尚未解除劳动合同的劳动者,对原用人单位造成经济损失的,该用人单位应当依法承担连带赔偿责任。如不能注意到此项,将会给公司带来劳动纠纷案件,造成经济损失。

(3) 录用通知书操作中的风险。在发现适合的人才后,公司 HR 就要给所要招聘的准员工送达录用通知书,通知应聘者前来签订劳动合同,从而发生事实劳动关系。在这个过程中,录用通知书本身是具有法律效用的,如果不能操作好录用通知书,会给企业招聘带来一定的法律风险。

除了以上所列举的各种风险外,在招聘过程中,还有很多潜在的风险,如招聘者的职业道德风险、应聘者的职业道德风险等。

(二) 如何规避招聘过程中的风险

招聘工作是人力资源管理工作的前提和基础。能否以较低的成本招聘到符合企业战略发展的优秀人才对于人力资源管理工作的成功与否,对于能否规避企业用人风险,甚至对于企业发展的好与坏都有着至关重要的影响,由此可见,规避招聘过程中的风险极为重要。

1. 制订周密的招聘规划

一个周密的招聘规划应该包含以下几项内容:

(1) 制订年度、季度、月度招聘计划。根据企业近期发展的战略蓝图或者战略规划,制订年度、季度、月度的工作计划,应包括招聘时间、岗位名称、到岗时间、任务分配等,以达到运筹帷幄、有条不紊的效果。

(2) 进行科学的岗位分析并编制岗位说明书。根据制订的招聘计划,对需要招聘的岗位进行科学的分析,分析的过程是对岗位任务和内容的确定过程,同时也就确定了对能胜任该岗位的人员要求。然后编写岗位说明书、明确任职要求,这两个工作是招聘过程中选人的重要依据。

(3) 合理选择招聘渠道。针对不同的岗位需求,招聘人员应合理地选择招聘渠道。往往一次招聘工作需要采用两种甚至两种以上的招聘渠道以达到顺利获取优秀人才之目的。这就要求招聘者首先应准确了解各种招聘渠道的特点,然后从招聘成本、岗位特点、各种层级人才的求职特点出发,合理地选择招聘渠道。

(4) 做好招聘成本预算。倘若招聘成本高于甚至远高于所要招聘人才的价值,招聘就是失败的。这就要求企业招聘前要做招聘预算,以指导招聘工作,控制招聘风险。

2. 合理地选择招聘人员

招聘人员的合理选择对于企业招聘来说是至关重要的,需慎重选择。能够做到以下几项的便可以成为合格的招聘者:

(1) 能公平客观地审视应聘者。在面试的过程中,招聘人员往往是通过对应聘者的仪容装束、言谈举止、专业知识等方面的观察,结合自己的经验来选拔人才的,这里面就存在着这样的问题：招聘人员的主观因素可能制约着招聘的成败。一名符合岗位要求的应聘者由于相貌或紧张造成的语言、举止方面的失误落选，这是常见的，因此合格的招聘者应该能够克服自己的主观因素的影响，做到公平客观地审视应聘者。

（2）具有较为宽大的胸襟。社会的丰富多彩的原因在于有丰富思想的人类存在，由于生活环境、生活经历、所受教育等不同，人们的世界观、人生观是不同的。合格的招聘者，在面对思想观点不同的应聘者时，应当作到求同存异、实现与应聘者的双赢。

（3）广博的知识和精深的专业知识。广博的知识有利于判断应聘者的综合素质，精深的专业知识有利于判断应聘者是否满足招聘岗位的技术要求。

3. 科学测评，准确甄选
4. 建立企业人才库
5. 注重留住企业内部员工
6. 注重对招聘者的培养

四、延伸阅读

（一）就业歧视的形式

只要是用人单位要求的招聘条件与岗位本身的需要无关，该招聘行为即可能构成歧视。比如招聘一名普通会计，却要求硕士以上学历，那么就构成学历歧视。下面是一个常见的歧视现象列表，HR应尽量避免。

招聘广告中的某些要求	可能涉嫌的就业歧视类型
限本市户口	户籍歧视
限城市户口	歧视农村劳动者
年龄20岁到30岁，未婚	年龄歧视；婚育歧视
只招男性，178 cm以上	性别歧视；身高歧视
招会计一名，硕士以上学历	学历歧视
乙肝不录用	歧视传染病病原携带者
拒绝录用残疾人	歧视残疾人

（二）避免就业歧视的关键环节

（1）招聘广告：避免使用涉嫌歧视的语言。

（2）规章制度：规章制度中对招聘员工的要求不能有涉嫌就业歧视之处。

（3）录用通知书：不能要求入职员工提供与上岗无关的手续。

（4）体检：一是体检的顺序，先体检，符合要求之后再向应聘者发录用通知书，办理入职手续。二是除国家法律、行政法规和卫生部规定禁止从事的工作外，体检的项目不能包括乙肝病毒血清学指标（俗称两对半），否则即可能构成对体检人员的就业歧视，以及对其隐私权的侵犯。

（5）面试环节：人力资源工作人员应具有平等就业的意识，避免在与应聘人员的接触中出现就业歧视的言行。

(三) 用人单位在录用通知书上应如何避免风险

(1) 如果不是十分有必要,可不必发出录用通知书,直接以电话或电子邮件通知其前来报到即可。

(2) 确需录用该员工的前提下,才发出录用通知书。

(3) 录用通知书应附期限限制,应要求报到时提供有关材料,要求应聘者在一定期限之前邮寄回执,否则视为放弃该职位。

(4) 工资报酬、劳动合同期限等如无必要,可模糊一些。

(5) 名称最好不要叫做"试用通知书",也不要在内容中提到试用期,因为违反约定试用期会引发双倍工资的赔偿责任。

(6) 将录用通知书改为"工作邀请函",将其法律性质定位为要约邀请而非要约,这种做法从法律上讲是成立的,但可能会让应聘者觉得太含糊其辞,甚至觉得该公司缺乏诚意,因而吸引不到更优秀的应聘者前来报到。

(7) 有的用人单位进一步在录用通知书里规定了劳动者一方的违约责任。这种做法是合法有效的(前提是劳动者确实邮寄回了签署的通知)。因为这是在劳动关系建立之前约定的违约金,不受《劳动合同法》第二十五条的限制。

(四) 如果用人单位在发出录用通知书后,又不愿意聘用该应聘者,或不愿意以录用通知书上的条件聘用,该怎么办

(1) 协商解决,避免争议。

(2) 如果协商不成,用人单位可以与应聘者签订一个短期的劳动合同(《劳动法》中,对于劳动合同的最短期限没有限制),或者签订一个较长期的劳动合同但合法约定试用期。

若采用后一种方法,则在试用期内,用人单位可以员工不符合录用条件为由与其解除劳动关系。此时无需支付经济补偿金,但代价是用人单位需依据《劳动合同法》谨慎操作方能合法,操作相对复杂。

任务二 劳动合同订立

一、任务要求

了解劳动合同订立的潜在风险及其防范,掌握劳动合同订立的流程,能够撰写简单的劳动合同管理办法。

二、实训

(一)【实训名称】劳动合同订立流程
【实训目的】掌握劳动合同订立的流程
【实训步骤】
(1) 全班 4~5 人一组,分成若干小组;
(2) 以小组为单位,每人说出 1~2 件生活中观察到的劳动合同订立事例;

(3) 以小组为单位,讨论劳动合同订立的具体流程;
(4) 每组派代表在全班做总结发言。

【实训要求】

说要求经过讨论,所列举的事例应详细具体;小组代表对小组活动情况的概括应真实、总结性强。

(二)【实训名称】案例分析

【实训目的】分析具体案例,加强对劳动合同订立风险防范的理解

【实训步骤】

(1) 案例:

> **多备一份劳动合同少一份损失**
>
> 某服装厂接到了一批紧急订单,由于供货时间紧且量大,全厂所有员工开足马力都无法在规定时间内完成。于是,服装厂与某劳务公司达成派遣协议,要求劳务公司派遣十名工人,派遣时间预计在半年左右,且工资由服装厂代为发放。半年之后,任务总算完成,然而就在服装厂为十名派遣工人进行工资结算时,这些工人一起提出要公司支付每个人五个月双倍工资,理由就是服装厂未与他们签订劳动合同,根据法律规定,必须支付双倍工资。服装厂拿出与劳务公司签订的劳务派遣协议,告诉员工他们是被派遣员工,与劳务公司建立的劳动关系,与服装厂之间仅仅是半年的劳务关系。这些工人的理由也很简单:第一,不管服装厂还是劳务公司,都没有与他们订立过劳动合同;第二,他们自始至终是在服装厂工作,每个月的工资也是服装厂以现金发放的。服装厂赶紧和劳务公司联系,却被告知该劳务公司在两个月前就关门歇业了。

(2) 思考及讨论:

① 如果员工提起劳动仲裁,你认为哪一方会胜诉,为什么?
② 你认为企业应该如何避免此类现象的发生?
③ 通过该案例,你还能得到什么启发?

(3) 教师总结。

【实训要求】

能够抓住事件的关键点,正确理解案例,联系所学理论,结合案例事实加以论证,初步学习案例分析的方法。

三、知识链接

(一) 劳动合同签订的规范流程

规范有序地签订好书面劳动合同,是每个用人单位都必须做好的基础性工作,也是人力资源部门一项非常重要的任务。其政策性、沟通性、技术性和规范性的要求都很高。之所以一些用人单位劳动合同有问题,其原因也往往在于合同签订的流程上不科学、不规范。劳动合同的规范流程主要包括如下几个步骤:

1. 认真审查劳动者的主体资格

(1) 劳动者身份的审查:人力资源管理人员首先要对劳动者提供的身份证原件及复印

件进行审查核对,然后让其在复印件上签字确认。明确"复印件与原件一致,由本人提供。如有虚假,愿意承担一切法律责任"。

(2) 劳动者学历、资格及工作经历的审查：用人单位应让劳动者提供学历、资格的原件及复印件,并让其签字确认提供的原始证件是真实的。同时对劳动者提供的工作经历也应让其进行书面确认,明确"若有虚假,愿意承担一切法律责任"。

(3) 审查劳动者与其他用人单位是否还存有劳动关系：一个劳动者只能与一个用人单位签订劳动合同,确认一个劳动关系。如果录用了与其他用人单位还存在劳动关系的人员,对原录用单位造成损失的,该用人单位承担连带赔偿责任,且这种赔偿要承担较大的责任(一般法院会判定70%的责任比例)。用人单位一定要劳动者提供与原用人单位解除或终止劳动关系的证明,主要审阅《劳动手册》的有关记载,还包括要求劳动者提供失业等证明。另外用人单位还要注意审查劳动者是否存在竞业限制和竞业禁止的情况。对此,用人单位一定要让劳动者作出书面承诺,并签字确认。

(4) 查验劳动者身体健康证明：因可能涉及录用条件和医疗期及职业病的可能,用人单位为了减少风险,可要求劳动者提供县级以上或用人单位规定的医院出具的健康证明。最为妥当的做法是用人单位组织录用员工一起到挂钩的医院进行体检。

2. 双方履行告知义务

《劳动合同法》第八条规定,用人单位应如实告知劳动者工作内容、工作条件、工作地点、职业危害、安全生产状况、劳动报酬,以及详细解答劳动者要求了解的其他情况。用人单位应当让劳动者签署用人单位设计好的《告知书》,并妥善保存。同时,听取劳动者相对应的告知情况,并做好书面记录,让录用员工签字确认。

3. 签署劳动合同

劳动合同文本应该提前一天时间交给劳动者看阅。对于双方要协商的情况,用一定的时间进行沟通,达到有效沟通、协商一致的目的。

在签署劳动合同时,应当注意必须双方当事人在一起当面签字。一般先让劳动者签字,再由用人单位法人或委托人签字,后统一盖章。盖章要做到最后有盖章,每页还有骑缝章。这样确保书面合同签字的真实性和有效性,以防被篡改。最后将两份劳动合同一份交给劳动者保管,并有劳动者领取的签收凭单,另一份由用人单位保存并及时归档。

劳动合同的签订,一般在正式入职报到后的一周时间内完成。已经建立劳动关系的,未同时订立书面劳动合同的,应当自用工之日起一个月内订立书面劳动合同。

4. 办理入职手续

入职手续一般包括填写《入职登记表》、提交入职材料、办理报到手续、建立职工名册等。同时在规定的时间内,到所在区县的职业介绍所进行用工登记备案和相关的社会保险的转移。

工会对录用员工也应实行必要的监督。我国工会法规定,企业行政录用员工时,应当通知基层工会。基层工会如发现录用员工违××××法令时,有权于三日内提出异议。这样做可以防止个别单位乱用人员,可维护录用人员的合法权益。规范有序地办理入职手续,可规避用工前的事实劳动关系,避免各种违法违规的情况出现。

(资料来源：http://www.hrloo.com/rz/19180.html)

(二) 劳动合同管理办法

××××有限责任公司
劳动合同管理办法

第一章 总 则

第一条 为维护××××有限责任公司(以下简称公司)和员工的合法权益,明确劳动合同双方当事人的权利和义务,进一步完善公司的劳动合同制度,规范公司劳动合同管理,根据国家、地方的有关法律法规制订本办法。

第二条 劳动合同是公司与员工在合法、公平、平等自愿、协商一致、诚实信用的基础上确定劳动关系的书面协议。劳动合同依法订立后,不受公司法定代表人或其委托代表变动的影响,当事人双方应当严格履行劳动合同。

第三条 公司聘用离、退休人员,签订聘用合同书。

第四条 公司应当依法维护员工在订立和履行劳动合同中的合法权益,监督公司劳动合同的履行,为员工提供有关劳动合同方面的指导和帮助。

第二章 劳动合同的订立

第五条 公司招聘员工时,应当查验新员工与其他任何单位不存在劳动关系的相关证明,了解新员工有关健康状况、知识技能、工作经历等信息,择优录取;同时向新员工提供公司相关制度、劳动条件、劳动报酬、工作内容和工作地点、工作时间和休息休假、社会保险、职业危害、安全生产状况等情况。员工有义务向公司告知本人真实情况。

第六条 劳动合同采用书面形式,用中文书写,双方协商一致后签字盖章。劳动合同一式两份,双方各执一份。劳动合同依法订立生效后即具有法律效力。

第七条 劳动合同由公司根据相关法律规定制定,内容包括法律规定的必备条款:

(一) 用人单位的名称、住所和法定代表人或者主要负责人;

(二) 劳动者的姓名、住址和居民身份证或者其他有效身份证件号码;

(三) 劳动合同期限;

(四) 工作内容;

(五) 劳动保护和劳动条件;

(六) 劳动报酬、社会保险、福利待遇;

(七) 劳动纪律;

(八) 法律、法规规定应当纳入劳动合同的其他事项。

还包括双方认为需要明确约定的条款。约定试用期、培训、保守秘密、福利待遇等其他事项。本办法、有关专项协议书及公司相关规章制度应作为劳动合同的附件,劳动合同一经签订,公司按相关法律统一缴纳社会劳动保险等相关费用,如本人已在其他地缴纳,可以声明申请自行缴纳。如聘用离、退休人员时,应在聘用合同明确约定国家离、退休人员按国家和自治区有关规定公司不再为其缴纳社会保险。

第八条 对以下员工,应当与其约定服务期:

(一) 在劳动合同期限内,参加公司提供专项培训费用对员工进行专业技术培训的;

公司根据《劳动部办公厅关于试用期内解除劳动合同处理依据问题的复函》(1994年10月劳动部办公厅发,劳办发〔1994〕第322号)的文件要求与员工约定服务期。公司出资对员工进行各类技术培训，员工提出与单位解除劳动关系的，如果试用期满，在合同期约定服务期内，公司可以要求员工支付该项培训费用；没约定服务期的，按劳动合同等分出资金额，以员工已履行的合同期限递减支付。

如果公司为员工提供特殊培训的，根据情况约定服务期限1～5年为限，员工提前解除劳动合同时，其实际服务期限应参照该规定予以折抵；同时如果服务期限和折抵方法有特别约定的，按特别约定处理。

（二）竞业限制的人员。包括公司的高级管理人员、高级技术人员及其他负有保密义务的人员。

第九条　对公司的高级管理人员、高级技术人员及其他负有保密义务的人员，可在劳动合同中约定竞业限制条款或保密条款，也可以单独签订保密协议。

高级管理人员包括：对公司决策、经营、管理负有领导职责的人员，包括董事长、副董事长、监事长、总经理、副总经理、总工程师、地区经理、公司财务负责人以及实际履行上述职责的人员。

其他负有保密义务的人员：公司认为应当负有保密义务的人员。

对负有保密义务的员工，公司在劳动合同或者保密协议中与员工约定竞业限制条款，竞业限制的范围、地域、期限由公司与员工约定，竞业限制的约定不得违反法律、法规的规定。公司在解除或者终止劳动合同后，在竞业限制期限内按月给予员工经济补偿。员工违反竞业限制约定的，应当按照约定向公司支付违约金。违约金数额应当在不违反法律、行政法规并遵循公平、合理的原则的情况下由公司与员工协商确定。在解除或者终止劳动合同后，本款规定的人员两年内不得到与本单位生产或者经营同类产品、从事同类业务的有竞争关系的其他用人单位，或者自己开业生产或者经营同类产品、从事同类业务。

第十条　公司自用工之日起即与员工建立劳动关系。公司与员工建立劳动关系后，建立员工名册备查。

第三章　劳动合同期限

第十一条　劳动合同分为固定期限劳动合同、无固定期限劳动合同和以完成一定工作任务为期限的劳动合同。

第十二条　公司在招收新员工时与员工约定试用期，试用期包含在劳动合同期限内。

第十三条　公司可与以下员工在首签或续签时，协商签订八年及以下期限的劳动合同：

（一）在公司担任中层以上职务的；

（二）公司的核心专业人才，以及公司认为其在某一经营和管理领域对公司发展有至关重要作用的人才。

第十四条　公司可与以下员工在首签或续签时，协商签订三年以上五年以下期限的劳动合同：

（一）公司服务满二年的；

（二）年度考核二年以上成绩为优秀的。

第十五条　公司可与以下员工在首签或续签时，协商签订一年以上三年以下期限的劳动合同：

（一）在公司服务一年以上（含一年）未满两年的；

（二）新招聘的员工；

（三）虽具备第十三、十四、十五条的条件，但劳动合同期满考核结果一般的。

第四章 劳动合同的履行和变更

第十六条 公司与员工自劳动合同依法签订后，应按照劳动合同的约定，全面履行各自的义务。劳动合同自签订或约定的生效时间开始履行，期限届满即行终止。

第十七条 公司按照劳动合同的约定和国家规定，向员工支付劳动报酬。

第十八条 公司应严格执行劳动定额标准。如公司安排加班的，按照国家有关规定进行补休或向员工支付加班费。

第十九条 公司变更名称、法定代表人、主要负责人或者投资人等事项，不影响劳动合同的履行。

第二十条 公司发生合并或者分立等情况，原劳动合同继续有效，劳动合同由承继其权利和义务的用人单位继续履行。

第二十一条 发生下列情况之一，经双方当事人协商一致，可以变更劳动合同的相关内容，并采用书面形式，办理变更手续：

（一）公司需转产、调整生产任务，经双方协商同意的；

（二）本合同订立时所依据的法律、法规、政策已经修改或变更，致使原劳动合同无法履行的；

（三）由于不可抗拒的原因致使合同无法完全履行的；

（四）双方当事人经协商一致认为有必要的。

变更后的劳动合同文本由公司和员工各执一份。

第二十二条 劳动合同期限内，有下列情况之一的，劳动合同中止履行：

（一）员工应征入伍或履行国家规定的其他义务的；

（二）员工暂时无法履行劳动合同的义务，但仍有继续履行的条件和可能，经双方协商一致的；

（三）法律、法规规定或劳动合同约定的其他情形。

劳动合同中止情形消失，劳动合同继续履行，但法律、法规另有规定的除外。

第五章 劳动合同的解除和终止

第二十三条 公司与员工协商一致，可以解除劳动合同。

第二十四条 公司有下列情形之一的，员工可以解除劳动合同：

（一）按照劳动合同约定未提供劳动保护或者劳动条件的；

（二）未及时按实际所得足额支付劳动报酬的；

（三）未依法为劳动者缴纳社会保险费的（本人自己缴纳，公司已发放给本人的除外）；

（四）对公司的规章制度违反法律、法规的规定提出异议后，经证实确有违反，公司不能合理解释继续损害劳动者权益的；

（五）以欺诈、胁迫的手段或者乘人之危，使对方在违背真实意思的情况下订立或者变更劳动合同等致使劳动合同无效的；

（六）法律、行政法规规定可以解除劳动合同的其他情况。

第二十五条 员工有下列情况形之一的，公司可以解除劳动合同：

（一）在试用期间被证明不符合录用条件的；

（二）严重违反公司的规章制度的；

（三）严重失职，营私舞弊的，给公司造成重大损害的；

（四）员工同时与其他用人单位建立劳动关系，对完成本单位的工作任务造成严重影响，或者经公司提出，拒不改正的；

（五）以欺诈、胁迫的手段或者乘人之危，使对方在违背真实意思的情况下订立或者变更劳动合同等致使劳动合同无效的；

（六）被依法追究刑事责任的。

第二十六条　员工违约解除劳动合同，给公司造成经济损失的，应赔偿公司下列损失：

（一）公司招收录用所支付的费用；

（二）公司为其支付的培训费用，双方有约定的按约定办理；

（三）对生产、经营、科研、管理工作造成的直接经济损失；

（四）劳动合同约定的其他赔偿费用。

第六章　劳动合同的续签

第二十七条　劳动合同即将期满的员工由所在部门对其进行考核，考核结果作为续签依据之一。其所在部门应结合公司生产经营情况、人力资源开发规划等提出对员工劳动合同的续签意见；对于考核成绩较差的，及岗位设置调整等视情况不再续签劳动合同，并提前通知员工。

第二十八条　如经双方协商一致续签劳动合同的，续签手续应在原劳动合同期满前 30 日内办理，有特殊情况及约定的除外。

第二十九条　续签劳动合同的期限，应根据本办法有关劳动合同期限规定执行，有特殊情况及约定的除外。

第七章　违反劳动合同的责任和合同争议的处理

第三十条　本合同一经签订，即具有法律约束力，双方必须严格履行。任何一方违约，都应依法承担违约责任；给对方造成经济损失的，应按有关规定给予赔偿。

第三十一条　在合同履行过程中，双方发生争议，可申请调解委员会调解；调解不成，任何一方均可向公司所在地劳动争议仲裁委员会申请仲裁；对仲裁裁决不服的，可向当地人民法院起诉。

第八章　附　则

第三十二条　本办法实施前已经履行的劳动合同，当时的法律、法规对劳动合同双方当事人的权利义务有明确规定的，本办法实施后，劳动合同当事人应当继续执行；当时的法律、法规没有明确规定的，按照本办法执行。

第三十三条　本办法中的未尽事宜，按国家、地方的有关法律、法规执行。

第三十四条　本办法自下发之日起实行。

四、延伸阅读

常见的无效合同

（一）口头约定的合同

个别外资企业、私营企业和集体企业经营者出于企业自身需要，在招聘时故意不与求职者订立劳动合同，仅作一些简单的口头约定。由于求职者大多数极为珍惜这一就业机会,一般不敢对此提出或坚持签订劳动合同的要求。如此,一旦出现纠纷,求职者权益就将受到损害。我国《劳动法》第十九条明确规定:"劳动合同应当以书面合同订立……",因此,口头约定合同在我国是没有任何法律效力的。

（二）显失公平的合同

部分用人单位与劳动者订立的劳动合同,其约定条款明显倾向用人单位一方,此种情形目前相当普遍,应引起求职者的重视。求职者在订立劳动合同时,一定要逐条审查,对一些不合理、显失公平的内容应坚决拒绝。

（三）胁迫的合同

一些用人单位招工时,强迫劳动者交纳巨额集资款、风险金,并胁迫劳动者与其订立所谓的自愿交纳协议书,企图以书面协议掩盖其行为的违法性。《劳动法》第十七条规定,订立劳动合同,应当遵循平等自愿、协商一致的原则,不得违反法律、行政法规的规定。

（四）附带保证的合同

部分企业为约束劳动者的行为,在与劳动者订立劳动合同时,硬性规定另签一份"保证书",其内容是强迫劳动者接受一些不合理的规则和条件,并把该保证书作为劳动合同附件来约束劳动者。

（五）真假合同

某些外资企业、私营企业或集体企业为应付劳动仲裁部门的监督管理,与劳动者签订真假两份合同。以符合有关规定的"假合同"应付劳动管理部门的检查,实际上却用按自己意愿与劳动者订立的不规范甚至违法的劳动合同来约束劳动者。

（六）抵押性质的劳动合同

部分用人单位为防止劳动者"跳槽",在订立劳动合同时,要求劳动将其身份证、档案、现金作抵押物,甚至扣留劳动者应得的福利或工资,一旦劳动者"跳槽",用人单位便将抵押物扣留。这种做法不但违反了国家有关政策规定,而且严重损害了劳动者的权益。

（七）无保障的劳动合同

一些用人单位与劳动者订立的劳动合同中,不具备病、伤、残、死亡补助和抚恤等内容,或虽有此条款但不符合国家法律规定。劳动者一旦发生病、伤、残、死亡等情况时,企业或者以较低的金额给予一次性补助,其额度远低于实际发生的医疗费和国家有关的法定标准,使劳动者的权益无法得到保障。

任务三　试用期管理

一、任务要求

理解试用期的具体含义及作用,掌握试用期内企业与劳动者双方各自的权利义务,能根据企业实践提出相应的管理建议。

二、实训

（一）【实训名称】试用期辞退员工

【实训目的】真正理解试用期辞退员工的条件和程序

【实训步骤】

(1) 全班4~5人一组，分成若干小组；

(2) 有人说"在试用期，员工合格与否单位说了算"，你认为这句话正确吗？为什么？

(3) 试讨论试用期辞退员工的条件和程序；

(4) 每组派代表在全班做总结发言。

【实训要求】

要求每个小组成员都必须积极参与讨论，小组代表对小组活动情况的概括应真实、总结性强。

（二）【实训名称】案例分析

【实训目的】通过具体的案例分析，理解试用期内的权利义务

【实训步骤】

(1) 案例：

> **劳动者试用期可以随意辞职吗？**
>
> 2010年1月，某企业招聘一名机械经理，王某应聘成功，并签订了为期5年的劳动合同，并约定试用期为6个月。合同中约定："试用期6个月，若乙方（劳动者）被甲方（用人单位）送外学习培训必须安心在甲方工作，擅自违约应赔偿培训费，并不得出卖、转让甲方技术资料。"在试用期的第二个月，因企业生产需要，安排王某参加厂方安排的专业技术培训，回厂后从事车间管理与技术工作。但合同履行5个月后，王某受某市同行厂家高薪诱惑，不辞而别，还带走了很多技术资料。公司与王某取得联系后要求王某回公司上班，要求王某赔偿培训费和给企业造成的经济损失，退还技术资料。王某却声称，试用期内有权解除合同，学习培训获得的技术资料是自己劳动所得。企业经多方努力无效，遂申诉到劳动争议仲裁委员会。
>
> （资料来源：慧聪网企业管理频道）

(2) 思考及讨论：

① 试用期的作用有哪些？

② 你认为王某这样做是合法的吗？为什么？

③ 如果你是企业员工关系专员，你会对企业提出什么样的管理建议？

(3) 教师总结。

【实训要求】

能够抓住事件的关键点，正确理解案例，联系所学理论，结合案例事实加以论证，初步学习案例分析的方法。

三、知识链接

长期以来，在许多企业的用人管理机制中，试用期的管理一直是个不可或缺的环节，究

其原因，不外乎是因为法律赋予了企业在试用期内用工的考察权。企业通过这种考察权的行使，可以大大降低用工风险，占据管理的主动地位。然而，企业在管理实践中，由于对试用期适用法律的缺位和管理的不到位，导致企业的试用期管理丧失了应有的意义。

（一）试用期的概念

根据《高级汉语词典》的解释，"试用"是使某人受到一段时期的检验或试工以便确定这人是否适合于做某事，"试用期"是指在正式使用之前的应用期间，看是否合适。

《劳动部办公厅对〈关于劳动用工管理有关问题的请示〉的复函》对试用期作了如下的定义：试用期是用人单位和劳动者建立劳动关系后为相互了解、选择而约定的不超过六个月的考察期。可见，试用期的存在是以劳动关系双方当事人的约定为前提的，因约定的存在而存在。

试用期不同于见习期、学徒期。见习期是对大中专应届毕业生进行业务适应及考核的一种制度，期限一般为一年，不是制度下的概念，而是国家人事制度下的做法。学徒期是对进入某些特定工作岗位的新招工人进行熟悉业务、提高工作技能的一种培训方式，在实行劳动合同制度后，这一培训方式仍应继续采用，并按照技术等级标准规定的期限执行。

（二）试用期合法约定的意义

无论是《劳动法》还是《劳动合同法》都规定了，对"试用期内被证明不符合录用条件的"员工，企业可以单方解除劳动合同。这是法律赋予用人单位的，专属于试用期内的劳动合同单方解除权。出于"用人单位和劳动者建立劳动关系后为相互了解、选择"而约定试用期的立法本意，用人单位在试用期内的劳动合同单方解除权所受到的限制和所需支付的成本自然是相对较少的。以现行《劳动合同法》的规定为例，企业在试用期内的单方解除权具备如下优势：

1. 可随时行使解除权，无提前通知义务

试用期内，企业行使上述单方解除权，不需要提前三十天书面通知劳动者，在行使解除权的条件成就时，可随时单方解除劳动合同。

2. 无须支付任何经济成本

《劳动合同法》第四十条、第四十六条规定了企业单方解除劳动合同时的"代通知金"及经济补偿义务，但该两条规定均排除了企业试用期内的单方解除权的行使。

3. 可排除禁止解除条款的适用

职业病、工伤、女性"三期"（孕期、产期、哺乳期）等情形下的劳动者，是法律保护的重点，对存在类似情形的劳动者，法律一般都禁止企业行使劳动合同的单方解除权。对此，《劳动合同法》第四十二条也有明确规定。但即便是如此，这种禁止性条款，也仍然把试用期内企业行使上述单方解除权的情形排除在外了。即，即便是劳动者存在《劳动合同法》第四十二条规定的情形，但只要企业证明其在试用期内不符合录用条件的话，仍然可以单方解除劳动合同，且无须支付任何经济补偿。

综上三点所述，由于企业试用期内的单方解除权具备的种种优势，使得大多数企业在招聘之初，均选择了与劳动者约定试用期并使用法律赋予的这种解除权。

然而，法律在赋予一种权利的时候，必然要对这种权利的行使同时赋予一定的限制或监督，这是基本的立法思维。故，企业要想有效地约定试用期并有效行使上述单方解除权显然必须要满足一定的条件。但是，实践中，许多企业往往忽视了这些条件的存在或缺乏对这些条件的有效准备,从而导致自身的管理行为丧失了合法性。

(三) 如何进行试用期的约定

1. 完善的录用条件是进行试用期约定的前提

依照用人单位对试用期内员工行使解除权的法律规定来看,企业首先必须要制定自己的录用条件,这是法定要件之一,否则,有关试用期的约定将变得没有任何意义。

对于录用条件,我国法律没有明确、具体的界定。录用条件一般由用人单位在不违反法律强制性规定或公序良俗的前提下自主制定。实际上,由于各用人单位的用人机制、人才价值理念等具体情况的千差万别,我们也不可能奢求法律能够对录用条件作出何种具体的、明确的规定。故,由用人单位自主制定录用条件的做法是较为妥当、可行的。

企业制定录用条件,应注意以下方面的问题:

(1) 录用条件须在劳动关系建立前明确告知劳动者。录用条件绝对不是可以在用人单位用得着的时候,随便"说说"就可以的。录用条件的制定应当放在实施招聘计划之前,在招聘开展时至劳动关系建立前这段时间内把录用条件明确告知给求职者,且注意保留证据。实践中,常用的告知方法有很多,企业可根据自身的情况灵活选用,如:

① 选用报纸、期刊等书面形式发布招聘广告时,要同时公布录用条件,并保存相应的报纸、期刊。招聘广告中的企业名称要和企业营业执照上一致,不可用简称或随意缩写。公布录用条件时,最好直接使用"录用条件"四个字后加冒号的方式进行表述,以免发生相似概念上的混淆。② 通过非书面的方式(比如网络、电视)发布招聘广告的企业,要在正式与求职者建立劳动关系前,制作书面的关于录用条件的告知单,由被招录的人员亲笔签字确认后保留。

(2) 录用条件规定要合法且具备可操作性。录用条件的规定不得与法律强制性规定或公序良俗相冲突,否则无效,比如"怀孕的不予录用"等之类的规定。

录用条件也要同时具备可操作性,它包括两个方面:一是条件本身要具体明确,不可含糊不清,尤其是"软"条件方面更应量化具体,否则无法考核;二是条件要实用、可行,不能超脱现实,经一般努力而无法达到的条件不称其为条件,最多称其为目标。就录用条件的可操作性问题,思路有二:

① "硬"性的条件不可少。所谓"硬"性的条件,是指那些可以通过自然规律、社会规律或其他客观标准予以明确判断的条件,比如人的视力、听力以及是否患有传染性疾病等,或者是否具备一定学历、学位、专业、职业资格证书等。由于这些"硬"性的条件比较直观,很容易确定和判断,故在把这些条件规定为录用条件时,自然就具备了可操作性。

② "软"性条件要和"硬"性条件相联系或和考核相配套。如上文,"硬"性的录用条件固然具备可操作性,但是单纯规定"硬"性的条件是无法涵盖一个岗位胜任素质的全部的。故,企业在规定"硬"性录用条件的同时往往要规定一些"软"性的录用条件。比如,很多企业把"诚实信用""符合岗位技能要求""团队合作意识"等内容作为录用条件来予以规定。问题是,由于"软"性的录用条件往往无法通过一种公认的或客观的标准来进行判断,从而使其大大丧失了可操作性。为了解决这个问题,可以采用如下两种做法:一是可以把"软"性条件和"硬"性条件联系起来,用"硬"性条件来证明"软"性条件。

以"诚实信用"这条"软"性录用条件为例,可以要求被录用人员在入职时填写详细的人事资料,其中就包括了很多可以判断的"硬"性内容,如学历、学位、民族、家庭住址、工作经历、工作年限等,在被录用人员填写完毕后,要附带签署一份诚信声明,以确认其所填写的信息真实、准确、无误。同时,要求被录用人员在其提交的各种书面文字材料(身份证复印件、各类证书复印件、个人简历、与原单位解除劳动关系的证明等)上写上"本复印件与原件一致"或"本材料内容真实、有效"等字样并亲笔签名确认。这样,如果一旦发现被录用人员所填写或提交的信息、材料不实,则即可使用上述材料来证明被录用人员不符合"诚实信用"的录用条件。从而,可以使"诚实信用"这条"软"性条件具备可操作性。

二是建立完善的考核制度体系,把"软"性条件和考核相配套。完善的考核制度体系应当包括:考核机构的设立;考核项目及所占权重;考核的程序和方式;考核等级、结果及其对劳动者利益的影响程度等等。需要注意的是,该考核制度的制定必须要经过法定的民主程序,即要经过全体职工或职工代表大会的讨论和提议,经公司与工会平等协商后确定。在考核制度的制定中,企业可以把"软"性录用条件的衡量标准规定在考核制度中,无法量化的考核可规定采用考评的方式作出评语。作出评语的考评结果应当及时发送给被考评的员工,由员工对考评结果进行签字确认。

许多考核项均为"软"性的,但经过制度化处理后,即可以具备一定的可操作性了。

2. 进行试用期约定时的主要法律限制

(1) 以完成一定工作任务为期限的劳动合同,不得约定试用期。众所周知,法律规定了三种期限类型的劳动合同:固定期限劳动合同、无固定期限劳动合同和以完成一定工作任务为期限的劳动合同。在《劳动合同法》生效施行以前,由于当时的法律尚未就以完成一定工作任务为期限的劳动合同可否约定试用期的问题做出明确规定,故,个人认为以完成一定工作任务为期限的劳动合同和固定期限劳动合同以及无固定期限劳动合同一样,均可约定试用期。但于2008年1月1日起生效的《劳动合同法》第十九条明确规定了以完成一定工作任务为期限的劳动合同不得约定试用期。故,企业在与劳动者签订以完成一定工作任务为期限的劳动合同时,要注意这一点,避免作出无效的试用期约定。

(2) 不能重复约定试用期的适用。《劳动合同法》生效施行以前,试用期可以适用于初次就业或再次就业时改变工作岗位或工种的劳动者。这样,同一用人单位就有可能与同一劳动者约定两次或两次以上的试用期。《劳动合同法》生效施行以后,由于该法明确规定了"同一用人单位与同一劳动者只能约定一次试用期",故,企业与同一劳动者有且只有一次约定试用期的机会,纵然劳动者的工作岗位或工种发生变化,或者劳动者离职后重新入职,都不得再约定试用期。

(3) 试用期不得单独约定,试用期期限的存在以劳动合同期限的存在为前提,且受到劳动合同期限长短的制约。实践中,很多企业往往只与劳动者单独约定几个月不等的试用期,而未与劳动者明确劳动合同的期限,殊不知,这种做法是违反法律规定的。

劳动部在《关于贯彻执行〈中华人民共和国劳动法〉若干问题的意见》的第十八条规定,劳动者被用人单位录用后,双方可以在劳动合同中约定试用期,试用期应包括在劳动合同期限内。《劳动合同法》第十九条第四款规定:试用期包含在劳动合同期限内。

根据上述规定,可知:试用期的存在以劳动合同期限的存在为前提,没有劳动合同的期限也就无所谓试用期。且试用期的长短也和劳动合同期限的长短密切相关,《劳动合同法》规定:劳动合同期限三个月以上不满一年的,试用期不得超过一个月;劳动合同期限一年以上不满三年的,试用期不得超过二个月;三年以上固定期限和无固定期限的劳动合同,试用期不得超过六个月。劳动合同期限不满三个月的,不得约定试用期。劳动合同仅约定试用期的,试用期不成立,该期限为劳动合同期限。

(4) 试用期工资的约定。鉴于《劳动合同法》生效前,《劳动法》对试用期的规定非常原则,缺乏可操作性,所以,长期以来,企业往往利用试用期的"模糊规定"损害劳动者的合法权益,其中较为普遍的就是试用期的工资问题。实践中,试用期往往成为"白干期"或"廉价期"。

为了保护劳动者的合法权益,《劳动合同法》第二十条规定:劳动者在试用期的工资不得低于本单位相同岗位最低档工资或者劳动合同约定工资的百分之八十,并不得低于用人单位所在地的最低工资标准。该规定体现了三个"不低于"原则:一是不得低于用人单位所在地的最低工资标准,这是试用期工资的最底线;二是不得低于本单位相同岗位最低档工资;三是不得低于劳动合同约定工资的百分之八十。这三个"不低于"必须要同时满足,其中,金额有高低差距的,则要取其最高。比如,某企业所在地的最低工资标准为680元,本企业相同岗位最低档工资标准为1 000元,与员工甲签订的劳动合同中约定的工资标准为1 500元(其百分之八十为1 200元),则该企业与甲约定的试用期内的工资不得低于1 200元。

(5) 试用期内的社会保险缴纳问题。约定试用期内不为员工缴纳社会保险的做法,是实践中很多企业的习惯性做法,劳动者由于法律知识的缺乏,也常常错误地认为试用期内用人单位可以不缴纳社会保险费,从而导致自己的合法权益受到损害。

《劳动法》第七十三条规定,劳动者在下列情形下,依法享受社会保险待遇:(一)退休;(二)患病、负伤;(三)因工伤残或者患职业病;(四)失业;(五)生育。

《社会保险费征缴暂行条例》第三条规定,基本养老保险费的征缴范围:国有企业、城镇集体企业、外商投资企业、城镇私营企业和其他城镇企业及其职工,实行企业化管理的事业单位及其职工;基本医疗保险费的征缴范围:国有企业、城镇集体企业、外商投资企业、城镇私营企业和其他城镇企业及其职工,国家机关及其工作人员,事业单位及其职工,民办非企业单位及其职工,社会团体及其专职人员;失业保险费的征缴范围:国有企业、城镇集体企业、外商投资企业、城镇私营企业和其他城镇企业及其职工,事业单位及其职工。

实际上,劳动关系一旦建立,用人单位就应当依法为劳动者缴纳社会保险,试用期并非独立于劳动合同期限以外的"特殊期",试用期包括在劳动合同期限内。约定试用期内不为员工缴纳社会保险的,该约定无效。企业在试用期拒绝为劳动者办理社会保险的,劳动者可以向劳动和社会保障部门投诉,如因此而给劳动者造成损失的,企业应当承担赔偿责任。

3. 在进行试用期约定时,如何合法、合理的确定劳动合同期限

如前文所述,试用期包含于劳动合同期限内,且受劳动合同期限长短的制约。那么,企业所面临的疑惑是:对于首次签订合同的员工,与之约定多长期限的试用期及劳动合同期限较为合理呢?

(1) 首次约定的劳动合同期限不宜过长,试用期期限不宜过短。一般首次签订的劳动合同期限一般为1~2年,同时约定两个月的试用期,较为合适。

(2) 劳动合同的终止时间要放在邻近企业年度绩效考核的时间之后,且相对固定。尽管《劳动合同法》规定了劳动合同正常终止情形下,企业也可能因不续签而支付经济补偿的情形。但相对于经济补偿而言,企业管理者更关注的应当是劳动者的实际工作能力和综合素质。因为就后者而言,如果劳动者不能胜任岗位工作,给企业带来的损失远远要比相对固

定的经济补偿大得多。故企业确定的劳动合同期限的终止时间最好可以邻近年度绩效考核结论的出台时间,这样,如果员工的绩效考核成绩不达标,则企业完全可以在劳动合同的终止时间成就时,选择不续订劳动合同。

此外,劳动合同的终止时间最好相对固定,这样,就企业管理者而言,无须每天盘点在职员工的合同终止时间,只需在相对固定的时间进行合同续签意向调查及续签手续即可,从而避免遗忘。例如,某企业的年度绩效考核结论的出台时间是每年的4月份,则该企业可以确定每年的6月30日为劳动合同的终止时间。每年6月30日之前入职的员工,其劳动合同的终止时间为第二年的6月30日;每年6月30日后入职的员工,其劳动合同的终止时间为第三年的6月30日。这样做的好处是:一来均实现了只签订一次且期限相对较短的固定期限劳动合同;二来实现了法律规定范围的相对较长的试用期期限,即两个月;三来,每个员工在劳动合同期限终止之前,均已经有邻近年度的绩效考核成绩作为是否续签劳动合同的参考;四来,无须每日盘点劳动合同的终止期限,只需在每年的6月30日之前统一安排劳动合同的续订意向调查及续签工作即可。

(四) 企业违法约定试用期的法律责任

《劳动合同法》第八十三条规定:用人单位违反本法规定与劳动者约定试用期的,由劳动行政部门责令改正;违法约定的试用期已经履行的,由用人单位以劳动者试用期满月工资为标准,按已经履行的超过法定试用期的期间向劳动者支付赔偿金。具体分类如下:

1. 行政责任

企业违法约定的试用期尚没有履行的,则由劳动行政部门进行责令改正。如企业经劳动行政部门责令改正而拒不改正的,依照《劳动保障监察条例》第三十条的规定,可以对企业处以2 000元以上2万元以下的罚款。

2. 民事赔偿责任

企业违法约定的试用期已经履行的,则由用人单位以劳动者试用期满月工资为标准,按已经履行的超过法定试用期的期间向劳动者支付赔偿金。

这里的"违法约定的试用期"的情形,主要包括如下几种:① 约定的试用期超过法律规定的最高时限;② 同一用人单位与同一劳动者约定了超过一次的试用期;③ 不满三个月的固定期限劳动合同或者以完成一定工作任务为期限的劳动合同,约定了试用期的;④ 劳动合同仅约定了试用期或者劳动合同期限与试用期期限相同的。

需要注意的是,企业支付的赔偿金是指扣除劳动者应得的工资报酬之外的,即既要支付工资,还要支付赔偿金。例如:甲与某公司签订了两年期限的劳动合同,合同中约定试用期为六个月,试用期工资为3 000元,试用期满后,工资为3 500元。这就是约定的试用期超过法律规定的最长期限的案例。《劳动合同法》规定,劳动合同期限一年以上不满三年的,试用期不得超过二个月。本案中甲与公司签订的劳动合同期限为两年,按照法律规定试用期不得超过二个月。因此,甲可以向劳动行政部门投诉,由劳动行政部门责令公司改正。倘若该试用期已经履行了五个月,则超过法定试用期的期间为三个月。那么,该公司应当按照试用期满后的月工资额(3 500元)乘以三个月的标准支付给甲赔偿金,即10 500元。同时,该赔偿金不包含用人单位已经支付的工资15 000元(3 000元×5个月)。

(五) 结语

综上所述,企业用工管理中试用期约定问题的解决,必须要以法为据,同时要与管理实际相结合,力求创建法理与管理的协调与平衡,从而达到提高用工管理水平、预防不必要劳动争议的目的。

四、延伸阅读

员工试用期管理办法

为准确把握新进员工的专业能力、技术水平、职业素养以及思想动态,帮助新进员工有效地融入集团公司,充分发挥其工作潜能,弥补其缺陷和不足,打造适合集团公司经营发展需要的团队,特制定本办法。

一、试用期管理的目的

(1) 考核新进员工专业能力和综合素质,确认新进员工与岗位的匹配度。

(2) 促进新进员工与企业的相互了解,帮助新进员工更快更好地融入企业。

二、试用期期限及薪酬待遇

(1) 新进员工原则上都应设定试用期。新进员工试用期期限根据集团需要、岗位要求、员工本人情况,在不违反相关法律法规的前提下进行设定。

(2) 员工试用期薪酬由集团公司与应聘人员协商确定,原则上试用期薪酬不低于员工月薪的80%。

(3) 员工的试用期福利根据集团相关福利规定执行。

三、试用期管理

员工在试用期期间应严格遵守公司相关规章制度,对试用期员工的日常管理依据公司《员工手册》及相关规定执行。

四、试用期考核

1. 考核组织及周期

(1) 部门主管及以下职位员工试用期期间由员工直接领导(或同事)、部门领导及集团公司人力资源部负责对其进行考核。

部门副职及以上职位员工试用期期间由集团人力资源部、总裁室分管领导及董事会负责对其进行考核。

(2) 员工试用期考核按月度,每月一次。每月20日前(含20日)入职员工当月考核,20日后入职员工次月开始考核。

2. 考核办法与形式

(1) 员工试用期考核分为工作计划考核和综合评估两类。

(2) 工作计划考核为集团人力资源部组织的由试用期员工部门相关领导参加的考核,每月进行一次,其考核结果将作为综合评估相关项目以及员工试用期转正决策的依据。

每月25日(入职当月在员工入职当天),由人力资源部发放员工试用期月度工作计划及考核表给员工直接领导,启动员工工作计划考核。试用期员工在每月28日前根据岗位安排及领导要求,编排次月工作计划及指标,经直接领导及分管领导确认后执行(入职当月由直接领导编排)。次月25日前根据工作计划核定完成情况,并由员工所属职级考核组织对其进行评价。

(3) 综合评估为集团人力资源部组织的由试用期员工所在职级考核组织相关人员共同参加的考核,每月进行一次,其考核结果将作为员工试用期转正决策的关键依据。

每月25日由人力资源部组织员工所在职级考核组织相关人员,根据综合评估表相关内容对员工当月工作计划完成情况进行考核,并于30日前总考核成绩,由员工直接领导对员工进行反馈,并提出改进意见。

(4) 员工工作计划考核表及综合评估表,由员工直接上级汇总至集团人力资源部统一归档,日后作为员工转正(或辞退)的依据。

3. 考核结果处理

(1) 员工试用期内两次以上出现未完成核定的工作计划情况的,视为不胜任岗位要求,集团可据此进行辞退处理。有特殊情况的,可酌情延长试用期,但最长不得超过相关法律法规的规定。

(2) 在全面完成计划工作的前提下,员工试用期内综合评估最终得分低于70分的,视为不胜任岗位要求,集团可据此进行辞退处理。

根据该员工"能力指标"与"态度指标"得分,在双方协商一致的情况下,可酌情考虑为该员工转岗。

根据该员工"能力指标"与"态度指标"得分,结合合同约定试用期限可酌情延长试用期,但不得超过相关法律法规的规定。

(3) 在全面完成计划工作的前提下,员工试用期内综合评估最终得分70分及以上的,视为胜任岗位要求予以转正。

(4) 在全面完成计划工作的前提下,员工试用期内综合评估最终得分95分及以上的,可纳入集团重点培养人才队伍。

4. 考核面谈

员工在试用期结束前15日内,由集团人力资源部组织有关人员进行试用期考核面谈,面谈内容应包括:

(1) 试用期内的工作心得,对所在岗位工作开展、所在部门工作以及集团工作的意见和建议;

(2) 对所属部门同事、领导的意见和评价;

(3) 对集团企业文化建设和团队建设的意见和建议。

考核面谈由集团人力资源部形成书面记录并由面谈当事人签字确认后作为保密资料保存。

五、试用期转正

试用期员工在试用期满前15日,向集团人力资源部递交试用期转正审批表。人力资源部会同员工职级所在考核组织相关人员针对员工试用期表现,提出是否转正意见,经集团相关领导批准后决定是否转正。

六、附则

(1) 本办法由集团人力资源部负责解释和修订。

(2) 本办法经集团总裁室批准、职代会审议通过后实施。

任务四　招聘录用沟通管理

一、任务要求

用自己的语言准确表述招聘录用沟通的什么重要意义、招聘录用沟通的注意事项有哪一些,能够进行简单的招聘面谈。

二、实训

(一)【实训名称】案例分析

【实训目的】真正理解招聘录用沟通的内容,并能够进行简单的沟通。

【实训步骤】

(1) 全班 4~5 人一组,分成若干小组;

(2) 以小组为单位,讨论分析案例:

> **第一印象从电话约见就开始了……**
>
> 第一种,前倨后恭。
>
> 你接起电话:"喂!"(这其实非常不礼貌,你想,谁在路上跟别人打招呼直接喊声"喂"的啊?)
>
> 我:"你好,是×××吗?"
>
> 你:"是啊,你谁啊?"
>
> 我:"我是×××公司的,你是不是给我们公司投了简历? 我们觉得你条件不错,想请你来面试。"
>
> 你:"噢,是的是的,不好意思,不好意思,在开会(上课、吃饭、车上等等借口不计其数)。"
>
> 那拒人千里之外的开场白实际上已经为祸不轻了,再加上你一百八十度的态度转变,你想能给对方留下什么印象呢?
>
> 第二种,不知所云。
>
> 你接起电话:"喂,你好。"我:"你好,是×××吗?"
>
> 你:"是啊,您哪位啊?"
>
> 我:"我是×××公司的,你是不是给我们公司投了简历? 我们觉得你条件不错,想请你来面试。"
>
> 你:"×××公司,我没投过简历啊?"(开始恍惚,难道我投的?)
>
> 我:"应该不会吧,你用×××E-mail 邮箱发过来的。"
>
> 你:"邮箱是我的,那应该是我投的没错,你能告诉我,我投的什么职位吗?"(眩晕,真的经常有这么问的,估计投得太多了。)
>
> 我:"你投的是×××职位,可能时间有点儿长吧,你还对这个职位感兴趣吗?"
>
> 你:"我应该有吧……"(我狂倒)

> 最后一种情况,常见于应届毕业生。
> 你接起电话:"喂,你好。"
> 我:"你好,是×××吗?"
> 你:"是啊,您哪位啊?"
> 我:"我是×××公司的,你是不是给我们公司投了简历? 我们觉得你条件不错,想请你来面试。"
> 你:"噢,好啊,没问题,非常感谢! 呃,对了,你们公司在哪儿?"
> 我:"请记下我们公司地址×××"
> 你:"好的,我记下了,呃,不好意思,我怎么过去?""我在×××地方,坐什么公交车能到?""你们公司那儿有什么标志物?""我到你们公司说是来应聘的就行了吧?"
> 你可能觉得问地址,甚至问怎么走都无可厚非,可实际上这些信息你都是可以自己主动获取的。你给对方的感觉就是你依赖心理特别强,以后交件事情给你做你也会问"我该找谁帮忙? 他电话多少? 我找不到×××该怎么办?"之类的问题,与其都解答你,还不如我自己做,你的工作能力又从何处体现呢?

(3) 以小组为单位,进行点评并总结招聘面试时应该注意的事项;
(4) 每人说出1~2件生活中实际发生的关于招聘面试的实例;
(5) 每组派代表在全班做总结发言。

【实训要求】
要求经过讨论,明确所列举的实例属于招聘面试活动;小组代表对小组活动情况的概括应真实、总结性强。

(二)**【实训名称】** 案例分析
【实训目的】 通过分析具体案例,掌握公司与应聘者沟通的方法。
【实训步骤】
(1) 案例:

> **某公司发布"不来面试就喊人骂"的雷人招聘启事引发热议**
> 网上挂出了《一条雷人的招聘启事》的贴子,贴中所指的招聘单位主要招聘总经理、行政商务、销售经理等八个职位。很多职位招聘都附有一条特别说明:"如果你没有准备好上班,请不要投资料到我们公司。如果通知你来面试你不来,公司会安排通知的人对你进行语言伤害。"这条特别说明引起了网民热议。公司称此举只针对某些不讲信用的应聘者,提醒求职者投简历要慎重。对此,有求职者表示理解,毕竟在职场上是要讲诚信的。不过,该公司的这种做法似乎有些不妥。
> (资料来源:新华社)

(2) 思考及讨论:
① 该案例中的公司做法是否合适? 为什么?
② 面对面试者爽约你认为公司该做什么才能减少该现象的发生?
③ 在该案例情境下,如何做到不断创新?

④ 通过该案例,你还能得到什么启发?
(3) 教师总结。

【实训要求】
能够抓住事件的关键点,正确理解案例,联系所学理论,结合案例加以论证,初步学习案例分析的方法。

三、知识链接

(一) 面谈提问技巧

1. 提问的方式

(1) 终止式。只需要回答"是"或"不是",如"你是不是了解这个职位?""你是不是喜欢做×××(某个职位)?"这种问话方式明快简洁,但是少用为妙,因为这样的提问方式没有鼓励应聘者开口说话。

(2) 开放式。开放式提问迫使应聘者非回答不可,如"你对 OJT(在职培训)有什么看法?""你对目前的市场形势看法如何?"

开放式提问是最正确、应用最多的问话方式。

(3) 引导式。问话的目的在于引导应聘者回答你所希望的答案,如"你对目前的市场形势看法如何? ……不是很好吧?"这种问法一般来说最好避免,除非你心中有数。

(4) 假想式。采用"如果"的问题方式,如"如果你与客户谈判,你会怎样安排呢?"若是使用得当,很可能让你了解应聘者的想法和能力。

(5) 单选式。问话要求应聘者在两害之中取其轻,如"你跳槽,是认为自己不能胜任呢?还是认为自己太自负?"这种问法未免过分,应该避免。

(6) 多项式。同时连续提出好几个问题,如"你以前的职位都做些什么? 有什么特点? 你在职位上有什么优势? 劣势?"这种问法很难得到完善的答案。

2. 主持人的"自问"准备

面试之前,主试人最好进行以下"自问"准备,让自己心里有数,从而提高成功录用机会:

(1) 该申请人需要具备怎样的人际沟通技巧和技术性技能,才能胜任有关职位?
(2) 我需要该申请人在有关职位上工作多久?
(3) 该申请人以前在有关职位上工作了多久?
(4) 我们将会给予什么样的晋升机会? 会安排训练吗?
(5) 假如有关人选的工作表现不如意或对工作的要求过高,我将会面对什么困难?
(6) 该申请人将会与什么样的同事合作? 我需要他们一起参与面试的过程吗?
(7) 我将与该申请人以什么形式合作?
(8) 该申请人在工作上有机会代表公司对外发言或传播消息吗?

3. 如何编制面试问话提纲

(1) 面试提纲是整个面试过程中的问话提纲。主试人根据面试提纲,向应聘者提出问题,了解应聘者素质和能力,控制面试进程。

(2) 面试提纲必须围绕面试的重点内容来编制。

(3) 提问的题目应具体、明确。

(4) 面试提纲由若干面试项目组成,如"公关能力""专业知识""敬业精神"等。每一面试项目均应编制相应的提问提纲以便面试时有针对性地提问、考察。

（5）同时，应聘者有着不同的情况和经历，不必要每个人选都用同一套提纲依序一问到底。因此，每一面试项目可从不同角度出一组题目，以便面试时选择。

（6）面试提纲可以分为通用提纲和重点提纲两部分。通用提纲涉及问题较多，适合于提问各类应聘者。重点提纲则是针对应聘者的特点提出的，以便对职位要求中有代表性的东西有所了解。

（二）面谈放松技巧

在面谈前的准备阶段，主试人的主要工作，其实是设法令自己及应聘者放松。

1. 让自己放松

有些主试人喜欢利用招聘面谈，来向其他高级同事证明其有高明的面谈技巧，或令应聘者无言以对的口才。他们可能会发问一些极难回答的问题，令面谈气氛向负面方向发展。也有一些主试人自以为操"生杀大权，手握尚方宝剑"，态度因而较为倨傲，不乐意用亲切友善的态度来与应聘者接触，无形中为面谈加压，令应聘者心理负上额外的担子。

这种行为首先会令主试人分心，难以集中精神准备面谈；而且，有经验的应聘者便会乘虚而入，趁主试人自顾不暇之际将准备已久的台词背诵出来，引导主试人步入面试的误区（有关面试误区的讲述见下文），以致作出错误的招聘决定。而经验较浅的应聘者会因此比较紧张，影响正常发挥。

下列方法可协助主试人，在进行招聘面谈前，令自己平静下来：

（1）面谈前十五分钟，结束其他工作，从会议中走出来，或放下手头上的文件；到洗手间走一趟，整理一下衣装，慢慢地走回办公室。

（2）取出应聘者的资料，翻看一遍，不要强逼自己记忆，只需记着姓名，便足以顺利地打开话匣。

（3）将原先拟好的面谈问题，放入档案夹内，先翻看"面谈评价量表"，重温要在面谈中了解的各个工作表现、维度。

（4）若面谈室没有纸和笔，准备两支笔及一些纸张。

（5）准备名片，应聘者可能会索取。

（6）开始面谈前，心中念一遍："我已准备好了。"向自己微笑，然后请人通知应聘者准备。

2. 让应聘者放松

一般而言，应聘者会比主试人较为紧张，一些不善于控制自己情绪的人，表现会因此而大大地失准。主试人也许以为，看看应聘者如何在面对陌生人的压力下作出反应，会有助于了解其日后的工作表现。但实际的情况是，公司中只有很少数岗位的工作，是要求员工在陌生人前有敏捷得体的反应，大多数工作都会与"处变表现"无关。所以为了较为准确地评价应聘者的日常工作表现，主试人应千方百计地令应聘者放松，从而正常发挥。

令应聘者放松的工作，应在面谈开始前，而非在面谈过程中运用，否则应聘者阵脚已乱，要重新镇定下来并非易事。下面简单列出一些方法，可协助应聘者放松自己：

（1）通知应聘者来面谈时，除了要清楚说明日期、时间及地址外，还要说明下列事项：① 向谁报到；② 带什么证明文件、附加资料；③ 公司联络电话；④ 重申其应聘的岗位名称。

（2）预先通知接待员，应聘者约在何时到此，应往何处等候。

(3) 预留房间,让应聘者静静地等待,不会被其他访客及同事骚扰。

(4) 若需要应聘者在面谈前填写资料表或接受技术性测验,必须预留充分时间及准备有效的文具。

(5) 征求应聘者的同意,给予饮品。

(6) 不要让应聘者等候超过十五分钟。

(7) 将已接受面谈的应聘者,与未接受者分开。

(8) 若主试人希望将面谈过程录音或录影,必须先行知会应聘者及征求同意。

一切准备就绪,招聘面谈便可以在压力最低的情况下开始,双方的表现都会因而保持水准。

(三) 避免面谈误区

在面试过程中,有以下几个误区,是必须注意避免的:

1. "坏事传千里"效应

不少主试人在聆听面试对象陈述之后,会倾向较为相信负面性的资料,而对正面性资料的相信程度较低。与俗语所谓"好事不出门,坏事传千里"吻合,即人们对负面的事物有较深印象,也有兴趣知道更多。在招聘面谈时,这个现象会令主试人"偏听",作出招聘决定时会有偏差。

2. 近因效应("大型交响曲"效应、先入为主效应)

根据心理学的记忆规律,主试人往往对面谈开始时和结束时的内容印象较深。这好像在听一首大型交响曲时,有些听众会集中欣赏开头及结束部分,对中段较为陌生。若应聘者懂得在开场白及综合发言时多下一点功夫,他取得良好印象的机会便会提高。相反而言,那些循序渐进,在中段表现良好,但结束前又归于平淡的应聘者,可能会被评为表现平平。

3. 光环效应

不少面试人心中有一个理想的应聘者形象,或称为典型。如果发现了某人在某方面符合自己的理想,就好像给这个人套上一个光环一样,误以为其在所有方面都是好的,因此无法对面试对象作出客观正确的评价。这种现象称为"光环效应"(Halo Effect)。

4. "脱线风筝"现象

不自觉地与面试对象谈一些与工作无关的内容,令面谈失去方向,这样,就使应聘者有机会占有面谈主动权,向着对自己有利的方向发展下去,也往往使与面试人谈得投机的应聘者占优势。

5. "只听不看"现象

主试人把精力集中在记录面试对象的回答,而忘记了观察面试对象本人。主试人要全心全意地观察应征者的反应行为,来印证他的说话的内容,检查两者是否一样。

四、延伸阅读

电话邀约面试的方法和技巧

在简历筛选后要进行的一个环节就是电话邀约面试,而越来越多的HR抱怨电话邀约时对方的反应很正常,也答应要来面试,但到达率却很低,还有的直接答复说再了解一下公司,之后再无音信。

从某种程度上来说,应聘者对 HR 的认可是企业成功招聘的第一步,一个优秀的 HR 也应该是一个优秀的营销者,他首先要成功地把自己销售给应聘者,无论招聘的结果怎样,这种影响将是长期且积极的。

电话邀约面试大致分为二种情况:主动投递简历者和被动者。我们首先要分析电话邀约的目的,目的不同邀约的内容也有所区别。不管是哪一种情况,在电话邀约的前、中、后期都要作好相应的准备工作。

(一)打电话前的准备工作

(1)对企业的招聘信息进行包装。应聘者在得到电话通知后,一般会再查看自己简历投递的记录。良好的招聘信息,会增加应聘者参加面试的几率。

(2)在电话面试(沟通)之前作好相关职位和行业公司资料的准备。

(3)将应聘者的简历仔细看过并标出需进一步了解或确认的关键信息。

(4)作好被质疑和拒绝的准备。

(5)设计好几个可以缓解气氛及引导应聘者的话术。

(6)电话通知时间的技巧:① 主动投递简历者。这类人员已经明确了择业意向,而且随时准备参加公司面试,HR 可以在上午 11 点时段或下午 17 点时段电话沟通。预约好面试时间后及时发邮件或短信。需注意的是语速适中,诚恳积极,描述清楚公司的名称和地址。② 被动者,指网络搜索简历、猎头招聘。此类人员求职意向不明确,甚至没有意向,电话沟通最好在 18 点以后,这样既不会打扰其正常工作,又能够保证沟通时间。打电话前一定要列好清晰的提纲,沟通中需注意介绍公司、岗位、职位发展前景等。尽可能把公司闪光点介绍清楚,对被动者产生一定吸引力,这样才能进行后续话题。电话沟通完毕后,及时发出邮件将公司的信息、岗位的信息传递给被动者。此类人员一般第一次打电话沟通后都需要看邮件,这时候邮件内容就显得非常重要,如果邮件内容写得好,第二次沟通就会顺理成章。

(二)打电话时应注意的问题

(1)首先要招呼,询问现在打电话是否合适或是否方便。

(2)介绍自己和公司,公司的优势。

(3)表明资料来源和招聘的职位。现在很多应聘者在找工作时,海投简历,如果有必要的话简单介绍职位内容。这样做,就唤起了应聘者的记忆,获得了他的信任,而且还提高了他听电话的注意力。

(4)在学历、工作经历等方面适当称赞应聘者,增加应聘者对公司的认同度。

(5)告知对方已经通过了简历筛选,让应聘者觉得企业招聘有一定的门槛、流程正规,进一步增加应聘者对企业的认同度。

(6)沟通中注意倾听。

(7)邀约。提供至少两个面试时间让对方选择,让对方感受到企业的重视。

(8)确定时间后,在电话的最后重复一遍面试的时间,和应聘者达成心理契约。

(三)电话结束后要做的工作

电话结束后要给对方发送邮件或短信,告知面试时间、地点、行车路线、公司名称、联系人,包括公司的大概情况,所招岗位名称及相关情况,并留下电话号码,便于所通知对象有不明之处可电话咨询。有一封正式的邀约信函,对候选人来说会感觉受到重视。

HR 电话通知时的态度在很大程度上能决定该求职者最后是否会来参加面试,而上述这些关键点及细节更能体现出 HR 的专业度,能让应聘者感到沟通愉快且有所收获的过程,必将是一个成功的 HR 自我营销的过程。

任务五 综 合 实 训

一、任务要求

通过填写表格回顾本项目的学习内容和技能。

二、实训

【实训名称】回顾——本项目学习的收获
【实训目的】通过系统回顾,对本模块内容进行总结复习
【实训内容】认真填写下列表格

回顾本项目学习的收获					
编制部门:		编制人:		编制日期:	
项目编号		学号&姓名		项目名称	
课程名称		训练地点		训练时间	
	1. 回顾课堂知识,加深印象 2. 培养学生思考的习惯 3. 工作任务驱动,使学生带着工作任务去学习				
本项目我学到的三种知识或者技能					
本项目我印象最深的两件事情					
一种我想继续学习的知识和技能					
考核标准	1. 课堂知识回顾完整,能用自己的语言复述课堂内容 2. 321 记录内容和课堂讲授相关度较高 3. 学生进行了认真思考				
教师评价				评分	

【实训要求】

(1) 仔细回想本章所学内容,若有不清楚的地方查看有关的知识链接。

(2) 本部分内容以自己填写为主,不要过于在意语言的规范性,只要能分条说清楚即可。

项目四

员工纪律管理

教学目标

知识目标

① 理解纪律管理的含义及意义；
② 掌握奖惩的类型；
③ 掌握奖惩处分的程序；
④ 理解奖惩处分的方式。

能力目标

① 能够按照奖惩处分流程进行奖惩处分；
② 能够设计沟通场景；
③ 能够通过角色模拟的方式完成沟通。

案例导入

范某是某公司财务部会计。一天上班时，她突然想吃水果，于是就到公司附近的自由市场买了两斤苹果。不料被财务部经理看见了，经理严肃警告她，上班时间为个人买东西，是违反劳动纪律的，若再发生类似行为，公司会严肃处理。一周后，范某在上班时间溜到外面逛商场，碰巧被正在商场为公司买办公用品的副总经理一行人遇见。针对范某这两次违纪行为，根据公司《员工守则》规定[对上班时间逛商店(场)、买东西的过失行为，第一次书面警告，第二次再犯立即解除劳动合同]，公司遂决定解除与范某的劳动合同。范某不服，认为自己虽然有两次违纪行为，但公司并没有给过书面警告，因而不能立即解除劳动合同。公司则认为,范某的两次违纪事实清楚,证据确凿,公司根据《员工守则》的规定,解除与范某的劳动合同,有理有据。至于没有给她书面警告,那只是程序上的小问题,并不能影响对两次违纪行为的认定和处理。

问题:
1. 公司对范某违纪行为的处理是否能够获得法律支持?
2. 如果你是公司人力资源主管,你将如何处理此事?

任务一 纪律管理制度

一、任务要求

了解纪律管理的特点,理解纪律管理的含义及意义。

二、实训

【实训名称】案例分析
【实训目的】真正理解什么是纪律管理,并能够用自己的语言准确表述
【实训步骤】
(1) 全班4~5人一组,分成若干小组;
(2) 以小组为单位,共同讨论为什么要实行纪律管理;
(3) 案例:

奖惩什么行为

事件一:在全体员工的大会上,领导们说:"我们是新成立的公司,许多地方还很不完善,希望每一位员工都把这份工作看成自己的事业,有什么新想法就提出来,公司一定会重奖的。"有几个"热血青年"的热情受到了鼓舞,纷纷向公司递上了自己的建议书,石沉大海的不计其数,甚至召来了上司的冷嘲热讽:"你如果把写建议书的精力用来多见几个客户的话,你的销售业绩也就不会这么差了。"

事件二:公司表彰了一批员工,可其中有相当一部分在大多数的员工看来是不应该上这个光荣榜的,因为他们的工作表现一般,无论是业绩还是态度都只能算中等。经过比较,大家得出了比较一致的观点:和领导走得近一点,私人关系好一点,比工作干得卖力点更为重要。

事件三:B从一名普通员工很快升到总经理秘书,从公司组织结构来看,她的地位和副总是一样的。总经理也总是人前人后地夸她:"B是公司最勤奋的人了,每天总是最后一个离开公司。"此后,公司加班的人逐渐多了起来。可其中干活的有几个呢?大家上网玩游戏的有之,聊天的亦有之。总之,公司里的"人气"倒是旺了不少。

(4) 思考及讨论：
① 企业的奖励为什么是重要的？
② 案例中的奖励行为哪些是错误的，哪些是正确的？请逐一评价并说出理由。
③ 你认为企业应该奖励什么行为？请列出不少于10条的奖励行为。
(5) 以书面形式上交讨论结果；
(6) 教师总结。

【实训要求】

能够抓住事件的关键点，正确理解案例，联系所学理论，结合案例加以论证，初步学习案例分析的方法。

三、知识链接

常言道，"国有国法，家有家规"，任何一个组织都必须有自己的规章制度，才能规范其管理活动，约束员工行为，确保组织目标的达成。在企业生产经营活动中，每个员工都必须有组织、有领导、有纪律地进行活动，才能确保劳动过程有序进行。如果没有严格的劳动纪律，每个员工一人一把号，各吹各的调，各行其是，自由行动，劳动过程必然发生混乱，甚至根本无法进行。因此，凡是共同劳动，只有在全体员工都遵守一定的工作秩序和劳动规则并听从指挥的条件下才能进行。在组织中如何构建、维持良好的纪律就成为管理者的重要任务。

（一）纪律管理的概念

一般来说，纪律有三种基本含义：① 纪律是指惩罚；② 纪律是指通过施加外来约束达到纠正行为目的手段；③ 纪律是指对自身行为起作用的内在约束力。这三层意思概括了纪律的基本内涵，同时也反映出良好纪律的形成过程是一个由外在的强迫纪律逐步过渡到内在自律的过程。在历史上关于纪律的说法有：

(1) 纪纲；法度。《左传·桓公二年》："百官于是乎戒惧而不敢易纪律。"《乐府诗集·燕射歌辞三·隋元会大飨歌》："照临有度，纪律无亏。"宋曾巩《祭欧阳少师文》："公在庙堂，总持纪律，一用公直，两忘猜昵。"

(2) 规矩；规律。汉徐干《中论·历数》："昔者圣王之造历数也，察纪律之行，观运机之动。"宋邵雍《和赵充道秘丞见赠诗》："殊无纪律诗千首，富有云山酒一瓢。"《金瓶梅词话》第十四回："若似花子虚终日落魄飘风，漫无纪律，而欲其内人不生他意，岂可得乎？"

(3) 指军纪。宋朝苏轼《王仲仪真赞》："转运使摄帅事，与副总管议不合，军无纪律。"《警世通言·范鳅儿双镜重圆》："只因武备久弛，军无纪律。"清朝戴名世的《史论》中有："观良将之用众也，纪律必严，赏罚必信。"

(4) 机关、团体、政党等为维护集体利益并保证工作的正常进行而要求其成员所必须遵守的行为规则。毛泽东在《关于正确处理人民内部矛盾的问题》中写到："在人民内部，不可以没有自由，也不可以没有纪律。"

因此纪律是在一定社会条件下形成的、一种集体成员必须遵守的规章、条例的总和，是要求人们在集体生活中遵守秩序、执行命令和履行职责的一种行为规则。纪律是企业员工的自我控制及有秩序的行为，它显示了组织内部真诚的合作。

所谓纪律管理，是指维持组织内部良好秩序的过程，也即凭借奖励和惩罚措施来纠正、塑造以及强化员工行为的过程；或者说是将组织成员的行为纳入法律的环境，对守法者给予保障,对违法者予以适当惩罚的过程。

纪律并不意味着僵硬的规定和严格的信条遵守,而是指正常而有秩序的活动。在组织中,一个良好的纪律能确保全体成员的利益,同时也不会侵犯他人的权利。

(二) 纪律的特点

1. 纪律的历史性

纪律作为一种人们的行为规则,是伴随着人类社会的产生而产生,伴随着人类社会的发展而发展的,因此具有历史性的特点。在原始社会里,人们在共同生活中养成集体行动的习惯。他们总是成群结队地寻食打猎,如果没有一定的行为规则,就无法进行协同活动,甚至连抵御野兽的侵袭也不可能。所以纪律就作为人们的习惯而产生。随着生产力的发展,特别是随着大工业革命的到来,生产越社会化和现代化,分工越精密,协作越广泛,纪律就越重要、越发展。例如,一个现代化大企业生产的一件产品,就有成千上万个零部件,这就需要许多人相互配合、进行协同作业,也就必须制定一套具有高度科学性的工艺规程和规章制度。由此看出,纪律的演变标志着人类的进步。

2. 纪律的强制性

人的欲望没有止境。一个人的欲望的实现,必然要以许多人欲望的压抑收敛为代价。自从人类分出强弱的那一刻起,也就有了利益共同体的概念。规矩、纪律既用来保证利益共同体内部的框架稳定,又用来保证利益共同体内部的每一个个体都各司其职,在一致对外的争斗中像机器中的一个个零件一般尽责。

《史记》中,太史公讲了多个如何强调纪律、约束规矩的故事,其中这几个尤其有趣:

一个是说,齐国的军队老打败仗,齐景公非常忧虑。晏婴向他推荐了田穰苴,齐景公跟田穰苴一番长谈后,立即任命他做将军去抵抗燕、晋两国的军队。穰苴说:"我的地位一向卑微,怕士兵们不服从,权威树立不起来,希望能派一位君王宠信、国家尊重的大臣来做监军。"齐景公于是派宠臣庄贾去做监军。穰苴和庄贾约定第二天正午在营门会齐。可是直到日暮时分庄贾才到来,跟穰苴表示歉意说:"朋友亲戚们给我送行,所以耽搁了。"穰苴说:"身为将领,从接受命令的那一刻起,就应当忘掉自己的家庭;来到军队宣布规定号令后,就应忘掉私人的交情;擂鼓进军、战况紧急的时刻,就应当忘掉自己的生命。如今敌人侵略已经深入国境,国内骚乱不安,战士们已在前线战场暴露,无所隐蔽,国君睡不安稳,吃不香甜,全国百姓的生命都维系在你的身上,还谈得上什么送行?"他马上把军法官叫来,当即依法把庄贾斩首,向三军巡行示众,全军将士都震惊害怕。他由此立威,率军一举收复了齐国所有沦陷的领土。(《史记·司马穰苴列传》)。

另一个故事讲到,军事家孙武因为精通兵法受到吴王阖庐的接见。阖庐说:"您的十三篇兵书我都看过了,可以用妇女试验吗?"孙武回答可以。于是阖庐叫出宫中美女百八十人。孙武把她们分为两队,让阖庐最宠爱的两位侍妾分别担任各队队长。孙武发布号令,并把已经宣布的号令多次交代清楚。孙武击鼓发令,让她们向左、向右转,妇人们都哈哈大笑。孙武说:"纪律还不清楚,号令不熟悉,这是将领的过错。"他又多次交代清楚,然后击鼓发令让她们向左,妇人们又都哈哈大笑。孙武说:"既然讲得清清楚楚,却不遵照号令行事,那就是军官和士兵的过错了。"于是他要杀左、右两队的队长。吴王正在台上观看,见孙武要杀自己的爱妾,大吃一惊,急忙派使臣传达命令,希望孙武不要杀她们。孙武回答说:"我已经接受命令为将,将在军队里,国君的命令有的可以不接受。"于是他杀了两个队长示众,然后按顺序任用两队第二人为队长。他再击鼓发令,妇人们不论是向左向右、向前向后、跪倒、站起都符合号令、纪律的要求。于是孙武向吴王报告说:"队伍已经操练整齐,大王可以下台来验察她们的演习,任凭大王怎样使用她们,即使叫她们赴汤蹈火也办得到。"(《史记·孙子吴起列传》)。

第三个故事见于《史记·魏豹彭越列传》,讲到曾被刘邦封王、又被吕后骗杀的彭越,当年伙同一帮人在巨野湖泽做强盗。陈胜首义后,泽中一百多年轻人前去追随彭越,请他做首领,反复恳求,彭越才答应了。他们约好第二天太阳出来时集合,迟到的人杀头。第二天太阳出来的时候,迟到的有10多人,最后一个人直到中午才来。彭越说:"我老了,你们非要我当首领。现在,约定好的时间却有很多人迟到,不能都杀头,只杀最后来的一个人。"彭越拉过最后到的那个人杀了,并设置土坛,用人头祭奠,号令所属众人。众人都大为震惊,害怕彭越,没有谁敢抬头看他。就此彭越领着这帮人闯荡天下……

非常之人方能行非常之事,方能立非常之功。应该说,大多数人在这三种场景下,都做不出这样的举动。

(三) 纪律管理的意义

一个团结协作、富有战斗力和进取心的团队,必定是一个有纪律的团队。同样,一个积极主动、忠诚敬业的员工,也必定是一个具有强烈纪律观念的员工。可以说,纪律,永远是忠诚、敬业、创造力和团队精神的基础。对企业而言,没有纪律,便没有了一切。

乔治·福蒂在《乔治·巴顿的集团军》中写道:

"1943年3月6日,巴顿临危受命为第二军军长。他带着严格的铁的纪律驱赶第二军就像'摩西从阿拉特山上下来'一样。他开着汽车转到各个部队,深入营区。每到一个部队都要唠唠训话,诸如领带、护腿、钢盔和随身武器及每天刮胡须之类的细则都要严格执行。巴顿由此可能成为美国历史上最不受欢迎的指挥官。但是第二军发生了变化,它不由自主地变成了一支顽强、具有荣誉感和战斗力的部队……"巴顿可以说是美国历史上个性最强的四星上将,但他在纪律问题上,对上司的服从上,态度毫不含糊。他深知,军队的纪律比什么都重要,军人的服从是职业的客观要求。他认为:"纪律是保持部队战斗力的重要因素,也是士兵们发挥最大潜力的基本保障。所以,纪律应该是根深蒂固的,它甚至比战斗的激烈程度和死亡的可怕性质还要强烈。""纪律只有一种,这就是完善的纪律。假如你不执行和维护纪律,你就是潜在的杀人犯。"巴顿如此认识纪律,如此执行纪律,并要求部属也必须如此,这是他成就事业的重要因素之一。

四、延伸阅读

表扬与批评的技巧

现实中大部分的管理者很少赞赏员工,却常常喜欢批评,本来批评的目的是为了让员工改正错误,但因为不知道方法技巧,结果适得其反,员工在遭受管理者不恰当的批评后,可能更加沮丧甚至一走了之。

那么管理者该如何去赞赏或批评员工呢,下面的方法可以提供一些参考。

1. 赞赏员工的方法

(1) 赞赏要具体,而不是泛泛而谈。对于员工来说,就某个具体的事件对其进行赞赏,会让他更印象深刻而受鼓舞和感激,也会认为你是真的赞赏他,因为有事实为证。

(2)赞赏要善始善终,最忌虎头蛇尾,如开头表扬结尾批评。赞赏而不是批评,宁可先贬后褒,切忌先褒后贬,那样意义会完全不同。

(3)当众赞赏,员工的感觉会更好。人都希望发生好事的时候别人都能知道,那样很有面子,因此最好当众赞赏员工,他会感激你一辈子。

(4)赞赏要记录备案,以示重视和正式。如果能把每次的赞赏记录在案,一方面能通过此了解员工的历史工作表现情况,另一方面员工也会觉得真正受到重视,赞赏的分量因此更重。

(5)主动寻找机会赞赏员工。将赞赏作为常态化进行,在日常的工作中随时随地赞赏员工,而不是一定要等到重要的事件发生后。做一个真正会赞赏员工的管理者,你会更加赢得员工的喜爱。

2. 批评员工的技巧

(1)及时地批评。管理学上有一个"热炉法则",即即时效应。批评也应如此,员工发生错误要立即指出,而不能拖得太久,那样印象已不再深刻。

(2)私下、面对面进行批评和出错指导。正如前面所说,人性是希望在众人前被赞赏,同时更希望挨骂时周围都没有人知道。管理者需要顾及员工的面子。

(3)就所犯错误的事实达成一致,注意询问和倾听。共识管理很重要,管理者对员工犯错判定的同时也要得到员工认同,要给员工机会说话,而不是劈头盖脸地来一顿臭骂,过程中要注意询问和倾听。

(4)对事不对人。批评是针对员工具体的行为,应就事论事而不是对其本人,最忌对人本身的批评乃至攻击。

(5)说明某项工作的重要性。要让员工认识到所犯错误的严重性,以使下次不再犯。

(6)就补救方案达成一致。批评不仅是让员工认识到错误,更是要找到解决错误的办法和方案。如果能和员工就错误补救的方案达成一致,那就真正达到了批评的目的。

(7)以肯定的言辞结束批评。无论如何,后面的工作还是需要员工继续做下去,因此不能一味打压,还是要给予员工鼓励和肯定,使员工不至于因为过于沮丧而丧失工作积极性。

评价下属需要客观、长期、综合地去评估,既要看到下属的优点又要了解其不足,要实事求是,同时不要过早轻易下结论。正所谓路遥知马力,日久见人心,不妨再给一点时间看看。管理者既然已在其位,就必须学会管理好下属,这是对成功管理者最重要的判定标准。

任务二 员工奖惩管理

一、任务要求

掌握奖惩的类型、奖惩处分的程序,理解奖惩处分的方式。

二、实训

【实训名称】案例分析
【实训目的】通过具体案例分析,明确奖惩管理的流程
【实训步骤】
(1) 案例:

HR 如何处理违纪员工?

方庆于 2006 年 1 月 1 日与大周扬子巴士有限公司签订了劳动合同,大周扬子巴士有限公司招收方庆为其企业职工,双方约定方庆每月工资 1 200 元,其中基本工资 600 元,岗位工资 300 元,服务工资 100 元,安全工资 200 元。合同期从 2006 年 1 月 1 日至 2009 年 12 月 31 日止。2006 年 3 月 10 日 11 时许,方庆驾驶大周扬子巴士有限公司 26 路无人售票公共汽车到达淮南江岸起点站,大周扬子巴士有限公司工作人员及临时聘请的稽查人员在车门口叫门未开,遂至从车窗爬进车内,从方庆后座处收得夹子一把及现金 13.5 元。而后,根据车票票款统计总额中缺 13.5 元。同日,大周扬子巴士有限公司依照本单位《员工守则》第三章第二十九条第六项关于"司乘人员在无人售票车投币箱内(包括役币箱口)偷盗票款者,一律罚款 10 000 元,并解除劳动合同予以辞退"的规定对方庆作出大周扬子巴字〔2004〕25 号处罚通知:"一、罚款壹万元;二、没收赃款壹拾叁元伍角整及工具两件;三、解除劳动合同予以辞退。"方庆不服,于 3 月 13 日向公司申请复议,然未果。同年 4 月 13 日方庆向该市劳动争议仲裁委员会申请仲裁,要求撤销处分决定,恢复劳动关系,补发停工期间工资。

2006 年 11 月 17 日,该会作出裁决,认定原告窃取票款的证据不足,但对双方是否恢复劳动关系,被告是否应补发工资未作裁决。原告不服此裁决,遂于 2006 年 12 月 15 日向法院提起诉讼。请求法院判令大周扬子巴士有限公司继续履行双方签订的劳动合同,并补发工资 12 000 元。大周扬子巴士有限公司辩称:方庆在驾驶公车期间盗取票款,其行为不容否定,大周扬子巴士有限公司对方庆的处分合乎法律规定。大周扬子巴士有限公司解除劳动合同后,方庆没有上班,不存在补发工资,故应维持大周扬子巴士有限公司对方庆的处分决定,驳回方庆的诉讼请求。

(2) 思考及讨论:
① 大周扬子巴士有限公司是否能够同方庆解除劳动合同,并对其进行 10 000 元的罚款?理由是什么?
② 如果你是企业员工关系专员,你将会提出什么建议防止此类事件的发生?
③ 通过该案例,你还能得到什么启发?
(3) 教师总结。

【实训要求】
能够抓住事件的关键点,正确理解案例,联系所学理论,结合案例加以论证,初步学习案例分析的方法。

三、知识链接

（一）奖惩管理的类型

现代奖惩管理强调"改变员工行为"的过程，根据其功能和作用，可以分为预防性和矫正性奖惩管理两类。

1. 预防性的奖惩管理

强调采用积极有效的激励方法，鼓励员工遵守劳动标准和规则，以预防违规行为的发生。其基本目的是鼓励员工自律、努力向上。

2. 矫正性的奖惩管理

是指当出现违规行为时，为了阻止违规行为继续发生，使员工未来的行为符合标准规范而采取的管理措施。矫正性奖惩管理较为偏重惩戒方面，典型的矫正性措施是采取某种形式的处罚，如警告、降职或暂停付薪等，其目的是为了改造违规者，防止类似行为的再次发生。

奖惩是一种行为规则。奖惩问题的产生，常常与员工的不当行为和工作态度、管理者的不当管理方法以及组织不合理的政策和期望联系在一起。管理者与员工每天在一起工作，处于观察员工行为的最佳地位，是违纪处理程序中的关键执行者。因此，管理者应尝试观察影响奖惩的每一项因素，才能确保公平合理地对员工违纪行为进行处理。

（二）奖惩处分的程序

劳动关系管理的一个重要的相关职能是员工的奖惩管理，当员工触犯了公司奖惩时，公司的有关部门就要遵照一定的程序对其实施处罚。在实施处罚时首先需要明确设置奖惩处分程序的两个要点：第一，在进行处分前一定要向员工明确什么样的情况下会被处罚；第二，处分时要将完全不归咎于员工、不由员工控制的责任提取出来。

在明确了设置奖惩处分程序的两个要点之后，就要了解奖惩处分的具体程序（见图4-1）：

图4-1 奖惩处分的程序

1. 设立组织目标

组织目标就是组织在当前和未来想要实现的目标，它包括公司认可员工什么样的行为、什么样的表现这种当前很具体的目标，也包括公司要往哪方面发展这样的长远目标。

目标是行动的先导，因此，在制定规章制度之前首先要设立符合组织实际、明确清晰的组织目标。

2. 建立规章制度

在建立规章制度之前要让员工了解为什么要建立这样的规章制度，让员工认同这些规章制度。具体的规章制度包括员工手册、员工的行为规范、奖惩处罚条例等成文的制度。

3. 向员工说明规章制度

这一步骤是奖惩处罚程序中最重要的，无论是在新员工培训的时候还是在部门经理会议上,规章制度的具体内容和要求要不断地告知新老员工。只有在大家不断知情、不断被提醒的时候,公司才可以用这些制度去处罚员工。

4. 观察员工的表现

向员工说明了规章制度以后,接下来要做的就是不断观察员工的表现,并且经常给予反馈。经理要告知员工"你这么做是不对的,那么做是对的;这么做可能违反了哪一条规定",只有在经理不断提醒、不断反馈的情况下,如果员工依然犯错误,才可以对其实施惩罚。

这种提醒过程非常重要,中层经理的执行权力中包含这样一条规定——向员工不断地反馈,如果员工依然做不到才能进行惩罚或辞退。

5. 表现与规章制度相比较

在实施惩罚前,还要将犯错员工的表现和成文的规章制度作对比,比较两者是否相差很多,差距表现在什么地方,这样可以为下一步骤的实施提供有力的依据。

6. 实施恰当的处分

如果员工的行为背离规章制度很远,就要遵照规章制度对其实施恰当的处分。

处分结束并不意味着真正的结束,这个奖惩处分程序其实是一个封闭的循环,所以,处分结束后要进行再次说明、再反馈、再对比,如果还是不行,只能再处分。

(三) 奖惩处分的方式

1. 热炉原则

所谓热炉原则是指员工一旦犯错,最好能在 30 秒之内给予反馈,也就是要趁着炉火没灭、还在燃烧的时候,提出警告并给予惩罚。这种惩罚不能受个人情感左右,强调的就是趁热打铁。

这种处分方式的最大好处就在于能令员工记忆深刻。一般来说,员工都比较繁忙,在他做错事情的时候,如果仅仅是偷偷记在小本子上,准备等到绩效考核的时候再对其实施处分,那就为时已晚。所以,热炉原则强调的是批评的即时性。但是这种反馈也有缺点,那就是处分人当时太过着急,不过,这个缺点能够有效克服。

2. 渐进的奖惩处分

渐进的奖惩处分强调的是一点一点渗透、一点比一点厉害,它的目的在于确保对员工所犯的错误施以最轻的惩罚,也就是能惩罚轻的时候,绝不采取更重的措施。

这种奖惩处分的方法是要求实施惩罚者回答一系列与犯错误严重程度有关的问题。以第一个问题为例,经理首先要问自己,"这是不恰当的行动吗?"如果回答"不是"就不实施处分;如果回答"是"就接着问下一个问题,"这种不恰当的行为是否应该受到处分呢?"如果还说"是",就到了第三步,如果否定了,就不实施处分。依此类推,每一个问题的提出都是来源于对前一问题的肯定性回答,如果是否定性回答就采取如图 4-2 右边的方式来处罚。

3. 无惩罚的奖惩处分

无惩罚的奖惩处分在国外比较常见,现在在国内还不是很流行。它是指当员工犯错误的时候,公司采取的策略是对其既不警告也不处罚,而是给其一段时间无薪休假,比如三天或一个星期,让员工在家里自我反省"我还愿意遵守规章制度吗? 我还愿意继续为这个公司工作吗?"如果不愿意,休假结束后他就会主动辞职了;如果愿意,就要自己向公司承诺以后不犯类似的奖惩错误。

这种惩罚方式的高明之处就在于一旦员工自己作出承诺,其实比经理盯着的效果要好

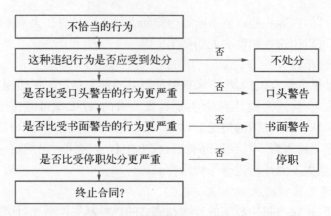

图 4-2 渐进奖惩处分的方法

得多,从而也就变相达到了惩戒的目的。

(四) 奖惩处分的实施难题

奖惩处分在实际工作中实施起来有很大的难度,许多实施者尤其是中层经理对如何对员工实施处分深感困难,甚至非常害怕用奖惩去处分员工。所以,往往能听到这样的话语:"给你处分可不是我的提议啊!我告诉你是人事部干的,我替你说过好话。"尤其是对于那些技术人员来说,处罚员工会令他们担心浪费时间和失去友谊,于是经常采取拖延战术来躲避惩罚员工。

实际上,以上难题可以通过对中层经理的培训来解决。培训的主要内容就是沟通技巧,沟通技巧中最关键的是培训说话的技巧和听话的技巧,因为奖惩处分主要涉及说和听。还要培训中层经理的非权威性影响力和说服力,设法让员工心甘情愿地领受处分。

四、延伸阅读

如何"惩罚"犯错的员工?

近期与几位咨询客户的几位管理干部一起到厂区办公,路上一起聊了起来:是关于一个事业部业绩下降,该事业部的领导如何向集团汇报改善的问题。该事业部领导自认为业绩下滑是员工的执行力问题,所以,他加大了执行力考核的力度,如发现该事业部核心市场(啤酒业)有一个空白点,就惩罚 50 元。大家在评论该措施肯定没效的同时,我不禁想起以前在雪花做全国总监级以上员工培训时的一个案例以及在日本学习的一些成功企业管理经验,有感而发,特写此文。

雪花啤酒曾经在 2005 年初对全国的区域总经理及区域营销系统总监以上的高管进行了共八期每期八天的系统性培训。在该培训过程中,我作为此次培训的主力培训师与各区域公司的老总进行了深度的交流。在一次培训课上,问到一个现实问题:业务人员如果在执行过程中不听从领导安排并且犯错了怎么办?有一个区域的销售总监站起来毫不犹豫地回答:罚!只要一罚,他们就老实了!我没想到他会这样骄傲并且这样理直气壮地回答,培训是为了引导学员朝正确的方向思考与行动,这明显不是培训课程要的答案。然后我问:如果没有给你罚的权力,并且要取得同样甚至更好与持久的效果,你该怎样做?

如何有效惩罚犯错的员工，这就是今天的议题。

为什么员工会犯错？

这是一个很多领导都会有自己答案的问题：因为员工的经验不够！素质太差！

可是，这是一个员工一定会有不同答案的问题：员工会认为领导没有给其机会学习！没有培训机会！没有激励措施！竞争压力太大！领导只会安排不会管理……

为什么员工与领导在其犯错的原因认知上会有如此大的不同？

员工为什么其知识水平不行？在对手甚至是行业领先者企业的相同岗位的员工，其知识水平就比本企业高吗？收入就会更高吗？态度会更端正？技能会更好？

为什么面对同样的问题，对手或者行业领先者企业的员工就不会犯错？

优秀的企业会认为：员工的犯错，是企业的系统、模式、培训、管理不力造成的，所以，他们愿意改善其系统、模式、培训、目标制定、考核、激励等。即使经验不足，也会建立传帮带机制，让其快速成长。

一般的企业会认为：员工太差，他们不执行其决策，看不到方向，找不到方法，领悟不到自己的意图，能力跟不上，态度恶劣或不端正！

纵观国内快速消费品企业，作为一线员工，很难说个人能力上，一个企业的员工能力就会比另一个企业的强。毕竟是基础工种，就是谈判沟通陈述、销售与服务等一些基本套路，在差不多的薪酬水平下，很难说有绝对的水平差别。所以，员工犯错，就是一个企业在员工的知识培训、技能打造、态度激励上不同，这些方面，反思的就应是企业自己或者管理者本身！

如何使员工不犯错？

企业的员工没有不犯错的。但是真正成功的企业，好像领导对员工犯错一点都不奇怪，觉得并非毫无办法来改变。

可口可乐公司就是这样的一个公司。该公司将每个员工的工作目标进行透彻分解，分解到每个人、每个时间段、每个区域、每个地点、每个客户、每个产品、每个终端、每个活动，并且在每个执行和管理节点，都基本提供指导手册和管理手册，涉及控制目标、执行步骤、推进进度、可能遇到的问题及改进措施等。这样，员工可能犯错的地方，公司早就提供了一些帮助措施，所以，员工犯错都很难！并且在过程中，公司领导都能来到现场，进行现场督导和帮助，员工就更难犯错了！即使在过程中员工执行遇到了一些没有遇到过的问题，也能现场解决。

一般说来，一线员工会在四个方面犯错：

一是知识。没有足够的专业知识使其经常犯错而不自知。

二是态度。由于态度不端正，其知道怎么做，但是懈怠和取巧。

三是技能。在技能上，遇到问题无法应对。这也是员工的上级管理者总拿来说事的一点。

四是管理。对自己的时间、工作流程、目标无法管理。做事难有效率与效果。

要使员工不犯错，就需要企业针对以上员工犯错的几个内在问题来进行改进。至于员工在一些细节上犯错，则需要有经验的上级或老员工对其进行前期培训沟通，使其犯错概率降低。

> **最好的"惩罚"方法**
>
> 去日本丰田公司参观并接受培训,我们经过3天讨论,最后发现,其如此高效率的产出(在总厂,其员工可以实现一个人三天可产出一辆车!)且过程少有犯错,在中国基本是不太可能的。为什么?因为在其企业制度与管理里,根本就没有惩罚!作为企业领导,他们觉得给员工优质的运转系统、可靠的方法、有效的工具,就一定能让其产生好业绩。所以,他们的JIT、看板管理、职场活性化、先行改善及层出不穷的经营研究成果,使其效率极高。而我们中国本土的企业,更擅长用大棒,用反向激励,用惩罚,所以,员工根本就不可能视厂如家,积极或者将终生托付给企业,效率与效果当然就大打折扣。
>
> 在雪花啤酒总部的时候,我们基本不在自己的办公室或卡座办公,我们每天"霸占"一个会议室,共同讨论解决方案,同时,让将来可能参与的员工、团队及下属共同参与。他们参与了,给后面的执行犯错杜绝到了最低值:一是他们知道了决策的具体内容,不会说不清楚领导的意思来推诿;二是自己的意见加入进去了,不但有成就感、认同感,还为执行扫平障碍;三是执行如是团队执行的话,前期已经进行过磨合了,不再有过程摩擦。如果,以前公司真有做事老犯错的员工,在参与这个过程之后,其犯错概率、犯错成本都降至最低,在团队面前,他们的态度、技能、执行、管理能力都在暗中较劲中得到提升,从而其就得到了最大的改善而不需要惩罚。所以,华润雪花啤酒这样一个曾经的啤酒门外汉,却在这十多年来的全国性拓展中,基本没有犯错,前几年就已单品全球销量第一,并且后劲如此之足,在经济下行环境恶劣的2012年还能建120万吨的大厂而不犯怵!
>
> 共同寻找解决路径并让其执行,是最好的"惩罚"犯错员工的方法。
>
> 其实员工犯错,根源不一定在于员工,他毕竟是一个执行者。所以,员工犯错,从企业系统或管理者上来找原因,更能找到解决问题的正道。日本企业基本看不到反向激励(也即惩罚)员工,员工还能一辈子服务于一个企业,就是这个道理。
>
> 为什么一直都说:正向激励远比惩罚和反向激励有效?一个企业要推进什么事情,始终就要推力。惩罚和反向激励,可能短时间内或在某个具体事情上,员工迫于压力,可能会推进,但他始终会反弹甚至反叛。成功的企业始终会认为,员工做错了,始终是企业和领导的问题,帮助员工在知识、技能、态度、执行、管理上取得方向、工具和方法,这是员工管理成功的根本。
>
> (资料来源:《销售市场》杂志)

任务三 奖惩沟通管理

一、任务要求

通过设计一个沟通场景,运用建设性沟通的原则,通过角色模拟的方式完成一次沟通技能的训练。目的在于使参与者通过交流感到被支持和理解,即使问题的解决不一定与他希望的一样。

二、实训

【实训名称】分析横向公众

【实训目的】了解横向公众类型,学会分析具体组织的横向公众

【实训步骤】

1. 训练背景

以联合化学公司的工序设计小组为案例背景,根据场景的描述,完成一次建设性沟通训练。

2. 训练步骤

各小组先阅读案例,将下列角色分配给小组成员:李明、丁正予、陈欣。此外,指定二至三名组员担任观察员的角色。

假定在场景事件结束之后,李明、丁正予和陈欣立刻组织了一次会谈,请各参与者扮演分配的角色,尝试解决问题。观察者对情景模拟的三个角色予以评判,根据建设性沟通的有关原则、沟通的技能和技巧,按九个方面分别给予评分。

每一次角色模拟训练结束以后,观察者和扮演者互换角色,重新进行沟通练习,直至各小组成员都担任过观察者和扮演者的角色。

案例的背景可以只作为参考,学生可以有适当的联想,小组成员可以共同设计出沟通的环境和场景,采取相应的沟通策略。建议沟通的目标是建设性的。

3. 小组讨论

练习结束后,小组成员进行讨论总结,提出对建设性沟通原则的体会,对每一位小组成员扮演的角色予以评价并讨论,写出扮演角色的体会。

【实训要求】

(1) 教师在学生分组的时候注意人员的搭配,一个组 5~6 个成员,李明和丁正予由男生担任,陈欣由女生担任。

(2) 小组会谈的时间控制在 30~40 分钟,每个成员至少担任一次观察员和扮演者的角色,讨论的时间为 10~20 分钟,并写出小组讨论总结。

(3) 教师可以参与一到两个小组的训练,并作为观察员的角色进行指导。

(4) 请各小组派代表把本小组的训练总结向大家进行汇报。

(5) 教师最后就建设性沟通的目的、技能以及沟通中需要注意的几个关键问题进行总结。

三、知识链接

(一) 案例背景

联合化学公司是一个大型日化产品生产商与经销商,有五个制造工厂。在北京和天津的两个主要工厂,既是公司的制造工厂,又是公司的研究开发中心。

工序设计小组由八位男性工程师与项目经理李明组成。该项目小组已在一起工作了许多年,各成员之间关系十分融洽。由于小组工作量增加,李明又雇用了一位新设计工程师——陈欣。她刚从一所国内著名的大学获得硕士学位。陈欣被分配到负责扩大工厂现有设备能力的项目中。另有三位设计工程师也被分配到项目小组中:丁正予(38 岁,在公司任

职 15 年),曲萧(40 岁,在公司任职 10 年)和高宏波(32 岁,在公司任职 8 年)。

作为新员工,陈欣非常喜欢她的工作,因为工作具有挑战性,并向她提供了一个应用在大学所学知识的机会。在工作上,陈欣对自己要求严格。她和项目小组成员的关系也很友好,但她从不与他们进行非正式交谈。

陈欣是一位勤奋的员工,对待工作很认真。偶尔碰到难题时,她会用几个小时去解决它。因为她的执着和她所受的教育,在项目的不同阶段,陈欣总是能比她的同事提前完成自己的那部分工作。这对她来说有时是一件烦恼的事,因为在她的同事赶上来之前她不得不去向李明要求其他额外的工作以使自己变得繁忙。起初,她也曾想帮其他三人完成他们的工作,但每次都遭到断然拒绝。

在陈欣进入设计小组五个月后,丁正予就小组中的问题找到了李明。以下为两人间的对话:

李　明:丁正予,我知道你想和我讨论一个问题。

丁正予:是的,李明。我不想浪费你的时间,但小组内其他工程师希望我能就陈欣的问题与你谈谈。她自以为无所不知的态度激怒了每一个人,她并不是那种我们愿意与之共事的人。

李　明:丁正予,我并不那么认为。陈欣是一名优秀的员工,她的设计工作总是完成得很好。她正在做公司希望她做的事情,而且也做得很不错。

丁正予:公司从来没有叫她破坏小组中的士气或叫她告诉我们该怎样做工作。小组内的敌对情绪最终可能会导致整个小组工作质量的降低。

李　明:这样吧。我准备在下周和陈欣谈一次,讨论一下她这六个月的表现。我会把你的意见放在心上的,但我不能保证她会就你们所认为的自负态度有所改变。

丁正予:改变她的行为并不是问题,关键是她并没有权力指导其他人。你可以想象她正在用她威力无穷的、毫无用处的方程和公式,给你上一堂高级设计课程的感觉。她最好赶快调离,否则我们就走人。

李明仔细考虑了下周与陈欣的会谈。他知道丁正予是设计工程师中的非正式领导,他通常代表其他工程师说话。第二周周四,李明把陈欣叫到办公室,对她半年的工作进行回顾。以下为谈话的一部分:

李　明:我想谈谈你工作表现的另一方面。正如我刚才所说的,你的技术工作表现非常优秀,但你和其他同事的关系存在着问题。

陈　欣:我不明白你所说的问题指的是什么。

李　明:好吧,说得具体点。某位设计小组成员向我抱怨你的"无所不知"的态度和试图指导其他人如何做的行为已经给他们造成了困扰。你应当对他们耐心一些,不能公开指责他们的工作表现。这是一个优秀的工程师小组,他们在过去几年中的工作是无可指责的。我不想有任何问题影响小组的工作质量。

陈　欣:我的看法是,首先,在他们或在你面前,我从来没有公开指责过他们的工作表现。起初,当我领先于他们时,我曾想去帮助他们。但我被直率地告知应关心自己的工作。我听取了建议,专注于自己的本职工作。但你不清楚的是,在小组中五个月后,我发现设计小组向公司索取了过高薪水。其他工程师都在偷懒;他们的工作进度明显落后于他们工作能力所能达到的。他们对收音机所播放的音乐、当地的足球队、准备去酒吧更感兴趣。我很抱歉,这与我所受的教育完全不同。于是,最后他们不再把我看成是一个合格的工程师,而只是一个破坏他们的职业规则的女人。

(二) 实训所需表格

小组组号:

组员姓名:

李明扮演者_____;丁正予扮演者:_____;陈欣扮演者:_____

观察员_____

观察者的反馈表

观察者负责评价角色扮演者有效行使下列行为的程度。将各扮演者的姓名填入角色1、角色2和角色3的栏目的横线上,并且在姓名旁边对各行为方面的表现水平打上评价分数,由此帮助各成员识别自己在建设沟通方面的技能和技巧水平。各扮演者根据观察员的评价思考自己如何提高建设性沟通的水平。

注:评价成绩由低到高分别为1、2、3、4、5,即1=低,5=高

角色1	角色2	角色3	行为
			1. 使用问题导向的沟通
			2. 沟通过程表里一致
			3. 使用描述性沟通
			4. 沟通过程注重对方的认同
			5. 沟通语言有很强的针对性
			6. 沟通过程注重语言表达的连贯性
			7. 用自我显性的陈述
			8. 全神贯注地听
			9. 使用多种相应方式

观察者对李明、丁正予、陈欣的评论:

1. 对李明扮演者的评论

2. 对丁正予扮演者的评论

3. 对陈欣扮演者的评论:

四、延伸阅读

员工沟通管理办法

1 总则

1.1 目的：

为建立高效的信息沟通渠道，及时了解基层员工诉求和情绪动态，营造和谐、畅通的沟通氛围，不断促进事业部互信平台管理，提升员工满意度和敬业度，特制定本办法。

1.2 适用范围：

本管理办法适用于压缩机事业部全体员工。

2 沟通的意义和原则

2.1 沟通的意义：

2.1.1 通过沟通和对话，传递组织"开放、和谐、务实、创新"的企业文化，和"认真、负责、细心、勤奋"的工作作风；

2.1.2 通过沟通和对话，满足基层员工被尊重、被关注、被理解的情感需求，提升员工对公司的认同度和归属感；

2.1.3 通过沟通和对话，传递组织发展目标和要求，集合员工智慧，实现组织与员工的双赢发展；

2.1.4 通过沟通和对话，促使各级管理者贴近业务一线，实施更有效更及时的各项改善和管理政策。

2.2 沟通的原则：

2.2.1 以诚相待，尊重他人；

2.2.2 沟通客观事件而非主观情绪；

2.2.3 换位思考，及时反馈；

2.2.4 大局出发，注重效率；

2.2.5 对实名或者匿名投诉信息来源进行严格保密。

3 管理职责及分工

3.1 事业部营运与人力资源部为事业部内部沟通管理的责任部门，总体负责员工沟通渠道制度的建立、沟通渠道的开发、沟通体系的完善、员工投诉处理和渠道有效性监管；负责总裁信箱、事业部员工满意度和敬业度调查、重大项目内审举报的相关项目的推进工作。

3.2 各部门负责人负责本部门的工作沟通和员工绩效面谈等沟通渠道的管理工作，负责协助处理管辖范围内的员工投诉，承接满意度调查、审计等项目的实施推进。

3.3 各工厂管理部为工厂内部沟通管理的责任部门，负责工厂内部员工渠道开发和维护，负责一线员工座谈、宿舍管理承包、员工满意度调研改进、工人管理改善等项目的开展和管理，协助处理各类员工投诉。

3.4 事业部群体性事件管理小组负责员工群体事件沟通和处理，具体另见《群体性事件预防及应急处置方案》。

4 沟通渠道

4.1 会议沟通。是从组织发展或员工改善等诉求出发，定期召开的工作会议、管理会议、改善会议等。

4.2 总裁信箱。事业部设立总裁信箱,包括安装在厂区内的实物信箱和电子信箱,用以接受事业部员工投诉及建议。

4.3 总经理/负责人信箱。事业部下属经营单位或异地工厂设立的投诉信箱,包括安装在厂区内的实物和电子信箱,用以接受管辖范围内员工投诉及建议。

4.4 内审举报。事业部设立员工举报投诉渠道,用以接受全体员工对于公司经营、管理中的违规违纪行为的举报和投诉。

4.5 员工座谈会。各部门定期举行员工座谈会议,用于倾听员工的意见和建议。

4.6 员工满意度和敬业度调研。营运与人力资源部每年不定期举办事业部范围的员工满意度和敬业度调研,并发布调研报告。各地工厂可根据实际在此基础上增加、丰富相关调研或自行开展员工专项调研。

4.7 绩效辅导与沟通。绩效沟通涵盖绩效计划的制订、绩效计划的实施过程中的辅导、绩效考评及结果反馈整个过程,帮助员工提高绩效。

4.8 工作面谈。当员工入职、转正、调薪、岗位变动、离职时,直接上级须与员工面谈,就相关问题进行充分沟通,了解员工想法和意见并达成共识。

4.9 其他沟通渠道。

5 管理内容

5.1 事业部总裁开展员工座谈或其他的直接对话形式,全年累计接触的员工覆盖面不低于员工总人数的1%;

5.2 各部门开展员工工作管理或绩效面谈等直接对话形式,季度内MPA类人员沟通人数和O类作业长沟通人数为管辖领域人数的100%,针对绩差人员需重点关注并输出绩改要求和计划。

5.3 各工厂总经理/负责人,每人全年累计接触的员工覆盖面不低于所管辖领域员工总人数的1.5%。

5.4 各地工厂以车间为单位每月召开不少于一次的员工座谈会,员工人数不少于20人,员工涵盖不同线体。

5.5 各地工厂以车间为单位进行每月不少于一次的宿舍走访(含外租宿舍),员工人数不少于40人。

5.6 总裁信箱开启不低于每周1次,集中回复不低于每月1次。

5.7 异地工厂(或下属经营单位)总经理/负责人信箱开启不低于每周1次,集中回复不低于每月1次。

5.8 各类员工投诉事件回复不得迟于接到投诉信件后一周(审计项目根据审计制度要求进行)。

5.9 鼓励各部门因地制宜设置更详细更多类别的员工沟通项目,通过事业部定期开展的员工满意度和敬业度调研结果,对满意度和敬业度得分最高的部门给予正激励。

5.10 对总裁信箱、内审投诉、座谈会等各种形式开展的员工沟通,以管辖区域为原则做好相关管理记录并存档。

6 考核规定

6.1 员工沟通管理要求纳入各级相关管理者工作考核,营运与人力资源部定期对管理内容的实施情况进行通报,对于未能按照要求开展管理的相关管理者进行负激励,及时体现于当期绩效考核。

6.2 对于开展员工沟通和改善项目表现优异的工厂各级负责人(依据员工满意度调查、工厂管理改善报告排名等事业部发文或检查结果),可列入年度绩效考核加分项目或给予及时奖励。

任务四 综 合 实 训

一、任务要求

通过填写表格回顾本项目的学习内容和技能。

二、实训

【实训名称】回顾——本项目学习的收获
【实训目的】通过系统回顾,对本模块内容进行总结复习
【实训内容】认真填写下列表格

回顾本项目学习的收获					
编制部门:		编制人:		编制日期:	
项目编号		学号 & 姓名		项目名称	
课程名称		训练地点		训练时间	
	1. 回顾课堂知识,加深印象 2. 培养学生思考的习惯 3. 工作任务驱动,使学生带着工作任务去学习				
本项目我学到的三种知识或者技能					
本项目我印象最深的两件事情					
一种我想继续学习的知识和技能					
考核标准	1. 课堂知识回顾完整,能用自己的语言复述课堂内容 2. 321记录内容和课堂讲授相关度较高 3. 学生进行了认真思考				
教师评价				评分	

【实训要求】

(1) 仔细回想本章所学内容,若有不清楚的地方查看有关的知识链接;

(2) 本部分内容以自己填写为主,不要过于在意语言的规范性,只要能分条说清楚即可。

项目五

员工异动管理

教学目标

知识目标

① 了解员工异动的类型及意义;
② 掌握晋升管理流程;
③ 掌握降职的处理程序及方法。

能力目标

① 能利用适当的方法和经验确定合适的晋升人选,降低决策失误风险;
② 掌握员工异动管理流程,采取因人而异的处理方法。

案例导入

员工流动利弊谈

(案例1)有一天晚上,索尼董事长盛田昭夫按照惯例走进职工餐厅与职工一起就餐、聊天。他多年来一直保持着这个习惯,以培养员工的合作意识和与他们的良好关系。

这天,盛田昭夫忽然发现一位年轻职工郁郁寡欢,闷头吃饭,谁也不理。于是,盛田昭夫就主动坐在这名员工对面,与他攀谈。几杯酒下肚之后,这个员工终于开口了:"我毕业于东京大学,有一份待遇十分优厚的工作。进入索尼之前,对索尼公司崇拜得发狂。当时,我认为我进入索尼,是我一生的最佳选择。但是,现在才发现,我不是在为索尼工作,而是为科长干活。坦率地说,我这位科长是个无能之辈,更可悲的是,我所有的行动与建议都得科长批准。我自己的一些小发明与改进,科长不仅不支持,不解释,还挖苦我癞蛤蟆想吃天鹅肉、有野心。对我来说,这名科长就是索尼。我十分泄气,心灰意冷。这就是索尼?这就是我的索尼?我居然要放弃了那份优厚的工作来到这种地方!"

这番话令盛田昭夫十分震惊。他想,类似的问题在公司内部员工中恐怕不少,管理者应该关心他们的苦恼,了解他们的处境,不能堵塞他们的上进之路,改革人事管理制度的想法由此产生。

之后,索尼公司开始每周出版一次内部小报,刊登公司各部门的"求人广告",员工可以自由而秘密地前去应聘,他们的上司无权阻止。另外,索尼原则上每隔两年就让员工调换一次工作,特别是对于那些精力旺盛、干劲十足的人才,不是让他们被动地等待工作,而是主动地给他们施展才能的机会。

(资料来源:《让基础员工也轮岗》,世界经理人论坛,2013-3-7)

(案例2)一家全球制造企业公司 CEO 正面临众所周知的苦恼问题。新产品的推出没有及时跟上计划,破坏了公司的营销计划,许多产品正受到质量问题的困扰,客户满意度正在下降。为此,公司开展了一次内部调查,寻找根本原因。调查发现,公司内部精英人员的高速流动正是造成质量和产品拖延问题的重要原因。

经理们每隔两年更换一次工作,职位越高工作换得越频繁。由于管理者的"在位时间"十分短暂,相应的产品、设计和营销等领域的技术知识无法互相补足、熟练掌握,缺乏足够的能力来掌控关键的技术领域。新经理上任后常常会改变项目方针,因为他们往往推翻上任经理的决定,而代之以自己的决定。

负责新产品设计、生产和营销的新员工未能让他们充分发挥才干、深入钻研,没有发展能够提高工作质量的特殊技艺,无法达到新工作的细致要求和公司的高标准。因为公司政策把最优秀和最聪明的员工培养成了多面手,而未将提高产品质量放在第一位。

(资料来源:《员工流动的因果关系》,经济导刊,2005-10-14)

思考:通过上述两个对比性案例,分析员工流动的利与弊,充分认识到合理的员工流动的意义,并有效降低员工流动的负面影响。

任务一 晋 升

一、任务要求

了解员工异动的类型,分析纵向流动和横向流动的特点及管理方法,重点掌握多重晋升通道的建立及规范的晋升管理流程。

二、实训

（一）【实训名称】员工异动的类型

【实训目的】分析员工异动的发生情况，理解纵向流动和横向流动的特点及管理方法

【实训步骤】

(1) 全班4~5人一组，分成若干小组；

(2) 以小组为单位，讨论并列举员工异动事件、发生情况及处理方法；

(3) 每组派代表在全班做总结发言。

【实训要求】

明确所列举的事件属于员工内部流动，比较纵向流动和横向流动的特点及管理方法；小组代表对小组活动情况的概括应真实、总结性强。

（二）【实训名称】案例分析

【实训目的】根据晋升管理流程及注意事项分析具体案例，加强对员工晋升管理的理解

【实训步骤】

(1) 案例：

晋升风波

海南某机械设备制造公司TB生产部经理调任新厂做营运副总，人力资源部按公司惯例在TB生产部的5个车间主管和4名技术骨干中推选经理。99名员工参加了无记名投票，分数最高的两个人是：一车间主管冯志刚，52票；工程师张亮，47票。人力资源部将评分结果向总经理和营运副总做了汇报，他们都认为投票结果是合理的，张亮技术非常突出，但在与人沟通方面一般，冯志刚技术不如张亮，但综合管理能力强，于是人力资源部向全公司发布了任命冯志刚为TB生产部经理的书面通告。

两天过后，张亮向人力资源部提交了辞职报告。这一下让公司管理层非常紧张，张亮虽然只是TB生产部的工程师，但目前掌握着公司大多数德国进口机床的数控程序和工艺设计调试技术，他的离去会给公司带来很大损失。公司几个领导连续与张亮谈话挽留都没结果。上次DF生产部经理调离后，他就曾提出竞聘这个岗位，可公司认为他在技术专长方面的发挥能为公司作更多贡献，就没有同意他的请求。尽管张亮不承认离职是因为没被选为经理，但多数人都认为没有选上是他离职的直接原因。

（资料来源：胡八一《职业晋升如何落地——职业晋升设计的十大关键》）

(2) 思考及讨论：

① 本案例中，公司坚持民主程序，将有管理能力的冯志刚提拔为经理，可是却造成了另一个关键人物的流失。这次选拔到底错在哪里呢？

② 如何健全员工晋升管理体系？

(3) 教师总结。

【实训要求】

通过案例分析，进一步思考如何建立任职资格体系、规范晋升管理流程，进而降低因晋升体系不合理而对企业造成的风险。

三、知识链接

（一）员工异动的类型

员工异动一般包括晋升、降职和内部调动三种。其中晋升和降职涉及职级的调整,属于纵向流动,是员工异动管理的重点和难点;内部调动指员工在组织内部的工作调整和岗位变换,属于横向流动。

1. 晋升

晋升指员工在组织中向更高职位异动,意味着更大的责任、更多的技能或更高的声望。

2. 降职

降职是指员工由原来的职位降到比原来职位低的职位。

3. 内部调动

内部调动是员工在组织内部同级水平的职务之间的调动。

（二）员工晋升管理

1. 建立多通道晋升模式（见图5-1）

打通职业通道,为员工提供多种职业发展通道是吸引和保留优秀员工的一种重要机制。因此,有必要由单一的纵向职业通道设计向多重职业通道模式转变。

单一的纵向职业通道是指从初级到中级、再到高级的不断发展和提高。如酒店管理人员的纵向晋升通道是领班、主管、部门副经理、部门经理、总监、副总经理、总经理;技术工人的纵向通道为学徒工、初级工、中级工、高级工、技师、高级技师。

多重职业通道是指为普通员工进行正常的职业通道设计时,为专有人才也设计一条职业发展通道,从而满足大部分员工职业发展需求的同时,也满足专业人员的职业发展需求。既可以选择管理生涯通道,沿着这条道路可以到达高级管理职位;也可以选择专业生涯通道,沿着这条道可以通达高级技术职位。在这种模式中,员工可以自由选择在专业技术通道上或是管理通道上得到发展,两个通道的同一等级管理人员和技术人员在地位上是平等的。因此这也保证了组织既可以聘请到具有高技能的管理者,又可以雇佣到具有高技能的专业技术人员。该模式适合在拥有较多的专业技术人才和管理人才的企业中采用。

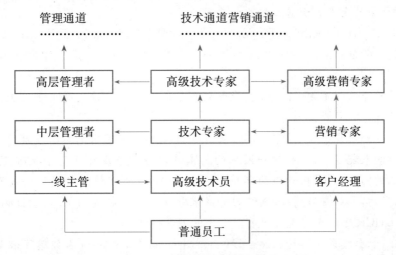

图5-1 多重职业通道示例图

2. 规范晋升流程(见图5-2)

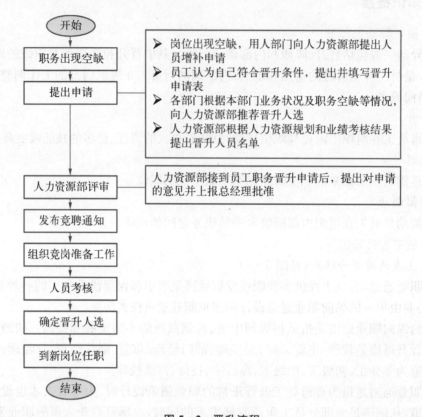

图5-2 晋升流程

(来源：李艳，《员工关系管理实务》)

小资料：ICR——员工晋升决策的新方法

公司的主管职位出缺，究竟该挑选哪一位员工？这往往是令经理人伤透脑筋的抉择，尤其是在有多名候选人时。作对了选择，可以提升员工士气，使公司获益；作错了选择，可能对公司的生产力和员工都造成伤害。

ICR(Initiative, Creativity, Results)是由管理学者潘西(Shripad Pendse)提出的员工晋升决策的一种创新方法，指的是将员工的主动精神、创造力和成果作为员工晋升的重要依据。

传统的升迁流程是由上而下，主管为主要决定者；ICR方法则是由下而上，让候选人展现他们具备晋升的资格。

传统的升迁流程常引发许多问题，包括员工不满、未获晋升的员工质疑升迁决定、员工在晋升后的表现不如预期、同一团队的员工使用各种手段相互竞争而破坏团队的团结。最根本的问题在于，在动态的环境下，很难就职务所需技能与条件制定客观标准。但是，研究显示，具备主动精神、创造力和成果导向等三项特质的员工，最能为公司作出贡献。因此，ICR方法或许是公司可以考虑的创新做法。

潘西在「长春藤商业期刊」(Ivey Business Journal)上指出，如果你想改采ICR方法，可以向员工如此说明：

若你喜欢现在的职务而不想升迁，我们重视你的贡献，并尊重你的决定。

若你希望被列入未来升迁的候选人，你有机会按以下步骤展现你的领导特质：

（1）指出本公司面临的某个问题（或机会），设计一项因应计划，概要说明这个计划将带给公司的益处（例如增加营收、改善质量、降低成本、减少顾客抱怨等）、如何衡量这些益处，以及完成此计划的可能时程表。

（2）你应该跟你的主管讨论你的计划，若此计划不太可能为公司导致问题，他将核准你的计划。一旦获得核准，你就成为此计划的「提倡者」。

（3）你的计划将属于「臭鼬任务」性质，没有额外的权利或公司资源。在你进行此计划的同时，你仍然必须继续你的正常工作职责。

（4）为成功执行你的计划，你很可能需要争取其他人（例如你部门的同事、其他部门同事、客户或供货商或其他外界人士）提供协助。

（5）我们知道并非所有计划都能成功，就算你的计划失败，你也不会遭到惩处。或许，你的计划会在将来作出贡献。

（6）在完成计划后，你应该向管理团队提出一份报告，叙述你的计划、可评量的成果，以及在过程中提供协助者。你的报告将成为公司知识库的一部分。

（7）成功完成一项或多项这类计划，将是获得晋升的主要资格条件。

用这种方法来展现自己的能力，员工当然需要花时间。换句话说，完成计划和获得晋升候选人名单之间会有时间落差，因此，公司必须提前规划与实施这个方法。ICR方法不见得适用所有公司，它最适合于鼓励员工展现主动与创新精神的公司。

3M是最早实行这种方法的公司，Google近年来也积极仿效3M的做法。此外，IBM和花旗集团也拔擢展现主动精神、创造力，以及提出构想为公司产生成果的员工。

其实，ICR方法不仅减少了传统晋升方法所造成的问题，为员工提供更客观的升迁机会，使员工发挥潜能，也有助于建立创新的公司文化。因此，这种使员工、员工所属团队，及整个公司皆获益的方法，如果实行得当，可以说是一种三赢策略。

（资料来源：《究竟挑选哪一位员工晋升》，牛津管理评论，2008-3-14）

四、拓展训练

1. 分析评价"不合理的员工流动会变成员工流失"。
2. 如何降低因晋升决策不当而造成的风险？

任务二　降　　职

一、任务要求

通过情境模拟和案例分析，明确员工降职的处理程序和方法。

二、实训

（一）【实训名称】分析降职的原因及处理方法

【实训目的】了解降职的原因，分析适当的降职处理方法

【实训步骤】

(1) 全班4~5人一组，分为若干小组；

(2) 每个小组自行设计员工降职情境，各组员角色归位，完成情境模拟；

(3) 总结员工降职管理流程，提炼用人部门、人力资源部及总经理的职责。

【实训要求】

"人往高处走，水往低处流"，降职是一个敏感的话题，也是员工异动管理的难点之一。通过情境设计和角色扮演，分析员工降职的原因及处理方式，提炼降职管理流程及各部门职责。

（二）【实训名称】案例分析

【实训目的】通过案例分析，熟悉相关法律规定，进一步规范员工降职管理

【实训步骤】

(1) 案例：

降职，请给一个合法理由

刘某在北京某网络公司任市场总监，在今年的一次员工招聘中，与一位副总发生争执。这位副总立时觉得很没面子，遂与公司决策层商议将刘某的职位降为总监助理，市场总监另聘他人，并制订了一个劳动合同附件，附件中称："经公司管理者多方面考核和部门经理会反复讨论，一致认为其本人能力达不到此岗位的要求。基于以上原因，公司决定对其劳动合同相关内容做如下变更：① 由原市场总监变更为总监助理；② 薪资由原二级降为四级；③ 工作按一般职员的岗位要求进行考核。"公司要求刘某在上面签字。刘某拒绝，并以一纸仲裁申请书，把公司告上仲裁庭。

刘某在申请书中写到："我自2001年元月受聘公司以来，与公司签订为期三年的劳动合同，劳动合同中明确规定职位是市场总监，公司副总公报私仇，擅自变更劳动合同内容，故请求裁决：① 撤销公司降职决定，严格按照劳动合同履行；② 赔偿被降职后的工资损失及25%的赔偿……"

刘某是坚决要把"权益保护进行到底"了。那么，刘某的这场官司能不能打赢？

（资料来源：《劳动合同中公司是否可以随意对员工降职》找法网，2012-2-1）

(2) 思考及讨论：

① 本案例中所提到的降职理由是否合理，有没有更为合适的替代方案？

② 变更劳动合同内容需经过哪些合法程序？

(3) 以书面形式提交分析结果。

【实训要求】

紧密结合案例分析对员工进行降职处理的合理原因，进一步分析员工降职管理的合法程序。

三、知识链接

(一) 降职的原因及处理方法

1. 降职的原因

降职的原因一般有以下四种：第一，由于组织变革、机构调整而需要精减工作人员；第二，员工不能胜任本职工作，调任其他同级工作又没有空缺，因此需要降职；第三，因身体健康状况欠佳、不能胜任繁重工作等原因，员工自己提出降职要求；第四，依照奖惩条例，因员工违反组织纪律，组织对员工做出降职的处罚。

2. 降职的处理方法

基于以上不同的降职原因，所采取的降职处理方法也不同。对潜力有限的员工，企业应该对其潜在能力进行分析，调到适合其潜力发挥的岗位上；对态度有问题的员工，应找出问题的根源，据此采取相应的措施；对能力有问题的员工，要视其原因分别处理：应急晋升上岗的，没有经过必要的培训与试用过程，应给予补课的机会，绩效周期结束无法适应本岗位者，则予以降级处理。

(二) 降职处理程序

（1）各部门负责人根据部门发展计划和职位变动、员工考核等情况进行人员调整分析，向人力资源部提出员工降职申请，填写人事异动申请表。

（2）人力资源部门结合人力资源规划及相关政策，审核、调整各部门提出的降职申请；接受用人部门人员降职申请后，则与降职人员所在部门进行沟通，确认同意后，按授权向总经理提出人员变更申请。

（3）总经理对人力资源部提出的员工降职申请书进行审定。

（4）人力资源部接到总经理批复后，将相关信息反馈至本人及相关部门，填写人员异动登记表，相关人事档案并保存。

（5）各用人部门接到降职人员通知后，首先在部门内部进行工作交接手续，然后通报人力资源部处理情况。

（6）人力资源部接到用人部门处理情况后，作相应的人事档案调整。

四、延伸阅读

因人而异的降职员工管理

俗话说："人往高处走，水往低处流。"降职管理本来就是人力资源管理中的一个非常敏感的领域，也是管理上的难点之一。降职让企业人力资源部门感到头疼的原因在于它犹如一把双刃剑：处理得当，降职将成为企业文化中绩效行动的导向，有利于企业建立基于绩效考核的更具挑战性的激励制度；处理不当，轻则降职员工离职而去，重则在企业中混淆视听，散布谣言，给企业文化建设带来不良影响。

实际上，与员工的个性紧密结合，分析员工降职的不同原因，进而采取针对性措施逐个解决，降职管理并不会如想象中那般令人头痛。

降职管理的根本：因人而异分析降职原因和心态

员工被降职的原因很多，大致有以下几种：一是严重违反公司规定或犯了重大错误,导致公司蒙受损失;二是绩效不佳,难以满足升职后的职位职责要求;三是不可抗拒的外部原因所致,如因市场变化而导致部门的裁减,而其他部门没有等同的职位安排,且员工对企业具备较大价值,不容其离职。

不同原因离职的员工,人力资源部在处理的时候也要采取不同的措施对待。对于严重违反公司规定或犯了重大错误,导致公司蒙受损失而降职者,按照公司已有的相关规定对其予以降职处罚,目的在于惩戒本人、警示他人,因而这一类降职管理是最基本、最简单的;对于绩效不佳,难以满足升职后的职位职责要求而降职者,人力资源部应找出被降职者绩效不佳的问题根源,综合分析其原因(可能是态度问题,如由本性懒惰或对企业及上级不认可导致的态度消极或不愿付出;也可能是能力问题,如应急晋升上岗后没有经过必要的培训与试用过程),予以相应的心理疏导或者技能培训,降职不是目的,改善员工绩效才是最终的落脚点。对于不可抗拒的外部原因所致而降职的员工,因为降职的原因是非员工自身原因,因此人力资源部应该视实际情况给予员工安抚和补偿,预防优秀员工离职。

无论因为何种原因被降职,员工通常会有三种不同的心态和反应。一是存在巨大心理落差,觉得没面子,在同事和朋友面前抬不起头;二是心里存在严重不满,不服从组织处理,认为被降职不是自身原因,寻找外部原因推诿责任;三是积极调整心态,勇于面对挫折和挑战。第三种心态和反应仅见于少数员工。

作为人力资源部,对持第一种心态和反应的员工,应给以关心与呵护,多鼓励、多沟通,适时通过 EAP 计划介入员工的心理生活,如当被降职员工在新岗位做出成绩时,要及时反馈,以增强其自信心;对持第二种心态和反应的员工,人力资源部要给其明确的批评与教育,并说明不作自我反思的后果,假若被降职员工执意不改,并可能对组织文化建设带来阻力和逆向推动力时,人力资源部应当当机立断地清除害群之马;对持第三种心态和反应的员工,证明这种员工意志十分坚强并且懂得职场的取舍,对于这样的人才,人力资源部应该着重给予关注,各方面的培训和资源也应该向这类员工倾斜,因为拥有这种心态和行为的员工潜力通常比一般员工要大。

GFT 理论:降职管理的有效工具

对于企业员工降职管理,企业人力资源部门通常是在 GFT 理论的指导下进行。所谓 GFT 理论,又称个性风格图理论(Graph For Talent),即从人的思维模式入手,寻求由于人们思维模式的差异而产生的行为及行为结果差异。这套理论把人分为 A、B、C、D、X、Y 六大类,共十二种类型,通过总结分析这十二类人的不同个性特点,对有潜力而绩效表现一时欠佳的降职员工,对其进行适当培养,发掘其潜在能力,对确实不符合企业发展需要的员工,予以辞退或采用适当的办法迫使其自动离职。

应用 GFT 理论进行降职管理,由于 GFT 理论比较高深,降职员工个性特点类型判断的准确与否将直接影响应对策略的成败,因此通常交由专业的 GFT 理论顾问来进行。这种工具的应用模式及成本,不是一般的中小企业所能承受。因而企业员工的降职管理,通常还需要人力资源部门根据经验,采用情感劳动管理等低成本手段进行。

同时,GFT 理论应用在降职管理中,侧重点在于发现被降职员工的逃避价值,进而采取策略改善被降职员工绩效或通过手段迫使被降职员工自动离职,这一原则既不符合以人为本的人力资源管理原则，也不符合当前中国劳动法律侧重保护劳动者的大背景，企业应当慎重使用。

换个角度考虑，工具毕竟是死的，真正起到决定性作用的还是企业人力资源部的员工，借助GFT理论分析员工的思维决策模式以及个性特点，进而采取对应的策略刺激员工的激励点，还是值得人力资源从业者借鉴和应用。

人力资源管理的职能

伴随知识经济时代的到来，人力资源资本对于企业资本增值的作用越来越大，无论是在知识型员工聚集的新兴高科技产业，还是在传统的劳动密集型产业，人力资源管理都在由传统的事务管理向以人为本的资本管理转移。

管理对象与管理内容的变化，一方面要求人力资源管理使用最新、最具科学性的专业工具，另一方面也要求人力资源管理从业者在提升自身专业度的同时，梳理企业过往的人力资源管理流程。

晋升是企业激励机制的重要组成部分，是对绩效优异的员工的一种肯定举措，既符合企业高速发展对人才的需求，又能满足员工个人职业生涯发展的需要，理应是一种双赢的结果。企业应该审视自身的晋升机制，并构建基于员工成长、以员工为本的晋升配套机制，如：晋升前的绩效考核体系、管理技能的储备培训等；晋升过程中的双向面对面沟通，晋升对象可能遭遇到的角色变化分析、模拟决策训练以及企业内部资源争夺型的竞赛等；晋升试用期间必要的心理辅导、管理技能指导（管理导师制是一项非常有效的工具）、管理难题介入参考等；即或是晋升员工顺利渡过试用期，正式升任，人力资源部也应当周期性进行沟通，密切关注晋升员工的成长，发现晋升员工在角色变换之后的薄弱点，并通过专项训练或者专项指导面谈等方式给予支持。

无论是何种原因导致的降职，无论被降职者持何种态度，降职管理对于人力资源管理而言始终是一个尴尬的话题，因此人力资源管理者应该从自身工作开始，努力将降职这一尴尬事件发生的概率降至最低。

（资料来源：周娜，《新资本》，2010-5-6）

任务三 综合实训

一、任务要求

对某几家知名企业的异动管理案例进行分析，并总结其经验及不足。

二、实训

【实训名称】回顾——本项目学习的收获

【实训目的】通过系统回顾，对本模块内容进行总结复习

【实训内容】认真填写下列表格

回顾本项目学习的收获					
编制部门：		编制人：		编制日期：	
项目编号		学号&姓名		项目名称	
课程名称		训练地点		训练时间	
	1. 回顾课堂知识,加深印象 2. 培养学生思考的习惯 3. 工作任务驱动,使学生带着工作任务去学习				
本项目我学到的三种知识或者技能					
本项目我印象最深的两件事情					
一种我想继续学习的知识和技能					
考核标准	1. 课堂知识回顾完整,能用自己的语言复述课堂内容 2. 321记录内容和课堂讲授相关度较高 3. 学生进行了认真思考				
教师评价				评分	

【实训要求】

(1) 仔细回想本项目所学内容,若有不清楚的地方查看有关的知识链接。

(2) 本部分内容以自己填写为主,不要过于在意语言的规范性,只要能分条说清楚即可。

项目六

员工信息管理

教学目标

知识目标

① 了解员工信息的收集渠道;
② 掌握员工信息的整理和分析方法;
③ 掌握人事档案材料的内容和人事档案管理的业务流程。

能力目标

① 能够利用员工信息及其分析结果为企业决策提供参考依据;
② 提高管理人事档案的意识和能力。

案例导入

大数据下谷歌的员工管理模式

当谷歌的股价突破了 800 美元的界线,谷歌一跃成为全球第三位最具价值的企业。当人们解读谷歌公司的成就归功于领先的技术及商业模式的时候,谷歌公司却坚定地认为,他们的成功来源于成功地运用了"人事分析"的优秀人员管理实践。这是一个令 HR 们兴奋的最佳实践!

一种新型的人员管理

谷歌(以及排名在第一位的苹果公司)公司的高管认识到要想保持持续创新,除非企业采取战略转移,成为一个注重优秀人员管理的组织。注重人员管理的企业战略是必要的,因为创新来自人。与此同时,除非你有能力聘请并留住创新的人,否则你无法使创新最大化。甚至,你必须为这些创新者提供卓越的管理和能够支持创新的环境。

不幸的是,成为一个创新性公司的转变过程是不确定的,因为现今绝大多数的 HR 职能操作都是参照 20 世纪的操作原则而开展。显然,这种职能操作属于能够减少风险合乎法律法规的人员管理决策。如果你追求持续型创新,你需要彻底改造传统型的 HR,而谷歌的这个过程将引领创新。

转移到基于数据的人员管理

"人事分析"方法的基本前提是精准化和量化企业中最重要最影响深远的人员管理决策。你无法产生优秀的经营业绩,除非你的管理者采用精准化的人员管理决策。许多人会认为产品研发、市场销售、资源配置决策属于最具影响力的决策。然而,以上每一个商业决策都是由员工来作决定的。如果你聘请并留下的绝大多数员工是平庸的,同时你提供少量的数据给他们,你只可以作一个假定,那就是他们将会在这些重要的商业领域中作出平庸的决策,当然在人员管理决策上也是如此。

在财政、供应链、市场销售等这些领域中,没有人会在缺乏大量的图表以及数据支持的情形下在他们各自的领域提出相应解决方案,然而 HR 被普遍认为过于依赖"信任"和"人际关系"来解决问题。人员花费通常占用企业近 60% 的可用成本,因此采用基于数据分析的方式来管理这些涉及一大笔花费的项目是具有重要意义的。具有显著对比的是,谷歌的成功很大一部分取决于它是世界上仅有的运用数据导向来处理人力资源职能的企业。谷歌成功的商业经历应该能够使任何一个想要寻求企业高速发展的高管们相信,他们必须首先要考虑采用谷歌现在所用的基于数据分析的模型。谷歌所用的方法使得谷歌拥有着令人惊讶的、少有企业能够达到的生产力和利润(平均来说,每个员工每年能够生成将近 1 000 000 元市值的生产力,以及平均每年 200 000 元的利润)。

谷歌 HR 的职能与我曾调查和共事过的上百位 HR 的职能有显著区别。首先,谷歌并没有把 HR 的职能部门称为"人力资源部",而是称为"人力运营部"。谷歌副总裁与 HR 主管 Laszlo Bock 无可非议地认识到每一个领域都需要基于数据的决策。

谷歌的人力资源管理决策是通过强大的"人事分析团队"来引导的。以下两点引用来自该团队所强调的目标:谷歌所有的人事决策都是基于数据和数据分析的;我们的目标是人事决策所采用的精确化水平与项目决策的相同。

对于 HR,谷歌不再采用 20 世纪主观决策的方式。尽管它仍旧称它的方法为"人事分析",然而它的决策方式也可以称为"基于数据的决策","基于数学的决策",或者是"基于事实和证据的决策"。以下是谷歌的十大员工管理模式:

1. 氧气项目

"氧气项目"通过研究分析大量的内部数据,判定杰出的管理者都是基于其卓越的表现。它进一步鉴别出卓越领导者的八大特性。这些数据证明了相对于拥有深厚的技术功底的管理者,定期的一对一交流(包括表达对员工的关注和提供频繁的个性化反馈)是成为一名卓越的领导者最重要的品质。员工们会每年两次根据这八大特性,对其上司的表现进行评价。

2. 人力资源实验室

谷歌的人力资源实验室是其他任何企业所不具备的独特团队。这个团队在谷歌内进行具有应用性的实验来判定谷歌使用最有效的方法来管理员工并提供多种工作环境(包括使用最令员工愉悦的奖励方式)。这个实验室甚至借助科学的数据和实验,通过降低员工饮食中卡路里的摄入量(仅通过减小餐盘的尺寸),来促进员工的健康。

3. 人才保留算法

谷歌借助自己开发的一个数学算法积极并成功地预测到哪些员工很有可能会离职。这项举措允许管理者在为时过晚之前采取行动,并为员工留任提供个性化解决方案的空间。

4. 人才管理预测模型

谷歌的人事管理具有前瞻性。因此,它开发了一个预测模型并运用有效的分析进一步改善对未来人事管理问题与契机的预测。谷歌也将运用数据分析提供更具成效的员工计划,这是实现企业快速发展与变革的关键。

5. 人才多样性管理

与大多数公司不同的是,谷歌公司运用数据分析来处理员工多样性问题。从结果来看,人员分析团队运用数据分析来鉴定人员(尤其是对于女性员工)招聘、留任和升职板块薄弱的本质原因。鉴定的结果对于企业的人员招聘、留任和升职的影响是显著的可测量性。

6. 高效招聘算法

作为少数按照科学的方法进行招聘的企业之一,谷歌公司开发了一个算法来预测应聘者在获聘后是否具有最佳生产力。谷歌公司的研究也会鉴别面试背后所隐含的价值,显著地缩短聘请员工的周期。谷歌运用战略方法来开展招聘,这在现今企业当中是独一无二的。谷歌的聘用决定是由团队来决策的,这是为了防止个别招聘经理为了他们的短期需要而聘请员工。在部分项目中,谷歌针对每类工作员工招聘开发了一个算法,用于分析被拒绝的简历,分辨出任何他们可能错过的卓越的应聘者。他们发现他们仅有1.5%的错失率,重新审视候选人后,他们最终聘请了其中的一部分。

7. 优秀人才的绝对值

谷歌的高管们已经统计过一位优秀的技术专家与一位处于平均水平的技术员之间的行为差异。为了检验优秀人才的价值,高管们会利用必要的资源去聘请、留下卓越人才,并进一步发展员工的卓越才能。谷歌最不为人知的秘密是谷歌的人力运营部专业人员会整理各行各业最佳商业案例,这是他们能够获得如此卓越的行政支持的主要原因。

8. 工作环境设计对部门合作的影响

谷歌特别关注于提升不同职能部门的员工之间的合作水平。谷歌发现这需要增加三个方面的变革:发现(例如学习)、合作以及娱乐。因此,谷歌有意识地设计它的工作环境,用来最大化地结合学习、合作与娱乐(谷歌甚至追踪员工们在咖啡厅所花费的时间,以此最大化地开展项目)。对于一些公司来说,设计"娱乐"环节看起来可能是奢侈的,但是数据显示"娱乐"是人际吸引、人员留任和员工合作中的关键因素。

9. 提升发现和学习机制

相比于将目光集中在传统的室内学习,现在更加强调在实践中学习(绝大多数的人是通过在岗学习的)。谷歌通过循环式学习、从失败中学习、甚至邀请美国前总统 Al Gore 和歌手 Lady Gaga 等人来演讲,从而提升员工发现与学习的契机。自主学习能力以及适应力都是谷歌员工的核心胜任力。

10. 用数据来说服而非胁迫员工接受

谷歌人员分析团队成功的最后一项关键要素并不是发生在分析过程中,而是出现在给高管们和管理者的最终建议书上。相比于用要求或胁迫的方式令管理者接受变革,它借助内部的顾问和高影响力的人基于强大的数据以及所呈现的行为来说服员工。因为它的听众都是具有高分析力的人员(特别是大多数的高管们),它运用数据去改变现在的观念,去影响现在的人。

明天,对您的组织而言,谷歌是一个多么强有力的竞争对手!

(资料来源:培训经理指南,http://www.jobcn.com/hr/detail.xhtml?id=206511,2013-12-26)

思考:大数据时代下如何充分发挥员工信息管理的"信息情报"和"决策参谋"功能?

任务一 员工信息管理与分析

一、任务要求

了解大数据时代下,员工信息管理模式的转变和重要意义;明确员工信息的收集渠道,并能利用员工信息及分析结果,为企业决策提供重要参考。

二、实训

(一)【实训名称】利用 EXCEL 建立职工名册

【实训目的】明确职工名册包含的内容,并能利用 EXCEL 软件建立职工名册表

【实训步骤】

(1) 全班 4~5 人一组,分成若干小组;

(2) 以小组为单位,明确职工名册包含的内容;

(3) 以小组为单位,利用 EXCEL 制作职工名册,便于日后员工信息的完善和分析;

(4) 小组提交电子版作业。

【实训要求】

第二步要求学生通过查找相关法律规定,明确职工名册包含的内容,并能根据不同类型、不同发展阶段公司的需要,建立合法合适的职工名册表。第三步训练学生利用 EXCEL 软件建立职工名册的技能,并为员工信息收集和分析打好基础。

(二)**【实训名称】** 案例分析

【实训目的】 通过案例分析,进一步理解大数据时代员工信息管理的模式及意义。

【实训步骤】

(1) 案例:

> 一家公司在年终总结时,HR 部门按照惯例对员工作了工作满意度调查。调查结果显示,许多员工都提出 E-mail 沟通不畅的问题。看到这个结果,HR 部门就要开始作进一步诊断,到底哪个环节沟通不畅?要回答这个问题并不容易。首先,员工自己可能也不清楚问题出在哪里;其次,即使他们知道,出于种种顾虑可能也不会真实表达出来。
>
> 但人才分析法可以让数据说话。比如,通过对员工 E-mail 往来方向和频率的分析(不涉及邮件内容),可以看到信息流的方向,观察到信息流在哪一个人或者哪几个人那里受到阻挠,他们就是解决 E-mail 沟通低效的关键所在。
>
> (资料来源:《人力资源管理中的"大数据"》,埃森哲咨询,2014-2-6)

(2) 思考及讨论:

① 本案例中公司是如何对员工满意度调查结果进行深入分析和决策的?

② 用人单位如何利用员工信息更好地管理员工?

(3) 教师总结。

【实训要求】

紧密结合案例,进一步了解基于数据的人才分析方法。

三、知识链接

员工信息管理既是企业的"信息情报部",又是企业的"决策参谋部"。员工信息管理通常要与公司的 ERP 系统相配合。员工信息管理是指利用一系列软件(如人力资源管理软件或自行设计的 EXCEL 表格等),尽可能完善地记录并管理员工的信息。这些信息包括员工的出生年月、家庭住址、婚姻状况等基本信息,也包括员工的学习经历、工作经验、参加培训等技能信息,同时还要注意信息内容的及时更新,进行动态监测和分析管理。当企业出现职位空缺时,不必花费高昂的猎头费、广告费,即可从企业完善的人才信息库里迅速找到合适的人选。

(一) 员工信息的收集

员工基础信息的收集是进行员工信息管理的起点,也是深入分析企业人力资源状况的前提和基础。

《劳动合同法》第七条规定:"用人单位自用工之日起即与员工建立劳动关系,用人单位应当建立职工名册备查。"《劳动合同法实施条例》第八条规定:"劳动合同法第七条规定的职工名册,应当包括劳动者姓名、性别、公民身份号码、户籍地址及现住址、联系方式、用工形

填报单位：　　　单位注册类型：　　　劳动保障证（卡）号：　　　填报时间：　　年　　月

表 6-1　用人单位职工名册（示例）

序号	姓名	性别	年龄	文化程度	职业等级资格	身份证号码	社会保险卡号	用工类型	人员类别	用工之日	订立合同时间	劳动合同起止时间	订立合同情况	合同类型	离职时间	离职类型	工资	参加社会保险			
																		养老保险	医疗保险	失业保险	工伤保险	生育保险
	1	2	3	4	5	6	7	8	9	10	11	12	13	14	15	16	17	18	19	20	21	22
1																						
2																						
3																						
4																						

填表说明：
1. 用人单位应当根据填表说明如实填报本单位各类用工情况，包括建立劳动关系和未建立劳动关系的人员。
2. 单位注册类型：①国有企业；②集体企业；③外商投资企业；④港澳台商投资企业；⑤私营企业；⑥其他企业；⑦有雇工的个体工商户。
3. 性别：①男；②女。
4. 文化程度：①初中及以下；②高中、中专、中技；③大专；④本科；⑤研究生。
5. 职业等级资格：①初级；②中级；③高级；④技师；⑤高级技师。
6. 用工类型：①全日制用工；②非全日制用工；③劳务派遣。
7. 人员类别（可多项选择）：①城镇就业人员；②本省农村就业人员；③外省农村就业人员；④外方和港澳台就业人员；⑤劳务派遣人员；⑥离退休返聘人员；⑦其他。
8. 用工之日、订立合同时间、离职时间应填报至年月日。
9. 订立合同情况：①首次签订劳动合同；②第一次续签劳动合同；③第二次及以上续签劳动合同。
10. 合同类型（指书面劳动合同签订情况）：①固定期限劳动合同；②无固定期限劳动合同；③以完成一定工作任务为期限劳动合同；④非全日制劳动合同；⑤劳务派遣劳动劳动合同。
11. 离职类型：①合同终止；②合同解除；③本人解除合同；④单位解除合同；⑤其他。
12. 工资：指劳动合同约定的劳动报酬，其中全日制劳动者的计酬单位为元/月，非全日制劳动者的计酬单位为元/小时。
13. 参加社会保险：①是；②否。

式、用工起始时间、劳动合同期限等内容。"《劳动合同法实施条例》第三十三条规定:"用人单位违反劳动合同法有关建立职工名册规定的,由劳动行政部门责令限期改正;逾期不改正的,由劳动行政部门处 2 000 元以上 2 万元以下的罚款。"可见,职工名册是企业人力资源管理重要的数据资料,必须依法建立和完善,具体如表 6-1 所示。

此外,企业人力资源管理人员应注意收集各方面的材料,并分类整理建档,例如员工入职档案、员工培训档案、员工人事档案、薪酬福利档案、绩效管理档案、员工离岗档案、人力资源红头文件及工作档案。

(二) 员工信息的利用

利用是员工信息管理的最终目的,也是最具活力的中心环节。伴随大数据时代的来临,利用信息管理系统和数据平台,企业人力资源管理也形成了海量数据,越来越多的企业开始关注基于数据的员工管理,并从中受益。

四、延伸阅读

大数据、微观察,量化法"止住"员工流失

大数据,是最近两年企业管理中讨论最为火热的话题之一。2013 年 Teradata 发布的数据驱动市场调查结果显示,在全球 2 200 家企业中(受访企业年收入在 1 亿美元以上,其中有部分企业收入超过 100 亿美元),对于大数据的投入有较大差异:有些企业设立了专门数据科学家职位,而有些企业就连从 IT 部门获取实际数据都很难。

事实上,大数据需要非常专业的云计算人员及设备,它看起来更像一种"怪咖"的 IT 技术。不过,抛开这一层面,企业管理者需要在此背景下,学会掌控神奇数据与多样符号,用心"微观察",探寻薪酬绩效、人员配置、培训职涯更深层的秘密。

"数"出管理

万豪国际集团没有将大数据旗帜鲜明地提出来,但他们显然已经开始了数据应用的"旅途"。在人力资源部,管理者将各种数字运用在员工个人信息、员工绩效和客户满意度等资料的日常记录中,并挖掘其中的统计关系。尤为引人注目的是,该公司发现,让员工加入某些福利计划能够大大降低流动率,并提高公司某些部门的利润率,从而估计出基本工资、奖励性工资和福利方面的变化将会对特定员工的行为,甚至对各个酒店的资产利润率产生什么影响。而这些估测可以帮助你制定战略,重新调整公司的薪酬政策。

"数"出策略

丰田制造公司也采用类似的方法,再辅以传统的员工调查,来评估自己在绩效管理、职业发展、员工培训以及公司内部岗位调动方面的政策。该公司一年一度的员工调查表明,这些政策的预计受益者实际上并不认为自己会从中获得多少职业上的优势。可是,对实际大数据的统计分析却表明,在其他条件都等同的情况下,那些接受过更多培训或进行了横向调动的人,要比那些没有接受过培训也没有进行横向调动的人晋升得更快。可见,问题并不出在这些项目本身,而是出在对这些项目的理解上。认识到这一点,丰田公司加强了对项目的解释和宣传,从而避免了修改项目的麻烦和费用。

"我们还是不懂,什么是大数据?"

@百度:大数据,或称巨量资料,指的是所涉及的资料量规模巨大到无法透过目前

主流软件工具,在合理时间内撷取、管理、处理、整理,使之成为帮助企业经营决策的资讯。

@蚁坊软件:大量的数据能够让我们更好地了解客户(员工)需求,提供个性化的服务——每一个人的喜好倾向,他们想要什么、喜欢什么,需求有哪些区别,哪些可以被集合到一起进行分类?举例来说,有一张人在骑马的照片,但我们如果将它每秒、每帧进行拍摄,那么照片就成了影像,大数据与以前的数据对比就在此,我们能透过它,看到过程与细节。

@小晶:不知不觉中,我们已经进入大数据时代,城市规划、企业管理、医疗都需要阿拉伯数字作支撑。对信息和迅速反应的要求,带来的不仅是更广泛的内部授权、更加扁平化的组织,同时也要求管理者从组织文化和血液中,向员工灌输"职责、信念和感情"。因为,我们现今得到的不止是各种调查的表面反馈,而是真真切切的员工的长期态度。

@非理性专家:大数据背景下,你不仅仅在对一个人的时间或劳动的数量付费,你还要对他的思想和感情支付代价。组织的整体不再像是传统那样经常被用来以机器来比喻,而是经常性地被冠之以家庭、社群或生态系统这样具备感情和成长的名词。

Big Data

今天,你的企业还会要求员工像士兵一样无条件服从上级的指示么?还在通过大量的中层管理者来承担管理下属和传递信息的职责吗?还在禁止员工之间谈论薪酬等信息么?《华尔街日报》最近的一篇文章说,NO,这一切已经过时了。

大数据时代,更进一步的转化是:企业的决策权越来越多地从职业管理者转移到具备某方面专业技能或知识的人手中,激情、忠诚、智力这样的因素也会越来越受到关注。在这样的情况下,正如很多政府组织正在越来越频繁地受到信息透明情况下的管理挑战一样,企业机构也会遭遇到同样的问题。随着数据信息流动及网络新生代成长,昨天传统企业可能通过强大的体制控制,或者信息不对称的优势地位进行封闭管理,今天已行不通。企业一旦失去亲和力,"信息怠工、智力罢工"可能会成为企业用人面临的新问题,信息带来的岗位复杂程度提升也导致更换或者重新培训的成本增加。有这样一个故事,IBM的一个经理刚刚将一项耗资500万美元的项目搞砸了,这时有人问CEO沃森准备什么时候让那个经理走人,沃森说:"解雇?我刚刚为他掏了500万美元学费。"——资金及时间支出证明,让他成长比让他走人更节约成本。

很多企业已经关注到了变化,并作出一些努力,比如:

- 减少内部管理层级,尤其是中层管理者
- 分散组织机制的同时,紧密思想和文化,并随时连线
- 对内部小组进行鼓励甚至鼓励内部创业
- 奖励自主学习和尝试创新的文化
- 鼓励内部小范围的知识群体的民主
- 愿意为智力付费,对创造力进行投资
- 老板从管理者更多地变化为企业导师或者组织者
- 鼓励打破层级的交流,对"异类"的人或点子给予宽容和关注

- 关注大数据及内部信息流、知识和技能,更胜于关心管理架构或决策体系

大数据浪潮的到来,为企业带来了新一轮挑战。对于有准备的公司来说,这无疑是一座信息金矿,能够合理地将数据转换为有价值信息。但如果你的企业尚不具备处理稍纵即逝的云端"符号",又该怎样通过微观察寻找契机?

Tiny View

平均而言,公司会把三分之一以上的年收入投资在员工身上,但很少有人能准确利用数据衡量收支。大多数人都无法通过细小观察来判断某一项目或管理措施(比如说,一项员工奖励计划,一种新的招聘战略,或一个培训项目)在实施后是否真的能获得回报。因此,他们总是根据过去的信息、个人直觉或所谓最佳做法来决定把这些投资投向何方。

就精确程度而言,人力成本的所有计算方法都比不上进行金融资产投资以及对厂房、设备投资时所作的经济演算。这有点讽刺,因为在当今知识经济中,一家公司管理其人力资本的方式实际上是使其具有持久性竞争优势的唯一来源,而其他类型的资本都能随时获得,就算是技术也很容易模仿。所以,大数据能不能帮我们在人力资源管理上找到另一种精准公式?或是另一种渠道?下面企业的案例,给了我们答案。

弗利特波士顿金融公司在被美洲银行收购后,面临的最紧迫的人力资源问题是居高不下并继续攀升的员工流动率,特别是在该银行的个人业务方面。整个公司的员工流动率达到每年25%,有些岗位,诸如出纳员和客户服务代表,流动率竟超过40%,这使该银行以客户为中心的战略岌岌可危。初步的比较表明,这样的流动率已高于行业正常水平,尽管这种比较方法没有考虑到下述事实:弗利特银行开展业务的地区正是美国劳动力最紧缺的地区,比如波士顿、普罗维登斯和罗得岛。

基于此,该银行开始分析从员工调查和离职谈话中获得的信息,以确定员工离职原因及他们在工作中最看重或最关心的因素。结果表明,薪酬低和工作量大(造成工作量大的部分原因是空缺职位没有及时得到填补)是员工跳槽的主要原因。管理层设法解决了其中的一些问题,包括更加系统地跟踪市场工资水平,尝试更加灵活的工作安排以减轻员工劳动强度。但使人惊讶的是,员工流动率仍然迅速上升。显然,依据员工所说的困扰来确定引起跳槽的实际原因是一种不可靠的做法。

许多公司已经认识到,员工们特别是离职员工所叙述的离职原因和实际造成他们离职原因之间并没有多少关系。尽管员工跳槽后的新工作岗位经常能使他们获得更好的薪酬,但追求高薪可能并不是跳槽主因。员工常说他们是为更高薪水而离开,那是因为他们认为这是一个可以让人接受的理由。如果他们说是因为不满意公司的管理方法,这样容易得罪有朝一日可能对他们有用的人,比如需要这些人提供推荐信或就业机会。所以,只有微观察才能帮助管理者转变思路,找到员工真正的不满和诉求。

把员工当客户

弗利特银行利用了美世人力资源咨询公司的一套方法来确定有哪些劳动力特征和管理做法最直接地影响了员工的去留。该银行认真研究了从人力资源部、财务部、业务部和销售部收集到的有关员工行为数据资料,并研究了不同地区和劳动力市场、不同部门或工种、薪酬和福利待遇不同的工作岗位、不同的上司等各种条件下影响员工行为的因素。

弗利特银行采用的方法是以观察来弥补提问方式的不足,这也一直是市场调研领域的标准做法。市场营销专家通常利用调查表和焦点小组来了解客户的需要、看法和偏好,但优秀的营销专家并不会到此为止。他们认识到人们说的和做的往往不一样,因此他们会跟踪顾客的实际消费,了解顾客在作真正的购买决策时是如何迫不得已进行取舍的。他们还会衡量消费者的反应,比如对产品或服务的价格变化反应,然后利用这些量化数据预测具体政策变化所产生的影响。这种方法也可用来理解员工的行为。

通过研究,弗利特银行最终发现了跳槽问题和公司频繁并购之间的关系——从本质上说,频繁的并购使员工感到就业风险增加。兼并和收购常意味着银行不得不对其业务部门进行合并。尤其是反垄断法经常要求该银行关闭一些分行。被迫跳槽人数的增加造成了主动跳槽的人数进一步增加,这是因为留下来的员工开始担心自己的工作保障。

把职涯当药剂

要消除员工们对工作保障的担忧,显而易见的解决办法也许是对他们所要承受的更大风险作一些补偿,比如说提高工资。但美世公司的项目小组成员发现,效果更好而成本更低的解决办法是增加员工在公司内部获得职业发展的机会。细致观察得出,获得过职务晋升甚至只是平级调动的员工在公司里待的时间更长。而员工的看法基本上是,岗位调动(也就意味着获得更丰富的阅历)能加强他们的市场竞争力,从而使他们在将来遭到解雇时不至于脆弱不堪。研究还发现,员工聘用政策和管理层的稳定在控制跳槽方面也起到了非常重要的作用。

值得一提的是,弗利特银行解决跳槽问题的办法只需少量投资即可。事实上,一些最重要的行动只是需要更多的沟通就可以完成,根本就不需要掏钱。

找出跳槽模式

在研究跳槽现象的过程中,弗利特银行和美世公司依据的是银行个人客户业务部和商业客户业务部四年来员工的信息资料。项目小组不是简单地利用这些资料来寻找关联性,而是构建出一套能够解释跳槽现象的模型,并用这套模型来测试有关跳槽根源的假设是否成立。这套模型是根据对有关劳工心理学和经济学的文献资料所作的广泛研究,以及美世对其他公司的研究而建立起来的。

为了应用这套模型,项目小组首先确定了可以描述个体员工及其就业状况的主要变量,然后对这些变量进行多元回归分析,从中找出有哪些因素(比如薪酬水平或工作年限)最有可能影响员工流动率。回归分析使人们可以将个人或群体在各方面都变得比较类似,只留下一个方面不同,以便于比较——如此就可以衡量出这一变量的相对影响。

项目小组所采用的模型考虑了影响员工流动率的三大类变量:就业市场的影响、公司特征和惯例,以及员工特点。第一类变量涵盖了当地劳动力市场的情况,其中包括就业机会的选择余地以及该公司的市场份额——这些情况很可能会影响公司对求职者的吸引力。第二类变量包括公司方面的因素,比如员工周边的工作环境——部门规模、工作小组成员的多样性以及公司的管理水平。第三类变量与员工自身有关:个人基本情况、经历、教育背景、就业状况、以往薪酬和业绩等。弗利特银行和美世公司就是利用这个统计模型来预测这些变量在单独作用和共同作用时是如何影响某一员工在某一年辞职的概率的。在实际操作中重要的一点是,银行所观察的是员工们的实际行为,而不是他们所报告的情况。

高斯说:"二分之一个证明等于零。"在管理中,也是如此。有数据没观察,或仅依靠主观臆断,缺乏信息支撑,都无法实现最优的人力配置。在大数据时代,我们正在慢慢摒弃过去的主观拍板恶习,一步一步从数据与信息着手,通过观察与人性化手段,找出新环境中有效与富有逻辑的管理之道。

(资料来源:CFW 中国服装人才网,2013-12-17)

任务二 员工人事档案管理

一、任务要求

明确人事档案材料的内容和规范的管理流程,能够辨别是否属于人事档案材料,并在员工入职、在职和离职各个环节上做好相应的人事档案管理工作,如接收和转递、材料收集与完善、保管和利用等。

二、实训

(一)【实训名称】请把我带回家

【实训目的】掌握人事档案材料的内容及规范的管理流程

【实训步骤】

(1) 全班 4~5 人一组,分成若干小组;

(2) 以小组为单位,列举反映一个人思想、学习和工作各方面,记录其人生经历的各种材料;

(3) 以小组为单位,对所列材料进行鉴别和分类整理,将属于人事档案的材料装入档案袋,并对不属于人事档案的材料进行合适的处理;

(4) 小组在全班展示成果。

【实训要求】

第二步材料列举尽可能全面,第三步思考各种材料的来源及收集渠道,经过认真鉴别,将属于人事档案的材料进行分类整理,对不属于人事档案的材料进行合适的处理(转、退、留、毁)。

(二)【实训名称】案例分析

【实训目的】通过具体案例分析,认识到规范管理员工人事档案的重要性

【实训步骤】

(1) 案例:

某单位与小张签订的劳动合同中规定,小张在三年合同期内不得解除劳动合同,否则要承担 1 万元的违约金。

> 一年后,小张想跳槽离开单位,所以主动要求交1万元违约金后解除劳动劳动合同。单位领导此时却认为,交1万元让小张走,太便宜他了,于是提出交5万元才为小张办理离职手续。小张认为单位的要求无理,且自己当时也拿不出5万元。
>
> 单位最终作出决定:小张可以先走,但其个人档案要由单位暂时扣留,待小张交清5万元后,单位才放走其档案,同时还威胁,若小张在离开单位2年内不交清5万元,单位就会毁掉其档案。
>
> (资料来源:陈琳,《档案管理技能训练》)

(2) 思考及讨论:
① 公司的做法是否合法合理,并说明理由。
② 小张应如何维护自己的权利?
(3) 教师总结。

【实训要求】

紧密结合案例,分析用人单位与员工在劳动合同订立、解除过程中容易违法的地方,并讨论规范的操作流程和注意事项。

三、知识链接

(一) 人事档案的定义及属性

人事档案是国家机构、社会组织在人事管理活动中形成的,记述和反映个人经历、思想品德、学识能力、工作业绩的,以个人为单位集中保存起来以备查考的文字、表格及其他各种形式的历史记录材料。目前个人需要的司法公正、职称申报、开具个人证明、政审、准生证、出国、办理退休手续等都要用到个人的人事档案。

人事档案具有以下五个属性:

第一,人事档案是以个人为立卷单位的。

第二,人事档案是组织上在了解人、使用人的过程中形成的,是经组织认可的个人材料。

第三,人事档案是个人经历、思想品德、业务能力等情况的真实记录,是一个人本来面貌的客观反映。

第四,人事档案是手续完备,具有使用价值和保存价值的个人资料。

第五,人事档案是各级各单位的人事部门(泛指组织部门、干部部门、劳资部门等一切管理人员的部门)集中统一保管的保密的个人材料。

(二) 人事档案管理工作的内容

人事档案管理工作包括确定人事档案材料的内容、人事档案的收集和归档、鉴别整理、保管、利用、接收和转递六个方面。

1. 确定人事档案材料的内容

根据《干部档案工作条例》第三章第十条规定,干部档案分为正本和副本,正本包括以下十类内容:

(1) 履历材料;
(2) 自传材料;
(3) 鉴定、考核、考察材料;

(4) 学历和评聘专业技术职务(包括学历、学位、学绩、培训结业成绩表和评聘专业技术职务、考绩、审批材料);

(5) 政治历史情况的审查材料(包括甄别、复查材料和依据材料、党籍、参加工作时间等问题的审查材料);

(6) 参加中国共产党、共青团及民主党派的材料;

(7) 奖励材料(包括科学技术和业务奖励、英雄模范先进事迹);

(8) 处分材料(包括甄别、复查材料,免于处分的处理意见);

(9) 录用、任免、聘用、转业、工资、待遇、出国、退(离)休、退职材料及各种代表会议登记表等材料;

(10) 其他可供组织上参考的材料。

2. 人事档案的收集和归档

人事档案材料的收集是人事档案工作的起点,是人事档案工作的前提和基础,解决了材料分散形成和人事档案集中使用的矛盾。

根据档案管理规定,人事档案管理人员应通过相关部门或当事人收集入档材料,并及时归档。在人事档案管理过程中,应及时将员工的继续教育、培训情况、绩效考核情况等信息资料加入到人事档案中,并不断完善补充,做好零散材料的收集归档工作。同时要建立健全归档制度、移交制度、联系沟通制度、检查核对制度等。

3. 人事档案的鉴别和整理

人事档案的鉴别是按照一定的原则和规定,对收集的档案材料进行审查,甄别其真伪,判断其有无保存价值,确定其是否归入人事档案的工作。人事档案材料必须经过认真鉴别,符合真实准确、完整齐全、规范精炼、观点鲜明、手续完备等要求,确实是属于本人的、属于人事档案的、且符合归档条件的材料;而对于不符合归档要求的材料可选择转出、退回、留存或销毁等相应的处理方式。

人事档案的整理包括分类、排序、编目、复制加工和装订入库五个环节,整理人事档案要做到分类明确、编排有序、目录清楚、装订整齐,通过整理的档案应该是完整、真实、条理、精炼和实用的。

4. 人事档案的保管

人事档案的保管指根据档案成分、状况而采取的存放、安全保护措施,包括日常管理、流动中保护、专门保护等。人事档案保管的意义在于维护人事档案材料完整、防止人事档案材料自然或人为的损坏,延长人事档案的寿命。人事档案的保管要做到"八防",即防火、防水、防潮、防霉、防虫、防光、防尘、防盗。

防火——要求在装具及照明灯具的选用、其他电器及其线路的安装等方面消除隐患,必须按消防规定在库房中配备性能良好、数量足够的消火器材,在条件允许的情况下应安装防火(烟雾)报警器和自动灭火装置。

防水——要求库房所处的地势不能过低,库房内及附近不能有水源,库房选址应远离易发洪水的地方,位于较有利的防洪地段。

防潮——与库房温、湿度尤其是温、湿度控制密切相关,每天掌握库房的温、湿度变化,档案室温度一般控制在14～24度,相对湿度为50%～65%。

防霉——与防潮密切相关,要求对档案材料定期进行检查并防止防霉药品。

防虫——库房内严禁堆放任何杂物,定期施放杀虫、驱虫药物,并根据药效时限适时更换。每月翻动橱内档案两次,查看虫害档案情况,一旦发现要立即采取措施,防止蔓延。

防光——要求库房尽可能封闭,若有窗户尽可能小些,并安装磨砂玻璃、花纹玻璃或带颜色的玻璃并配置窗帘,尽量遮蔽户外日光中的紫外线照射。照明灯具应使用白炽灯并加乳白色灯罩,灯泡最好是磨砂灯泡,不允许使用日光灯(荧光灯)。

防尘——要求装具的封闭性好,并须对库房装具等定期进行清扫擦拭,保持清洁。

防盗——要求库房门窗坚固,进出库房时随时锁门,并尽可能安装防盗报警装置。

5. 人事档案的利用

人事档案的利用是根据有关规定和原则,为人事工作和其他工作以提供人事档案内容中有关情况和材料为方式的服务的一种工作。人事档案的利用在整个人事档案管理工作中处于主导地位,是人事档案管理中最有活力的环节,是人事档案工作成果的集中反映。收为用,整为用,管为用,人事档案的一切工作都是为了利用。

人事档案的利用主要包括查阅、借出、出具相关证明等方式,相关业务流程如图6-1、图6-2所示。

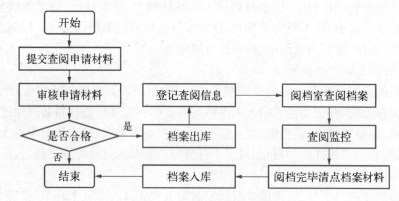

图6-1 查阅、借阅业务流程

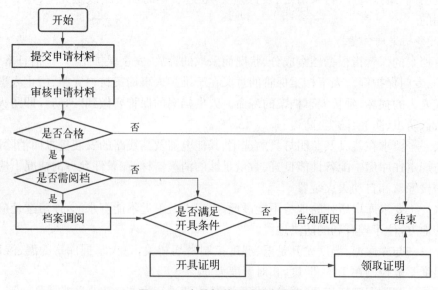

图6-2 出具相关证明业务流程

根据有关部门的规定，凡因入党、入团、升学、参军、提干、招工、出国等进行政治审查，需要了解其父母或亲属情况的，一般不能查阅人事档案，只能由人事档案部门按上述文件规定的内容，写出有关情况的证明材料。复制人事档案材料是出具证明材料的另一种形式。一般只限于为审理条件、出国和留学等提供所必需的证件材料。

此外，注意处理好利用和保密的关系。在符合保密规定的前提下，最大限度地提供利用。要求健全切合实际的规章制度，明确规定利用的范围、手续和注意事项，有章可循，照章办事。

6. 人事档案的接收和转递

人事档案的接收和转递可以保证人事档案及时地为人事工作提供服务，是丰富充实人事档案内容、维护人事档案完整性和真实性的必要手段。

员工入职后，应及时到人力资源部办理档案调入手续，人事档案管理人员收到档案后应及时登记。员工调入或离职后，人事档案管理人员要及时办理档案转递手续。人事档案在转递过程中，应遵循及时、准确、安全和完整的原则。

（1）及时。为避免发生"有人无档"或"有档无人"现象，人事档案必须随当事人工作调动而及时转递。《干部档案工作条例》第八章第三十三条规定："干部工作调动或职务变动后应及时将档案转给新的主管单位。"《企业职工档案管理工作规定》第六章第十八条规定："企业职工调动、辞职、解除劳动合同或被开除、辞退等，应由职工所在单位在一个月内将其档案转交其新的工作单位或其户口所在地的街道劳动（组织人事）部门。职工被劳教、劳改，原所在单位今后还准备录用的，其档案由原所在单位保管。"这就要求人力资源部门和人事档案管理部门密切合作，相互衔接。人力资源部门在员工异动的决定和通知下达后，应及时抄送或通知人事档案管理部门，以便续填职务变更登记表和转递人事档案。

（2）准确。转递人事档案必须以任免文件调动通知为依据，在确知有关人员新的主管单位有，直接将人事档案转至该人新的主管单位。不要把人事档案转到非人事主管单位的上级或下级机关，更不能盲目外转。

（3）安全。人事档案转递工作要确保人事档案材料的绝对安全，杜绝失密、泄密和丢失现象。转递人事档案只能用机密件通过机要交通转递，也可由转出单位或接收单位派专人送取，不准本人自带（个别情况下经接收单位同意可密封自取），不得以平信、挂号、包裹等形式公开邮寄。凡转递人事档案，档案袋必须密封并加盖密封章，详细填写统一的"人事档案转递通知单"，确保其绝对安全。

（4）完整。人事档案必须一次性转出，禁止分批。

示例：某集团公司人事档案管理办法

为了加强公司人事档案管理工作，提高人事档案管理水平，促进人事档案管理的规范化、制度化，根据国家和SH集团有关规定，结合公司实际情况，制定本办法。

第一条 人事档案管理权限及职责

公司人事档案按照人事管理权限实行集中管理。

（一）公司人力资源部依据此规定，管理公司人事档案，并配备政治上可靠、责任心强的中共党员作为专职或兼职档案管理人员。

(二)档案管理员及其直系亲属的档案,由上一级档案管理人员(或分管领导)负责保管。

第二条 人事档案管理职责

(一)保管人事档案;

(二)收集、鉴别和整理人事档案材料;

(三)建立人事档案名册,办理人事档案的查阅、接收和转递;

(四)登记人员职务、工资的变动情况;

(五)档案管理人员岗位变动时,应及时对所管档案进行清点,并履行交接手续;

(六)为有关部门提供人员情况;

(七)做好人事档案的安全、保密、保护工作;

(八)办理其他有关事项。

第三条 人事档案的整理

整理人事档案须做到认真鉴别、分类准确、编排有序、目录详细、装订整齐、格式统一。

(一)人事档案材料按照以下分类整理:

1. 履历材料;

2. 自传材料;

3. 鉴定、考核、考察材料(包括各种考核、考察、述职、鉴定材料);

4. 学历和评聘专业技术职务材料(包括学历、学位、学绩、培训结业成绩表和评聘专业技术职务、考绩、审批材料)、职业技能鉴定材料;

5. 政治历史情况的审查材料(包括甄别、复查材料和依据材料、党籍、参加工作时间等问题的审查材料);

6. 参加中国共产党、共青团、民主党派的材料;

7. 奖励材料(包括各种荣誉称号、立功嘉奖、先进人物登记表及模范事迹材料,以及科技、业务工作等方面的奖励材料);

8. 处分材料(包括甄别、复查等材料,免于处分的处理意见、违法犯罪判决书等);

9. 工资、录用、任免(聘用)、转业、待遇、出国、退(离)休、退职材料及各种代表会代表登记表等材料;

10. 其他可供组织上参考的材料。

(二)人事档案材料按照上述十个类别的顺序排列,应符合以下有关要求:

1. 第一至四类、七类、十类材料,同一问题按形成时间先后顺序集中排列,以最后时间为准。

2. 第五类、八类材料,同一问题材料集中后,按材料的主次关系排列,具体顺序是:上级批复、结论或处分决定;本人对结论的意见;调查报告、证明材料、本人检讨、交代材料。

3. 第六类材料,按以下顺序排列:入团志愿书、入团申请书、离退团材料;入党志愿书、入党申请书、转正申请书、党员登记表;加入其他党派材料。

4. 第九类材料,按所列材料的性质的不同排列,每一种材料再按时间先后顺序排列(如工资、任免等)。

(三)人事档案材料页码的编写要求:

1. 对每份材料逐页分别编写页码,页码用铅笔标注在档案材料右下角(双面书写的材料,其背面页码标注在左下角),档案材料目录不编页码。

2. 每份材料的编号由材料的类别号、份次号组成,用铅笔标注在每一份材料的右上角,中间用短横线连接。例如:编号为3-1,是指第三类的第一份材料。

(四)人事档案目录的编排:

1. 类号。标明本类档案材料的类别,根据档案种类材料的多少,每页档案目录可放两类或三类,由上而下排列。

2. 材料名称。指档案材料的标题,档案材料没有标题的,应当依据材料内容拟写标题;原有标题太长的应适当压缩。

3. 材料制成时间。填写档案材料形成的年、月、日,用阿拉伯数字标注。

4. 页数。填写每份档案材料的页数。

5. 书写目录要工整、正确、美观,不得使用圆珠笔、铅笔、红色及纯蓝墨水书写。

6. 书写目录时,每类目录之后须留出适当的空格。

职务变动登记表。根据任免呈报表的变动情况,按变动时间顺序逐年填写,排放在档案目录后面。

工资变动登记表。根据工资变动情况,按变动时间顺序逐年填写,排放在人事档案第九类前面。

(五)人事档案的装订立卷:

1. 拆除档案材料上的金属品,按照排好的顺序打孔,连同档案目录装订成卷。

2. 将装订成卷的人事档案放入相应的档案盒,并在档案盒上标明编号、姓名。

(六)人事档案的补充:

1. 人事档案要及时整理,对于工作中形成的需要归档的材料,应逐份插入相应类别,逐页标注页码,及时分类填写档案材料目录。

2. 职务、工资有变动时,应依次填写变动登记表。

3. 中层以上管理人员人事档案归档材料,须由公司组织人事部提供并审核后,方可归档。

4. 基层管理人员人事档案归档材料,须由所在单位组织人事(劳资)部门提供并审核后,方可归档。

5. 专业技术人员的学历认定、职称晋升等材料,须由公司组织人事部提供并审核后,方可归档。

第四条 人事档案的保管

(一)根据安全、保密、便于查找的原则要求,对人事档案应严格、科学地保管。

(二)人事档案保管应设专门的档案库房,配备档案柜,房内应备有防火、防盗、防光、防高温等安全防护措施,要保持库房的清洁和适宜的温湿度(温度14~24℃,相对湿度45%~64%),并经常进行检查。

(三)人事档案的保管必须建立登记制度,并定期进行核对,发现问题及时解决。

(四)档案库房的钥匙不得随身携带,档案柜平时要锁好并保管好钥匙。

（五）严禁任何个人私自保存和复制人事档案。

第五条 人事档案的查阅

（一）查阅人事档案必须是工作需要并与其所从事业务相符，并按人事管理权限征得有关部门领导同意后方可查阅。

（二）查阅公司中层管理人员人事档案，须经人力资源部领导同意后，方可查阅。

（三）人事档案只限在档案库房查阅，一般不得借出。特殊情况需要借出，须按人事管理权限征得有关部门领导批准。

（四）查阅档案人员要爱护档案，切实维护档案的完整与安全，不得私自将档案卷折叠、拆卸调换、涂改、划道、复制，更不得遗失。

（五）查阅档案人员要遵守有关保密工作规定，不得随意将档案内容向无关人员泄露。如违反规定造成不良影响应承担相关责任。

（六）因工作需要从人事档案中取证的，经主管领导审查批准后，才能复制有关档案材料。

（七）对利用信函了解档案有关内容的，经主管领导批准后，只能提供与信函有关的项目。

（八）任何个人不得查阅或借阅本人及亲属的档案。

第六条 人事档案的转递

（一）因工作调动、职务变化、退休等需将人事档案转给新的主管单位时，应及时办理档案移交手续。严格履行转递手续，以保证人事档案的绝对安全。

（二）转出人事档案，要认真对其清理并整理，填写转递通知单，注明转出时间和原因，在名册上注销。

（三）转出的人事档案均应包装密封，贴好封条并按管理权限加盖部门印章。

（四）转递人事档案，不得以平信、挂号、包裹等公开邮寄，必须通过机要交通转递或由组织指定专人递送，不准本人自带。

（五）对转出的人事档案不得扣留或分批转出。对转出的人事档案，超过一个月未收到回执，应及时催问。

（六）接收转入的档案要核对是否是本单位所属人员档案，认真核对档案材料数量，确认无误后，将转入的档案详细登记，在转递通知单回执上盖章，将回执及时退回寄出单位。

第七条 人事档案的统计

人事档案要定期进行统计，确保所管理的档案与所管人数相符。人员调动、离退休、死亡后，应及时进行分类保管，随时做好接收、转出变动情况的登记以及档案数字统计。

第八条 档案材料的销毁

（一）经鉴别属于重复或不应归档的材料，要进行清退或销毁。销毁材料要进行登记，并经分管领导批准签字后进行。

（二）销毁档案材料必须到保密部门指定的场所进行，其中要有两名正式党员负责监销。

第九条 本办法的解释权属公司人力资源部

四、延伸阅读

不可忽视的毕业生档案

近日,刚刚在青岛找到工作的泰安小伙小梁心情很复杂,自己是2007年从外省一所大学毕业的,毕业后换了三家工作单位。今年8月份终于在青岛找到了一份收入不错的工作,小梁和家里人都很高兴,可是,在办手续的时候,却遇到了难题。

外地本科生落户成难题

小梁告诉记者,自己的户口和档案一直挂靠在本科就读城市的一家人事代理公司,自从交给他们以后,除了交钱以外,其他的事,自己一直没有过问,"也顾不上那么多"。

而现在,重新找到工作的小梁要跟青岛的一家单位签合同了,"见习期过了,单位也能接收我的户口和档案",但是在具体办理时才发现档案可以过来,户口却不行,原来是被一份特别的材料卡住了。

落户要有国家干部身份?

小梁告诉记者,他按照现在单位说的程序到有关部门问过了,"人家说我的派遣期已经过了,不能按照大部分大学毕业生的办理程序来,要想再把户口和档案弄到青岛来,就只能办理人才引进了",可是,现在人才引进这条路也走不通了。

小梁打听到的消息是,作为一名大学本科毕业生,在工作一年以后,由当初毕业时派遣证上的单位给自己办理转正定级并填写一份干部履历表,就确认国家干部身份了,"有国家干部身份是作为人才引进的前提,可是,那个身份我没有啊"。小梁说,因为自己的工作一换再换,以前压根就没有听过"国家干部身份这一说",第一份工作不满一年就离职了。他很肯定地告诉记者,自己从来没有办过,现在难住了。

小梁说,他现在挺郁闷,因为现在的单位可以给他落成青岛户口,"虽然是集体户,但是结婚、生子都不受影响,就算三五年内买不上房子,也不会影响生活",可是,如果不能办理人才引进,他就只能作为外来务工人员参加工作,"再想把户口弄进来,就只能买房或者找个本地的媳妇了"。

不少毕业生丢了身份

大学毕业生还有国家干部身份?记者也满腹狐疑地联系了青岛市人事局。人才交流处的一位工作人员介绍说,如果本科毕业生要作为人才引进来青岛落户的话,必须要有国家干部身份,"本科毕业,同时还办理了转正定级和干部履历表,才能认定他的国家干部身份",该工作人员说,"如果没有办理,就相当于自动放弃了自己的国家干部身份,也就是弄丢了"。

记者了解到,很多大学生不清楚国家干部身份是什么,而且很多人一直都没有用到也没有产生什么麻烦,但是,就是像小梁这样的本科毕业生在从一个城市进入另一个城市的时候,就被挡住了,"各个城市的要求和标准不一样,落户要卡什么条件也不尽相同"。人才交流处的工作人员介绍说,国企和事业单位对这个很熟悉,他们会在毕业生派遣期满一年的时候主动给他们办理,即使有的单位办理不了,它的上级主管部门也可以办理,但"还是有不少人丢了国家干部身份",主要是一些民营企业等,"现在一个人都可以开公司,他们本身也不清楚是怎么回事"。

对于小梁遇到的情况,该工作人员表示,他可以协调原单位或当地的人事代理部门补办,"这个国家干部身份是从计划经济时代延续下来的,虽然平时用不到,但是,一旦没有了,到需要用时就会比较麻烦",他建议大学毕业生们多留意,即使把档案挂靠在代理机构上,也要督促一下,在工作满一年的时候及时办理,不要被漏掉了办理转正定级手续。

(资料来源:赣州人才交流网,2012-4-26)

任务三 综合实训

一、任务要求

进一步搜集知名企业的员工信息管理案例,并进行经验总结和分析。

二、实训

【实训名称】回顾——本项目学习的收获
【实训目的】通过系统回顾,对本模块内容进行总结复习
【实训内容】认真填写下列表格

回顾本项目学习的收获					
编制部门:			编制人:		编制日期:
项目编号		学号&姓名		项目名称	
课程名称		训练地点		训练时间	
本项目我学到的三种知识或者技能	1. 回顾课堂知识,加深印象 2. 培养学生思考的习惯 3. 工作任务驱动,使学生带着工作任务去学习				
本项目我印象最深的两件事情					
一种我想继续学习的知识和技能					
考核标准	1. 课堂知识回顾完整,能用自己的语言复述课堂内容 2. 321记录内容和课堂讲授相关度较高 3. 学生进行了认真思考				
教师评价					评分	

项目七

保密竞业管理

教学目标

知识目标

① 了解保密协议和竞业限制协议的区别;
② 掌握保密和竞业限制适用的人员范围、期限、地域限制;
③ 掌握保密和竞业限制协议应包含的内容。

能力目标

① 熟悉相关法律法规,能制定保密制度;
② 掌握保密和竞业限制的相关法规及技巧,能订立合法有效的保密和竞业限制协议。

案例导入

中国首例员工封杀令——游戏公司向离职员工索赔百万

2006年8月30日,某电脑报及部分网站上刊登了游戏米果网络科技(上海)有限公司对六位前雇员的"通缉令",大致意思是该六名员工与公司存在竞业禁止协议,希望同行业企业不要雇佣此六人,以免引起纠纷(连带责任),并公布了这六名离职员工的姓名、照片、身份证号码。继"真人通缉令"之后,游戏米果网络科技(上海)有限公司针对2006年离职的游戏开发团队的主要员工,又举起劳动索赔的大旗,在不同的区级、中级人民法院提起诉讼43起,其中个案的索赔金额达600万元。2007年5月22日下午,这一系列纠纷中的一案在卢湾区法院开庭审理。此案的被告童某、赵某等五位,都曾为游戏米果网络科技(上海)有限公司的网游核心开发人员,离职前,他们正在开发、完善两款网络游戏《真封神》和《如来神掌》。2006年7、8月份,游戏开发团队的领军人物赖某,突然被公司开除,引发争议,童某等人随后提出辞职。游戏米果公司2006年底在卢湾区法院诉称,童某等五人提出离职后,未经公司许可,便拒绝到公司上班,也不肯向公司指定的工作人员交接工作。公司与一马来西亚公司签约的升级游戏项目被迫中断,公司前期投入的开发费用也付诸东流,所以,向每个被告索赔提前离职造成的经济损失200万元,并请求判令五人履行交接手续。

2007年3月,游戏米果公司再次在卢湾区法院提起诉讼,要求五名被告共同赔偿因未依法办理离职交接手续给原告造成的损失共计人民币574.4万元、美元5万元。该劳动争议案已被受理。庭上,游戏米果公司改变诉求,只依据《员工服务期协议》向五名被告索取16万元到30万元不等的违约金共112万元,离职赔偿金并入3月份起诉的案件里。原告代理人表示,五名被告作为公司核心开发人员,都与公司签订了《员工服务期协议》,他们提前离职20个月,按规定,要付给公司月薪乘以20个月的违约金,这样算下来5人的违约金为16万元~30万元不等。五名被告表示,2006年7月17日,他们提出离职后,并没有离开公司,而是等待办理相关手续,但后来由于人身安全受到威胁,他们从2007年8月5日起,不再到公司去。另外,被告代理律师表示,原告并没按照《员工服务期协议》给几位被告特殊待遇,所以,这些条款只是单方面约束员工,显失公平,是无效的。此前,劳动仲裁也认为双方所签的不是服务期协议。本案尚在审理中。游戏米果公司与离职员工间的诉讼案件已经达到了43起之多,其中13起为员工起诉公司,30起为公司起诉员工,员工起诉公司的13起中,已有7起结案,全部为员工胜诉;公司起诉员工的30起案件中,已撤诉一起,判决一起,判决的为员工胜诉。

(资料来源:《中国首例员工封杀令——游戏公司向离职员工索赔百万》,法制日报,2008-1-20)

思考:公司主创人员带着团队集体离职怎么办?用人单位如何未雨绸缪,加强保密管理,在合法的前提下有效维护自身利益和竞争优势?

任务一 商业秘密和保密管理

一、任务要求

用自己的语言准确表述什么是商业秘密;不同类型的公司涉及的保密领域及问题有哪些;了解用人单位保护商业秘密的方式。

二、实训

(一)【实训名称】"商业秘密"大家说

【实训目的】真正理解什么是商业秘密,并能够列举典型公司涉及的保密领域及问题

【实训步骤】

(1) 全班4~5人一组,分成若干小组;

(2) 以小组为单位,列举公司涉及的典型商业秘密;

(3) 以小组为单位,每人说出公司应如何防止商业秘密泄露;

(4) 每组派代表在全班做总结发言。

【实训要求】

经过讨论,明确所列举的内容属于商业秘密,并提出防止商业秘密泄露的措施;小组代表对小组活动情况的概括应真实、总结性强。

(二)【实训名称】案例分析

【实训目的】通过具体案例分析,进一步理解商业秘密的概念构成要素,了解保密的方式

【实训步骤】

(1) 案例:

> 2004年2月17日,某物流公司与本市一家生产纸杯的大型公司建立业务关系,由物流公司为该公司办理国内公路运输业务。张某原是物流公司的员工,负责与纸杯公司的接货和送货,并在承运人处签字。2006年8月张某离职,并于2007年5月18日成立自然人独资企业某运输公司。2007年6月,张某的运输公司与纸杯公司建立国内公路运输业务。后物流公司以张某掌握其商业秘密,并利用自己掌握的商业秘密建立与纸杯公司的业务关系,使其业务额严重下滑为由,起诉要求赔偿40万元经济损失。
>
> 原审法院认为,原告未就其经营信息属商业秘密提供相关证据,故对原告的诉讼请求不予支持。物流公司不服判决上诉至市高院。
>
> 上诉人:他带走了我们的生命线
>
> 上诉人认为,与员工签订保密协议只是保护商业秘密的形式之一,物流公司在其内部的规章制度中有相关规定,而且在开会时也口头说过。张某在物流公司是业务经理,他可以直接接触到纸杯公司的具体联系方式、报价(运费)等,每次都是张某直接与纸杯公司进行货物交接。在2007年以前,他们每年大约有300万元的业务往来,可是张某成立公司后,带走了这唯一的大客户,导致业务减少至零,可以说该客户就是企业的生命线。
>
> 被上诉人:这些信息不是商业秘密
>
> 被上诉人张某认为,首先纸杯公司的相关信息根本不属于商业秘密,不具备商业秘密的四个基本条件:物流公司没有采取过任何保密措施,公司内也没有保密条款,同时公司也没有与他签订过劳动合同,所以从该公司的相关信息内容来看,不应属于商业秘密。
>
> 其次,张某认为他没有侵犯物流公司的商业秘密,他与纸杯公司建立业务往来纯属业务关系,而且他在物流公司只是普通员工,也接触不到所谓的商业秘密。
>
> (资料来源:《离职带走客户属于侵犯商业秘密吗?》,华威人才网,2011-8-25)

(2) 思考及讨论：
① 离职带走客户这一事件，是否是属于商业秘密？
② 用人单位维护商业秘密不被泄露的方式有哪些？
(3) 教师总结。

【实训要求】

紧密结合案例，分析为保护用人单位的权益和竞争优势，用人单位可采取哪些方式来保护商业秘密。

三、知识链接

（一）商业秘密的概念及构成要件

商业秘密，是指不为公众所知悉，能为权利人带来经济利益，具有实用性并经权利人采取保密措施的技术信息和经营信息。

商业秘密具有四个构成要件：

第一，不为公众所知悉。指有关信息不为其信息所属领域的相关人员普遍知悉；该信息在通常情形下不容易从公开或半公开的场合获得，不能从公开渠道直接获取。凡是公众知晓的信息都不属于商业信息范围。

第二，能为权利人带来经济利益，具有实用性。指该信息必须具有确定的可应用性，能为用人单位带来现实的或潜在的经济利益或竞争优势。

第三，经权利人采取保密措施。可采取的保密措施包括限定保密公开范围、对于涉密信息载体采取加锁等防范措施、在涉密信息的载体上标有保密标或者采取保密码、对涉密的场所限制来访者、订立保密协议、建立保密制度等合理的保密措施。

第四，技术信息和经营信息包括设计、程序、产品配方、制作工艺、制作方法、管理诀窍、客户名单、货源情报、产销策略、招投标中的标底及标书内容等信息。

（二）知识产权

《劳动合同法》第二十三条规定，"用人单位与劳动者可以在劳动合同中约定保守用人单位的商业秘密和与知识产权相关的保密事项。"与知识产权相关的保密事项是指尚未依法取得知识产权但与知识产权相关的需要保密的事项。

1. 知识产权的概念

知识产权，即知识财产或知识所有权，它本质上是一种无形财产权，是人们从事智力创造性活动取得成果后依法享有的专有权利。

2. 知识产权的类型

根据《建立世界知识产权组织公约》(1967)的规定，知识产权包括下列各项知识财产的权利：文学、艺术和科学作品；表演艺术家的表演及唱片和广播节目；人类一切活动领域的发明；科学发现；工艺品外观设计；商标、服务标记以及商业名称和标志；制止不正当竞业以及在工业、科学、文学或艺术领域内由于智力活动而产生的一切其他权利。总之，知识产权涉及人类一切智力创造的成果。

3. 知识产权的特征

从法律上看，知识产权具有三个特征：

第一，专有性，即独占性，只有权利人才能享有，他人不经权利人许可不得行使其权利。

第二,地域性,即除了签有国际公约或双边协定外,依一国法律取得的权利只能在该国境内有效,受该国法律保护。

第三,时间性,即只在规定期限内保护,期满后权利自动终止。各国法律规定的保护期限不完全相同,只有参加国际协定或进行国际申请时,才对某项权利有统一的保护期限。

(三) 保密管理

根据《劳动合同法》第二十三条规定,保守用人单位的商业秘密和与知识产权有关的保密事项是劳动者的法定义务。用人单位与劳动者可以在劳动合同中约定保守用人单位商业秘密和与知识产权有关的保密事项是劳动者的义务,并确定具体的违约责任。实践中,劳动者泄露用人单位秘密的最常见方式是在解除或终止劳动合同后,到与本单位生产或经营同类产品、从事同类业务的有竞争关系的其他用人单位工作,或者自己开业生产或者经营与本单位有竞争关系的同类产品、从事同类业务,在这一过程中利用原单位的商业秘密。因此,企业应做好保密管理,建立健全保密制度,与知悉用人单位商业秘密或核心技术的员工在劳动合同中约定保密义务或签订保密和竞业限制协议。

示例:公司保密管理制度

第一章 目的

第一条 为保守公司秘密,维护公司权益,特制定本制度。

第二章 公司保密范围和密级确定

第二条 公司保密范围。

公司保密范围如下表所示。

公司保密范围

保密范围	说明
公司事务的重大决策	公司战略与重大经营举措、公司内部重大改革及人员变动方案等
技术信息	指技术水平、技术潜力、新技术前景预测、替代技术的预测、专利动向、新技术影响的预测、设计、程序、产品配方、制作工艺、制作方法等方面。新技术信息包括技术秘密、非专利技术成果,技术秘密中也包含技术信息 1. 技术秘密:包括但不限于设计图纸(含草图)、试验结果和试验记录、工艺配方、样品、数据、计算机程序等。技术信息可以是有指定的完整的技术内容,构成一项产品、工艺、材料及其他改进的技术方案,也可以是某一产品、工艺、材料等技术或产品中的部分技术要素 2. 非专利技术成果:非专利技术成果应具备的四个条件 (1) 包含技术知识、经验和信息的技术方案或技术诀窍 (2) 处于秘密状态,即不能从公共信息渠道直接获得 (3) 有实用价值,即能使公司获得经济利益或竞争优势 (4) 公司已采取了适当保密措施,并且未曾在没有约定保密义务的前提下将其提供给他人
经营信息	经营信息包括: 1. 新产品的市场占有情况及如何开辟新市场 2. 产品的社会购买力情况

(续表)

保密范围	说　　　明
经营信息	3. 产品的区域性分布情况 4. 产品长期的、中期的、短期的发展方向和趋势 5. 经营战略 6. 流通渠道和机构等 经营信息还应包括：管理诀窍、客户名单、货源情报、产销策略、招投标中的标底及标书内容等信息

第三条　公司秘密的密级分为"绝密"、"机密"、"秘密"三级。公司秘级的确定如下。

（一）公司经营发展中，直接影响公司权益和利益的重要决策文件资料为绝密级。

（二）公司的规划、财务报表、统计资料、重要会议记录、公司经营情况为机密级。

（三）公司人事档案、合同、协议、职员工资性收入、尚未进入市场或尚未公开的各类信息为秘密级。

第三章　保密措施

第四条　属于公司秘密的文件、资料和其他物品的制作、收发、传递、使用、复制、摘抄、保存和销毁，由总经理办公室或主管副总经理委托专人执行；采用电脑技术存取、处理、传递的公司秘密由电脑部门负责保密。

第五条　对于密级文件、资料和其他物品，必须采取以下保密措施。

（一）非经总经理或主管副总经理批准，不得复制和摘抄。

（二）收发、传递和外出携带，由指定人员担任，并采取必要的安全措施。

（三）在设备完善的保险装置中保存。

第六条　在对外交往与合作中需要提供公司秘密事项的，应当事先经公司总经理批准。

第七条　具有属于公司秘密内容的会议和其他活动，主办部门应采取下列保密措施。

（一）选择具备保密条件的会议场所。

（二）根据工作需要，限定参加会议人员范围，对参加涉及密级事项会议的人员予以指定。

（三）依照保密规定使用会议设备和管理会议文件。

（四）确定会议内容是否传达及传达范围。

第八条　工作人员如因疏忽遗失文件资料及载有企业秘密的电脑磁盘、音像制品的，应立即向行政人事部及主管领导报告，并迅速采取清查、补救措施。对隐瞒不报者，公司将视其泄露程度的情节轻重，分别给予批评教育、行政处分和经济处罚。

第四章　员工保密纪律

第九条　对公司的秘密事项，在知悉秘密事项的情况下都负有保密义务，且有权制止一切泄露公司秘密事项的行为。

第十条　凡涉及公司秘密事项的内容，不论其为何种载体形式均属保密范围，任何员工直接或间接、口头或书面擅自对外提供涉及公司秘密内容的行为，均属泄密。

第十一条　员工个人在劳动合同期限内,不得将直接或间接获悉的本公司秘密事项内容擅自泄露给非本公司、非本岗位的其他人员;不得以任何形式将所知悉的公司商业秘密泄露给他人或利用公司的商业秘密谋求个人利益。

第十二条　凡属允许知悉公司秘密事项的员工,未经允许,不得主动接触涉密事项;凡不属允许知悉公司涉密事项范围内的员工,不得以任何方式主动获取公司秘密事项内容;任何员工不得私自将公司涉密资料带离办公场所。

第五章　奖惩管理

第十三条　对违反本规定或因故意泄露企业秘密以及利用企业秘密进行投机谋利,企业的利益受到危害或损失的,公司除给予提醒、警告、调整工作岗位、辞退、开除等行政处分及经济处罚外,还将视其情节轻重及危害后果,交送司法机关依法处理,追究其经济和法律责任。对保守公司秘密或防止泄密有功人员,公司将予以表扬、奖励。

第十四条　凡有下列表现之一的公司员工,公司根据其贡献给予奖励×××~×××元,最高可按其实际贡献的××%计算奖金。

（一）对泄露或者非法获取公司秘密的行为,及时检举的。

（二）发现他人泄露或者可能泄露公司秘密,立即采取补救措施,避免或者减轻了损害后果的。

（三）对公司保密工作作出了显著成绩的。

第十五条　出现下列情况之一的,予以辞退、赔偿经济损失或追究法律责任。

（一）故意或过失泄露公司秘密,造成严重后果或重大经济损失的。

（二）违反本保密制度,为他人窃取、收买或违章提供公司秘密的。

（三）利用职权强制他人违反保密规定的。

（四）出卖公司秘密的或利用公司秘密为己谋利的,除赔偿公司经济损失外,还要追究相应的法律责任。

第六章　附则

第十六条　本制度经公司总经理核准后实施,修改时亦同。

四、拓展训练

1. 为维护公司利益及竞争优势,如何阻止核心员工离职带走商业秘密?
2. 为自创的虚拟公司制定保密制度。

任务二　订立保密和竞业限制协议

一、任务要求

了解保密协议和竞业限制的联系及区别;掌握订立竞业限制协议的人员范围、期限、地域限制、补偿金及违约责任的确定。

二、实训

（一）【实训名称】竞业限制

【实训目的】真正理解什么是竞业限制，明确保密和竞业限制的区别

【实训步骤】

（1）全班4～5人一组，分成若干小组；

（2）以个人为单位，搜索《劳动合同法》中有关竞业限制的法律条款。

（3）以小组为单位，将竞业限制的适用范围、期限、地域限制、补偿金与违约责任约定进行书面总结，并提交成果。

【实训要求】

熟悉相关法律规定，并对重点内容进行总结提炼，掌握竞业限制的适用范围、期限、地域限制、补偿金与违约责任的约定。

（二）【实训名称】案例分析

【实训目的】通过具体案例分析，进一步理解保密和竞业限制的联系及区别

【实训步骤】

（1）案例：

> 李某于2007年8月入职某公司任市场部经理，该公司与李某签订了一份保密和竞业限制协议。协议约定李某应当保守该公司商业秘密，且在劳动合同解除后两年内不得到与该公司有竞争关系的单位任职，否则承担违约金20 000元。该公司员工手册对工资构成作了如下规定：工资包括基本工资、保密工资、加班工资、绩效工资、各项津贴和补贴。根据李某的工资表，李某的月工资为：基本工资1 500元、月保密工资500元、加班公司800元和绩效工资2 000元。
>
> 2008年7月份，李某与公司解除劳动合同。同月，李某入职一家与该公司经营同类业务的公司。该公司申请劳动仲裁，认为该公司每月支付保密费500元，李某应当承担竞业限制业务，该公司要求李某支付违约金20 000元，并在两年内不得到与其有竞争关系的单位任职。
>
> （资料来源：鲍立刚《员工关系管理技能训练》）

（2）思考及讨论：

① 保密协议是否等同于竞业限制协议？

② 支付了保密工资能否等同于支付了竞业限制补偿金？

（3）教师总结。

【实训要求】

用人单位与劳动者往往在一份协议中同时约定保守商业秘密和竞业限制业务，那么，保密协议能否等同于竞业限制协议？通过分析案例，明确保密协议和竞业限制的联系与区别，并对该公司的保密及竞业限制协议作合理的调整和修改。

三、知识链接

（一）保密协议的订立

《劳动法》第二十二条规定，"劳动合同当事人可以在劳动合同中约定保守用人单位商业秘密的有关事项。"《劳动合同法》第二十三条规定，"用人单位与劳动者可以在劳动合同中约定保守用人单位的商业秘密和与知识产权相关的保密事项。"

订立保密协议可以在劳动合同中直接约定保密条款，也可以与有关知识产权权利归属协议或竞业限制协议合订为一个合同，也可以单独签订保密协议。

签订保密协议应当遵循公平合理的原则，保密协议的主要内容一般包括：保密的内容和范围、用人单位和劳动者双方的权利和义务、保密期限、侵犯商业秘密的赔偿责任等。保密协议可以在劳动者入职时签订，也可以在入职后协商签订。对拒不签订保密协议的劳动者，用人单位有权不予聘用。但是，保密协议不得违反法律法规的规定，协议条款所确定的双方权利和义务不得显失公平。

用人单位与劳动者订立保密协议时，如果未同时订立竞业限制协议，不能约定违约金，虽可主张损害赔偿，但举证难度大，不易于操作。因此，为保护用人单位的合法权益，在与劳动者订立保密协议时，建议同时订立竞业限制协议，这样可以在协议中约定违约金。

（二）竞业限制协议的订立

竞业限制（又称竞业禁止、竞业避止），是指用人单位与劳动者约定在解除或终止劳动合同后一定期限内，劳动者不得到与本单位生产或经营同类产品、从事同类业务的有竞争关系的其他用人单位任职，或者自己开业生产或者经营同类产品。竞业限制是基于诚实信用原则而产生的对劳动者的基本职业道德要求，也是世界各国在法律及实践中广泛采取的做法。

《劳动合同法》第二十三条规定，"对负有保密义务的劳动者，用人单位可以在劳动合同或保密协议中与劳动者约定竞业限制条款，并约定在解除或者终止劳动合同后，在竞业限制期限内按月给予劳动者经济补偿。劳动者违反竞业限制规定的，应当按照约定向用人单位支付违约金。"

一份完备的竞业限制协议一般应当包括如下内容：

1. 竞业限制的人员范围

《劳动合同法》第二十四条规定，"竞业限制的人员限于用人单位的高级管理人员、高级技术人员和其他负有保密义务的人员。"实际上竞业限制限于知悉用人单位商业秘密和核心技术的人员，并不适用于每个劳动者。

2. 竞业限制的地域范围

《劳动合同法》第二十四条规定，"竞业限制的范围、地域、期限由用人单位与劳动者约定，竞业限制的约定不得违反法律、法规的规定。"竞业限制协议限制了劳动者的就业权，因此不能任意扩大竞业限制的地域范围。原则上，竞业限制的范围、地域，应当以能与用人单位形成实际竞争关系的地域为限。

3. 竞业限制期限

《劳动合同法》第二十四条规定，"在解除或者终止劳动合同后，前款规定的人员到与本单位生产或者经营同类产品、从事同类业务的有竞争关系的其他用人单位，或者自己开业生产或者经营同类产品、从事同类业务的竞业限制期限，不得超过二年。"竞业限制的期限由用人单位与劳动者约定，最长不能超过二年。

4. 竞业限制补偿

竞业限制由于限制了劳动者的劳动权利,劳动者的就业范围大幅缩小,甚至于失业,因此对劳动者进行补偿很有必要。法律没有规定补偿的具体标准,实践中可由用人单位与劳动者协商确定。

5. 违约责任

竞业限制应约定劳动者违反该协议应当承担的违约责任。法律没有对违约金的标准作出规定,可由用人单位与劳动者协商确定。

关于竞业限制补偿金的标准和劳动者违反竞业限制的违约金标准,法律没有作出规定,可由合同双方进行约定,这是劳动合同法中少见的赋予用人单位较高自由度的条款,用人单位可充分把握和利用,但应该遵循公平原则。另外,法律也没有规定支付竞业限制补偿和履行竞业限制业务的先后顺序、竞业限制补偿金是月初支付还是月底支付,应该由双方约定。

(三) 保密义务和竞业限制

《劳动合同法》对商业秘密保护的规定主要是从合同的角度予以规定,包括保密义务和竞业限制两个方面。

保密协议是指用人单位针对知悉企业商业秘密的劳动者签订的要求劳动者保守用人单位商业秘密的协议。保密协议应当以书面形式签订,一般应具备以下主要条款:① 保密的内容和范围;② 保密协议双方的权利和义务;③ 保密协议的期限;④ 违约责任。劳动者不得向他人泄露企业技术秘密,非经用人单位书面同意,不得使用该商业秘密进行生产与经营活动,不得利用商业秘密进行新的研究和开发。

竞业限制协议是指用人单位与劳动者约定在解除或者终止劳动合同后一定期限内,劳动者不得到与本单位生产或者经营同类产品、从事同类业务的有竞争关系的其他用人单位任职,或者自己开业生产或者经营同类产品的书面协议。竞业限制是保密的手段,通过订立竞业限制协议,可以减少和限制商业秘密被泄露的概率。保密是竞业限制的目的,订立竞业限制协议最终的目的是保护用人单位的合法权益。

保密义务一般是法律的直接规定或劳动合同的随附义务,不管用人单位与劳动者是否签订保密协议,劳动者均有义务保守商业秘密;要求保密者不得泄露商业秘密,侧重不能"说";劳动者承担的义务仅限于保密,并不限制劳动者的就业权;一般期限较长,只要商业秘密存在,劳动者的保密义务就存在。

竞业限制是基于用人单位与劳动者的约定产生,没有约定的,无须承担竞业限制义务;要求劳动者不能到竞争单位任职或自营竞争业务,侧重的是不能"做";不仅仅限制劳动者泄密,还限制劳动者的就业;期限较短,最长不超过二年。

示例:保密协议

文案名称	保 密 协 议	受控状态	
		编号	

甲方:
乙方:
　　甲、乙双方根据《中华人民共和国劳动法》以及国家、地方政府有关规定,双方在遵循平等自愿、协商一致、诚实信用的原则下,就甲方商业秘密保密事项达成如下协议。

(续表)

一、保密内容
甲、乙双方确认,乙方应承担保密义务的甲方商业秘密范围包括但不限于以下内容。
1. 技术信息:技术方案、工程设计、技术报告、检测报告、实验数据、试验结果、图纸、样品等。
2. 经营信息:包括经营方针、投资决策意向、产品服务定价、市场分析、广告策略等。
3. 公司依照法律规定或者有关协议的约定,对外承担保密义务的事项。

二、双方的权利和义务
1. 甲方提供正常的工作条件,为乙方职务发明、科研成果提供良好的应用和生产条件,并根据创造的经济效益给予奖励。
2. 乙方必须按甲方的要求从事经营、生产项目和科研项目设计与开发,并将生产、经营、设计与开发的成果、资料交甲方,甲方拥有所有权和处置权。
3. 乙方不得刺探非本职工作所需要的商业秘密。
4. 未经甲方书面同意,乙方不得利用甲方的商业秘密进行新产品的设计与开发和撰写论文向第三者公布。
5. 双方解除或终止劳动合同后,乙方不得向第三方公开甲方所拥有的未被公众知悉的商业秘密。
6. 双方协定竞业限止期的,解除或终止劳动合同后,在竞业限止期内乙方不得到生产同类或经营同类业务且有竞争关系的其他用人单位任职,也不得自己生产与甲方有竞争关系的同类产品或经营同类业务。
7. 乙方必须严格遵守甲方的保密制度,防止泄露甲方的商业秘密。
8. 甲方安排乙方任职涉密岗位,并给予乙方保密津贴。

三、保密期限
乙方承担保密义务的期限为下列第_____种。
1. 无限期保密,直至甲方宣布解密或者秘密信息实际上已经公开;
2. 有限期保密,保密期限自离职之日起_____年。

四、保密津贴
甲方同意就乙方离职后承担的保密义务,向其支付保密津贴。保密津贴的支付方式为:_____。

五、违约责任
1. 乙方如违反本合同任何条款,应当一次性向甲方支付违约金××万元,同时,甲方有权一次性收回已向乙方发放的所有保密费。
2. 如果因为乙方的违约行为造成了甲方损失,乙方除支付违约金外,还应当承担相应的责任。

六、劳动争议处理
当事人因本合同产生的一切纠纷,由双方友好平等地协商解决,协商不成,任何一方均有权向本合同签订地的人民法院提起诉讼。

七、其他
1. 乙方确认,在签署本合同前已仔细审阅过合同的内容,完全了解合同各条款的法律含义,并知悉和认可公司《保密管理制度》。
2. 本协议如与双方以前的口头或书面协议有抵触,以本协议为准。本协议的修改必须采用双方同意的书面形式。
3. 本协议未尽事宜,按照国家法律或政府主管部门的有关规章制度执行。

八、本合同一式二份,双方各执一份,具有同等法律效力。自双方授权代表签字并盖公章之日起生效。

甲方(盖章)   乙方(签名或盖章)

法定代表人签名:

　年　月　日   　年　月　日

(续表)

编制日期		审核日期		批准日期	
修改标记		修改处数		修改日期	

(资料来源：李艳《员工关系管理实务手册》)

四、拓展训练

1. 制订一份合法有效的保密和竞业限制协议。

2. 竞业限制补偿金与违约标准由用人单位和劳动者双方约定。如果用人单位与劳动者在竞业限制协议中约定竞业限制期限内按月给予劳动者经济补偿一百元，劳动者违反竞业限制约定的，需向用人单位支付违约金五十万元，这种约定是否有效？

3. 案例分析：

> 赵某在C公司担任市场部经理5年有余。2010年3月，赵某辞去C公司工作。2010年5月，C公司得知赵某去了本市同行业的另一家公司，职务是副总经理，负责产品开发和市场营销。C公司认为赵某掌握了C公司产品、客户及相关的一切商业秘密，请求法院要求赵某履行竞业限制业务两年。赵某则辩称自己并未与公司签订过保密及竞业限制条款，也未向新公司泄露任何商业秘密内容，其择业不应受到限制。

问题：C公司的请求能否得到法院支持？用人单位与知悉单位商业秘密的中高层管理人员之间可采取哪些方式，来维护用人单位的利益和竞争优势？

任务三 综合实训

一、任务要求

列举某几家知名企业的保密方式，掌握竞业限制的操作规范。

二、实训

【实训名称】回顾——本项目学习的收获
【实训目的】通过系统回顾，对本模块内容进行总结复习
【实训内容】认真填写下列表格

回顾本项目学习的收获					
编制部门：		编制人：		编制日期：	
项目编号		学号&姓名		项目名称	

(续表)

课程名称		训练地点		训练时间	
	1. 回顾课堂知识,加深印象 2. 培养学生思考的习惯 3. 工作任务驱动,使学生带着工作任务去学习				
本项目我学到的三种知识或者技能					
本项目我印象最深的两件事情					
一种我想继续学习的知识和技能					
考核标准	1. 课堂知识回顾完整,能用自己的语言复述课堂内容 2. 321记录内容和课堂讲授相关度较高 3. 学生进行了认真思考				
教师评价				评分	

【实训要求】

(1) 仔细回想本章所学内容,若有不清楚的地方查看有关的知识链接。

(2) 本部分内容以自己填写为主,不要过于在意语言的规范性,只要能分条说清楚即可。

项目八

人事外包和劳务派遣

教学目标

知识目标

① 了解人事外包和劳务派遣的特点及意义;
② 掌握人事外包和劳务派遣的适用范围及相关法律规定;
③ 掌握人事外包和劳务派遣的实施流程。

能力目标

① 能准确区分人事外包和劳务派遣两种不同的业务;
② 掌握人事外包和劳务派遣的适用情况及风险控制;
③ 能合法有效地利用人事外包或劳务派遣业务。

案例导入

索尼公司人力资源服务外包成效显著

索尼电子在美国拥有14 000名员工,但人力资源专员分布在7个地点。人力资源机构在软件应用和文本处理方面徘徊不前,所有人力资源应用软件中,各地统一化的比率仅达到18%。索尼人力资源小组意识到,他们不仅仅需要通过技术方案来解决人力资源问题,还需要更有效地管理和降低人力资源服务成本,并以此提升人力资源职能的战略角色。为此,索尼电子决定与翰威特(全球最早提供人力资源外包与咨询服务、具有60多年人力资源管理咨询经验的公司)签订外包合同,转变人力资源职能。

翰威特认为这将意味着对索尼电子的人力资源机构进行重大改革,其内容不仅限于采用新技术,翰威特还可以借此契机帮助索尼提高人力资源数据的质量、简化管理规程、改善服务质量并改变人力资源部门的工作日程,进而提高企业绩效。在这样的新型合作关系中,翰威特提供人力资源技术管理方案和主机、人力资源用户门户并进行内容管理。这样索尼可以为员工和经理提供查询所有的人力资源方案和服务内容提供方便。此外,翰威特提供综合性的客户服务中心、数据管理支持及后台软件服务。索尼与翰威特合作小组对转变人力资源部门的工作模式寄予厚望。员工和部门经理期望更迅速、简便地完成工作,而业务经理们则期望降低成本和更加灵活地满足变动的经营需求。

此项目的最大的节省点在于人力资源管理程序和政策的重新设计及标准化,并通过为员工和经理提供全天候的人力资源数据、决策支持和交易查询服务,使新系统大大提高效能。经理们将查询包括绩效评分和人员流动率在内的员工数据,并将之与先进的模式工具进行整合和分析。这些信息将有助于经理作出更加缜密、及时的人员管理决策。经理们可以借此契机提高人员及信息管理质量,进而对企业经营产生巨大的推进作用。

索尼电子实施外包方案之后,一些结果已经初见端倪。除整合、改善人力资源政策之外,这一变革项目还转变了索尼80%的工作内容,将各地的局域网、数据维护转换到人力资源门户网的系统上。数据接口数量减少了2/3。新型的汇报和分析能力将取代原有的、数以千计的专项报告。从未来看,到第二年,索尼电子的人力资源部门将节省15%左右的年度成本,而到第五年时,节省幅度将高达40%左右。平均而言,5年期间的平均节资额度可达25%左右。

索尼现在已经充分认识到通过外包方式来开展人力资源工作的重要性,因为可以由此形成规模经济效应并降低成本。此外,人力资源外包管理将人力资源视为索尼公司网络文化的起点。人力资源门户将是实施索尼员工门户方案的首要因素之一。索尼也非常高兴看到通过先行改造人力资源职能来进行电子化转变。

思考:本案例中,索尼电子公司通过将人力资源服务外包给翰威特,取得了哪些显著的成效?

任务一 人事外包

一、任务要求

明确人事外包的特点、优劣势及发展趋势,掌握人事外包的实施流程,尤其是人事外包业务的确定和服务提供商的选择;了解降低人事外包风险的方法。

二、实训

(一)【实训名称】人事外包"SWOT"分析

【实训目的】真正理解人事外包的优劣势及发展机遇和挑战,对人事外包有较为客观、全面的认识

【实训步骤】

(1) 全班4~5人一组,分成若干小组;

(2) 以小组为单位,用SWOT分析方法分析人事外包的优、劣势及面临的机遇和威胁;

(3) 书面提交小组分析成果;

(4) 每组派代表在全班做总结发言。

【实训要求】

清楚SWOT这一分析方法,能对人事外包涉及的业务种类、现状及可能产生的后果进行对比分析。通过实训,对人事外包有较为客观、全面的认识。

(二)【实训名称】案例分析

【实训目的】根据人事外包的优劣势及适用范围分析具体案例,加强对人事外包业务的理解

【实训步骤】

(1) 案例:

丰立公司外包制图部门人事管理

为缩减薪水开支,丰立公司打算将制图部门人事管理外包。此次改革涉及28名专业技术人员,他们的技能和知识对于公司运作非常重要,在市场上也炙手可热。这是该部门第一次外包人力资源管理,没有具体的行动框架,因此也没有发展详细的操作计划和人力资源管理计划。制图部门选择了金领人力资源管理公司作为合作伙伴,并且和其他要害部门商讨了如何发展一个合适的人力资源战略以达到大幅度削减人事开支的目的。

具体操作情况如下:

王齐,制图部门总监,非常希望能够保持本部门的创造力,因为他觉得自己的部门有点像艺术部门,手下是一批技术精湛的艺术家。但是他也知道为此部门所费不菲。以前他和员工进行过薪酬谈判,但都失败了。因为自己也知道这个部门对他们的依赖太强。王齐决定透过这次外包,降低工资水平,因此他很渴望这次改革提供的离职计划能够足够吸引他们离开岗位,而让外包公司引进新鲜血液。其他要害部门则更关心工作的延续性,他们希望外包的金领公司能够自由雇佣离职后的老员工——当然,是在新的薪酬条件下。为此,制图部门、其他部门和员工代表之间展开了激烈的拉锯谈判,并且耗费了大量的人力管理资源。

最后达成的结果是给予了这28名员工非常宽厚的选择条件,包括:第一种,自愿离职(员工得到了丰厚的离职金、详细的财务咨询,并且得到保证,这样的离职并不限制金领公司重新雇佣他们作为丰立的员工);第二种,薪酬谈判,以使得某些员工可以继续留在公司保证工作的延续;第三种,换岗。所有上述选择都提供给了全部员工,并且同时进行而非逐一开展,员工也没有被隔绝与其他员工的信息沟通。结果全部员工都选择自愿离职,在得到离职金后,他们的绝大部分又被金领公司雇佣回了丰立公司。王齐非常恼火,制图部门不仅支付了大批离职费用,他们中的大多数也重新回到了公司。

(资料来源:《环网电子商务技术》)

(2) 思考及讨论：
① 丰立公司此次外包犯了什么错误？应如何改进？
② 通过该案例，你还能得到什么启发？
(3) 教师点评总结。

【实训要求】
能够抓住事件的关键点，正确理解案例，明确人事外包的适用范围及外包成功的决定因素。

三、知识链接

（一）人事外包的概念和类型

1. 人事外包的概念

人事外包指的是企业将人力资源管理环节上的工作，除去核心性的事务由企业自己直接管理外，将其他链条上的业务整合外包给企业外部具有专业化技能和资源的机构，从而达到降低成本、提高效率、规避风险、充分发挥自身核心竞争力及增强企业对环境的迅速应变能力的一种管理模式。

2. 人事外包的类型

（1）根据人力资源管理外包的范围，可分为全面人力资源管理职能外包和部分人力资源管理职能外包；

（2）根据企业与外包服务商的合作时间长短，可分为长期外包和分时外包；

（3）根据人力资源管理功能，可分为与企业战略实施相关的外包、与人力资源管理技术相关的外包、与人力资源管理职能相关的外包、与员工关系管理相关的外包。

（二）人事外包的实施流程

人事外包的实施流程如图 8-1 所示。

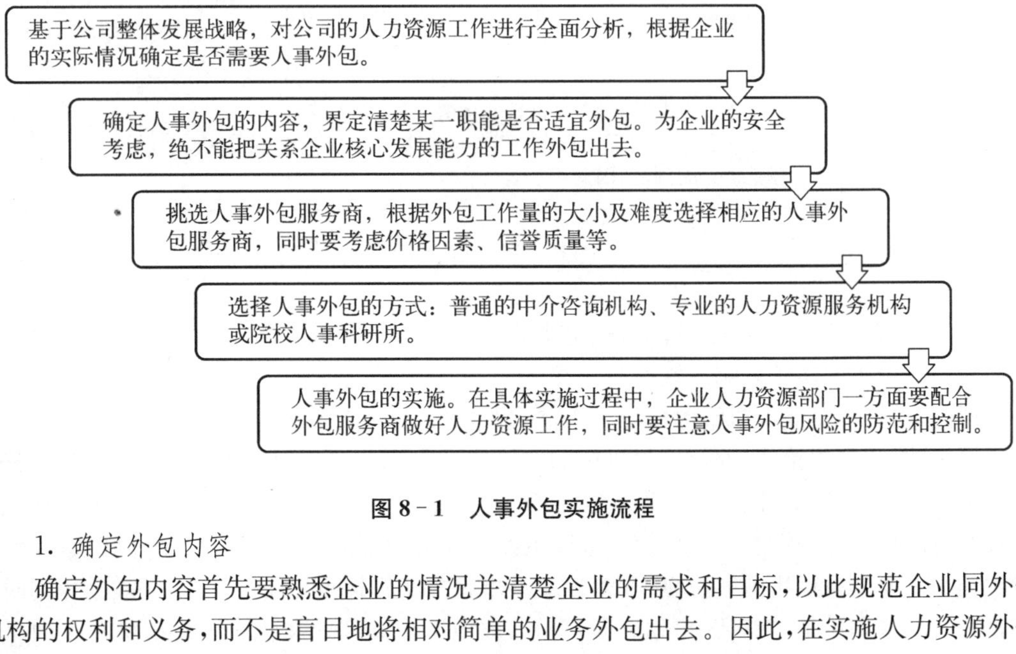

基于公司整体发展战略，对公司的人力资源工作进行全面分析，根据企业的实际情况确定是否需要人事外包。

确定人事外包的内容，界定清楚某一职能是否适宜外包。为企业的安全考虑，绝不能把关系企业核心发展能力的工作外包出去。

挑选人事外包服务商，根据外包工作量的大小及难度选择相应的人事外包服务商，同时要考虑价格因素、信誉质量等。

选择人事外包的方式：普通的中介咨询机构、专业的人力资源服务机构或院校人事科研所。

人事外包的实施。在具体实施过程中，企业人力资源部门一方面要配合外包服务商做好人力资源工作，同时要注意人事外包风险的防范和控制。

图 8-1 人事外包实施流程

1. 确定外包内容

确定外包内容首先要熟悉企业的情况并清楚企业的需求和目标，以此规范企业同外包机构的权利和义务，而不是盲目地将相对简单的业务外包出去。因此，在实施人力资源外包前,企业必须先确定外包内容。

并不是所有的人力资源管理业务都适合外包。在很多情况下,外包的结果并不如预期中的省时、省钱和省力。有时企业甚至找到了最好的外包服务商,结果还是差强人意,或在运作过程中遇到一些意想不到的问题。选择合适外包的人力资源活动进行外包,可以降低这种风险和不足。一般来说,如果在价值链上的某一环节对于企业来说做得不是最好的,或者说如果能做好但是必须花费高额成本,而它又不能形成企业的竞争优势;如果这种活动不会使自己与客户脱节,那么企业就可以考虑选择把它外包给比企业做得更好的专业公司完成。

一般情况下,企业可以选择性地将人员招聘、考核、培训、薪酬等事务性、社会性的人力资源管理业务外包出去。另外,选择需要外包的内容不得包含安全问题,不能把关系企业核心能力的工作外包出去,如企业的人力资源短期和长期规划、员工职业生涯管理、企业文化建设等项目。表8-1将人力资源业务依据价值性和独特性两个因素划分为辅助类、传统类、独特类、核心类四类,并具体说明了是否适合外包的原因。

表8-1 人事外包四维模型

类 型	具 体 说 明	业 务 举 例
辅助类 低价值 低独特性	该类业务为企业贡献的价值有限,而且外包市场的标准化运作完全能够达到用人单位的管理要求,因此适合外包	工资发放、档案管理等
传统类 高价值 低独特性	该类业务可以帮助企业获得竞争优势,但是外部市场的快速发展使得该类业务的要求可以在外部市场上得到满足,因此适合外包	人力资源培训和开发、人力资源信息系统的使用
独特类 低价值 高独特性	该类业务不能直接创造价值,但是具有企业的独特特点,外部市场无法提供针对该类业务的理想服务,因此不适合外包	员工士气、员工不满和抱怨、员工团队协作能力提升
核心类 高价值 高独特性	该类业务能帮助企业获得较高的竞争优势,外部市场无法提供针对这类业务的理想服务,且实行外包可能导致企业核心竞争力的削弱,因此不适合外包	人力资源规划、人力资源成本费用控制

(资料来源:宋君丽《员工关系管理方法与工具》)

2. 挑选服务机构

确定人力资源管理外包内容后,接下来要考虑如何选择服务商。企业在挑选外包服务商时需要综合考虑多种影响因素。

第一,根据本企业人力资源管理工作量的大小,选择适合于本企业的服务商。

第二,除了考虑价格、外包培训机构的经济实力等因素外,还应对外包服务机构的整体能力进行综合评估,如外包机构的资质、业务能力、信誉和质量及企业文化等。如果外包机构没有可以提供劳务派遣或人事档案管理服务的资质,就会给企业带来一定的麻烦;外包服务机构一定要具备运用国家法律、政策的意识和能力以及业务流程的运作管理能力,同时要有良好的信誉和质量,能以客户为导向,理解、适应客户的企业文化。这些都是对整项工作的完成和企业的发展起决定性作用的重要因素。

3. 选择外包方式

一般来说,企业寻求人力资源管理外包服务商的方式可分为三大类:一类是普通的中介咨询机构,他们从事的业务很广,人力资源外包仅仅是他们诸多业务中的一项,企业可以把人力资源管理的某项工作完全交给他们去做;第二类是专业的人力资源服务机构,如国际盛行的猎头公司;第三类是高等院校、科研院所。

4. 人事外包的实施

(1) 签订外包协议。企业在与外包服务机构签订合同时,要特别注意考虑来自服务商方面的风险问题,外包项目预期效果、阶段考核、信息安全、损失赔偿等方面的条款应当明确详细。

(2) 外包实施管理。企业的人力资源管理部门不能消极等待,而必须积极参与,概括起来说包括如下四个方面的内容:

第一,要注意人力资源外包风险的防范与控制,企业方应与服务商就相应的外包项目签订书面合同,明确双方的权利和义务以及违约赔偿等问题。企业要在外包实施的过程中对工作的进展定时检查,确保工作的顺利与安全实施。

第二,企业在外包实施的过程中应该积极地与外包服务商进行沟通,了解外包业务的实施情况。企业还应采取各种安全措施,保护企业的商业秘密、重要内部信息等,在外包工作结束后,企业需要对外包服务进行评估。

第三,企业人力资源部门应积极配合外包服务商,尽可能地为其提供帮助,双方应建立起双赢的合作关系,共同把工作做好。

第四,建立完善的监督反馈机制,企业可成立由企业管理人员、专家、员工和人力资源外包服务商相关人员组成的评估小组,发挥监督指导作用。评估结果应及时反馈给有关部门和领导,并与服务商就前期的成果和问题进行沟通,以进一步提升服务质量。

(三) 人事外包的风险管理

企业实施人力资源外包有助于将人力资源部门从繁重的重要性事务中解脱出来,专注于核心的战略性工作,从而提升人力资源管理的高度及核心竞争力;提供接触新管理技术的机会,提高响应的速度与效率;简化流程,节省时间,提高员工满意度等优点,但应注意如下两方面的问题:其一,外包一般可以减少企业对外包业务的内控,也可能导致权责不清,增加企业责任外移的可能性。其二,任何企业都有自己认同和尊重的企业文化,都有用一定的价值观、价值尺度去衡量工作,将工作外包出去,外包商的一些理念可能跟企业存在差异,如果外包机构不熟悉公司的运作、企业文化、企业目标与政策,其提供的服务质量对企业而言可能降低。

外包业务具体运作的相关规定还不完善,并可能会由于不同文化的差异,造成水土不服现象等。这就需要企业内部和人力资源外包服务机构密切配合,做好以下四方面工作,尽量将可能产生的风险降到最低。

(1) 合理选择外包的内容。企业必须明确在人力资源管理职能中,哪些可以外包,哪些是不适于外包而必须限制在企业内部的;外包内容应当根据企业自身的实际情况来选择。

(2) 做好外包之前的相关准备。企业要完善内部管理,转变相关人员的思想观念,从领导层面保障人力资源外包服务的顺利实施。

(3) 选择合适的外包服务商。除了价格外,还应当从公司实力、客户群体、专业背景、信誉质量等方面综合了解,针对外包内容,选择专业可靠的服务商。

(4) 明确人力资源部门在外包过程中的职责和定位,做好过程的参与和监控工作。人力资源外包将人力资源部门从日常事务中解放出来,但人力资源管理人员在外包过程中的参与和监控不可忽视。企业要建立起服务商的评估机制,在过程中进行评审、反馈和沟通。企业要建立起文件管理和信息安全保障机制,避免机密信息的外泄。

四、拓展训练

1. 根据所学理论和自创公司的实际情况,确定适宜外包的人力资源业务。
2. 阅读希捷中国公司实施人事薪资外包的案例,并总结其成功经验:

为了控制项目风险、提高人事薪资外包系统的性能价格比,希捷总部专门成立了一个亚太地区人事薪资外包工作指导小组,由总部的业务专家和IT专家领导,召集了中国财务部、系统部高层主管参加,在总部的同一指挥下,共同协商中国人事薪资外包服务方案。由于当时中国还缺少人事薪资外包服务的先例,希捷中国在服务供给商选择上更加慎重,还专门聘请了国际五大之一的一家著名治理咨询公司,进行项目的风险评估,帮助企业从国内外有限的人事薪资外包服务商中,选择合格的软件及服务供给商。要求供给商具备长期发展的实力,有一个强大人事薪资软件平台作支撑,有在中国实施跨国公司大型人事薪资项目的成功经验,有能力实现很高的服务水平协议(Service Level Agreement)。

在国际著名治理咨询公司的参与下,经过对国内外 HR 软件厂商和外包服务商的评估、比较,希捷公司最终选定了奇正软件系统有限公司,作为希捷人事薪资外包服务的总承包商,提供从硬件、网络安全、HR 软件到日常人事薪资事务处理的全程服务。奇正公司占领上风在于拥有功能强大的人事薪资软件,为很多跨国公司及国内大中型企业团体提供过成功的 HR 应用服务,对大型应用项目的风险控制能力强。奇正公司成立了希捷人事薪资外包服务小组,由公司 HR 专业咨询服务职员、软件开发职员、系统实施维护职员共同组成,同时与外部的硬件网络合作伙伴紧密联系。人事薪资外包服务的基础平台是奇正团体人事薪资软件,硬件和网络安全由上海一家专业 IDC 公司分包,日常的外包服务业务由奇正外包项目组职员完成。

项目实施

2002年初,希捷中国人事薪资外包服务项目正式启动。首先,奇正项目组与希捷中国及来自希捷总部的全球薪资外包小组进行密切交流,增进了解希捷项目的全球应用背景及在中国的特殊要求,形成周密的应用解决方案,包括集中式应用方案、薪资福利治理方案、与美国总部 HR 系统集成方案、与新加坡财务系统集成方案等一系列子方案。在美国总部、希捷中国、奇正公司、国际治理咨询公司四方取得共鸣的基础上,希捷薪资外包服务项目进展顺利,并在当年6月份改进日常薪资外包服务,奇正外包服务项目组全面接手希捷薪资处理及发放工作。

希捷的薪资系统与设在美国的 HR 服务器相连接,所有员工基本信息通过标准接口程序传进中国的薪资服务器中。同时,基于无缝集成的接口技术,所有的薪资治理系统每月自动填充凭证,传到设在新加坡的财务服务器。本土薪资系统与国外财务及ERP系统的高度集成是希捷薪资外包服务的一大特色,不同系统之间数据的同步、流程的协调,是希捷项目控制的难点所在,也是项目成功的基础之一。

每个月下旬,根据希捷美国总部HR系统提供的员工基础信息,包括员工异动情况、考勤和休假记录、员工薪资政策规则调整等信息,处理所有员工的工资、补贴、资金、股票收益、福利保险和个人所得税等。奇正的薪酬系统可以灵活实现全球各地各种不同的制度下工资、补助和奖金的复杂设置和特别计算,也可在计算薪资前自动进行审查并提交相应的报告,从而确保了数据的正确性。由于系统对数据采取了异地治理、集中储存的方式,所以不管是希捷,还是奇正工作小组任意一方对数据的修改,对方都可以及时地看到,从而保证了提供数据的及时性。奇正成功实现对希捷薪酬外包工作,开创中国薪资外包应用服务先例。通过实施薪资外包,希捷可以专注于企业核心竞争力,让HR专员把时间和精力放在如何配合公司制定HR的战略来帮助实现整个企业的战略目标,由奇正项目组打印工资单据,提供各种报表,包括税务处理及报表,以电子方式提供给税务部门。

希捷公司人事薪资治理规则经常发生变化,这是企业适应劳动力市场变化的需要,但是也给奇正的外包服务带来很大压力。如希捷员工种别很多,不同种别职员的薪资项目时常调整,计算规则经常变化,而且从提出变化需要到实际进行工资计算之间,只留给奇正短短几天时间。奇正软件在人事薪资项目设置上有相当的灵活性,可以较好地适应用户需求多变的情况。在另一方面,一个薪资项目的变化,可能产生一系列的相关变化,假如处理不当,会带来一些意想不到的错误结果。为此,需要奇正外包服务职员有高度的责任心,在薪资项目调整的过程中,要熟悉用户人事薪资政策,可以对用户提出公道建议;同时要周密思考,对可能发生的影响有清楚的预见。

希捷外包服务涉及客户、奇正、硬件合作伙伴等三方,在日常工作中有相当的交流沟通工作,以免出现工作中的失误。每月月底在计算工资之前,奇正服务组与用户之间进行沟通,制订工作安排和任务进度时间表,双方约定工作中的数据及流程配合。在工资计算完成后,双方就本月的外包服务情况进行总结,听取客户的意见,分析题目并提出系统化解决题目的方案。双方还就客户未来对人事薪资外包的新要求,提前交换意见,从而为提高服务质量事前做好充分预备。

对于大型制造企业,人事薪资治理要求完成很多基础性工作。通过实施薪酬外包服务,更好地解决了人事薪资本地化治理及全球化体系约束的双重要求,成功地完成了跨国企业在中国的人事薪资治理。

实施效果

实施后,希捷公司的评价为:功能灵活;可以随时响应用户的需求变化,提供及时的功能调整;把握历史档案,适应职员活动性大的变化;服务全面具体。两年多来,随着服务的持续深进,奇正公司与希捷一道,协商改进服务流程,从机制上保证人事薪资外包服务的质量,减少出错本钱。奇正公司深入研究了国外成功的人事薪资外包服务案例,分析了国际标准的服务水平协议,制订了符合希捷中国外包服务实际的、用户可以接受的外包服务水准。双方以书面形式规定了服务水平,明确了项目的检查控制点,分析了主要的出错可能性,并开发相应的程序,以减少由于人为错误而带来的不必要的返工。

奇正公司为希捷中国提供的人事薪资外包服务项目是国内第一个针对跨国公司的、以IT系统为基础的现代人事薪资外包服务项目。通过这一项目,中国的外包服务供给商及跨国企业客户都在积极尝试,不断积累经验。相信随着业务流程外包客户需求的增加、外包服务供给商的成熟,中国的人事薪资外包服务市场将在今后的几年中迎来一个高速发展的时期。中国本土的软件供给商和外包服务供给商将在激烈的市场竞争中不断发展壮大,将与国际著名的外包服务公司合作,进一步提高自身水平,由此进入全球的人事薪资外包服务领域。我们期待这一天的早日到来。

(资料来源:《希捷中国公司人事薪资外包服务应用案例》HRoot,2005-9-14)

任务二 劳 务 派 遣

一、任务要求

了解劳务派遣的概念及特征,掌握劳务派遣业务实施流程、劳务派遣单位和用工单位的责任分工及对被派遣员工的管理。

二、实训

(一)【实训名称】分析劳务派遣的三方关系及实施流程

【实训目的】了解劳务派遣三方主体的权利及义务,熟悉劳务派遣实施流程。

【实训步骤】

(1) 全班4~5人一组,分为若干小组;

(2) 每个小组自创一家虚拟的劳务派遣公司,确定公司的注册资本、经营范围、业务及公司地址;

(3) 某高校后勤集团拟从本劳务派遣公司招聘数名保洁人员。

【实训要求】

公司为虚拟公司,但注册资本、经营范围和公司地址要具体明确,符合法律规定;步骤(3)要求与某高校后勤集团建立业务关系,请注意劳务派遣实施流程及注意事项。

(二)【实训名称】案例分析

【实训目的】熟悉相关法律规定,进一步明确劳务派遣三方主体的权利和义务

【实训步骤】

(1) 案例:

劳务派遣纠纷该找谁

王伟是一个出色的专业人才。早在1998年7月,他就和一家外事派遣中心签订了《外派员工劳动合同书》,在一家美国公司中国办事处工作,一干就是十多年。他和外事

派遣中心最后一次续签的合同到2010年6月30日止。2009年3月20日,王伟突然接到美国公司的解聘通知,说他故意泄露公司机密谋取不当利益,给公司造成重大损失,并要求他退回办公电脑及备份业务材料,答应支付其3月份的工资及相应的补偿金。对此,王伟很不服。而更让王伟无法接受的是,2009年4月20日,派遣中心也单方面解除与其签订的劳动合同。其间美国公司中国办事处还以王伟迟迟不归还公司电脑及文件为由,通知派遣中心将拒绝支付所欠工资和补偿金。这意味着为公司效力十多年的王伟被"净身出户"了。

王伟首先将派遣中心告上劳动仲裁庭,仲裁委员会经审理认为,派遣中心单方解除与王伟的劳动合同,无正当理由,其行为构成违法,应支付王伟经济赔偿金198 506元。对此,派遣中心不服,起诉至法院。法院受理案件后,将美国公司中国办事处追加为第三人参加诉讼。

法院审理认为,派遣中心在解除与王伟的劳动合同时,援用的理由包括"故意泄露供职公司机密谋取不正当利益"等,但出具的证据均不足以证明王伟存在以上事实,派遣中心解除劳动合同的依据不足。最终,法院支持了王伟要求派遣中心和美国公司中国办事处连带支付赔偿金的诉求。

(资料来源:《劳务派遣人员发生劳动纠纷该找谁》,王春燕,中国人力资源开发网,2010-12-16)

(2) 思考及讨论:

人在用工单位,关系在劳务派遣单位,发生劳动纠纷,该找谁?

(3) 以书面形式提交分析结果;

(4) 小组代表发言;

(5) 教师点评。

【实训要求】

紧密结合案例分析劳务派遣中存在三方主体的特点,根据相关法律规定进一步明确三方各自的权利及义务,了解劳务派遣用工形式可能存在的风险及防范措施。

三、知识链接

(一) 劳务派遣的概念及特征

1. 劳务派遣的概念

劳务派遣是指用工单位为了实现人才的需求目标,与依法成立的劳务派遣单位签订劳务派遣协议,由劳务派遣单位筛选符合用工单位要求的劳动者并与之签订劳动合同后,将劳动者派遣到用工单位工作的一种用工形式。

新修订的《劳动合同法》规定:"劳动合同用工是我国的企业基本用工形式。劳务派遣用工是补充形式,只能在临时性、辅助性或者替代性的工作岗位上实施。临时性工作岗位是指存续时间不超过六个月的岗位;辅助性工作岗位是指为主营业务岗位提供服务的非主营业务岗位;替代性工作岗位是指用工单位的劳动者因脱产学习、休假等原因无法工作的一定期间内,可以由其他劳动者替代工作的岗位。"并进一步指出,"用工单位应当严格控制劳务派遣用工数量,不得超过其用工总量的一定比例,具体比例由国务院劳动行政部门规定。"

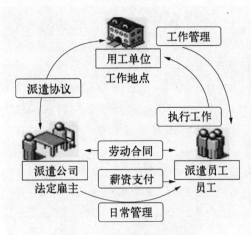

图 8-2 劳务派遣三方关系

2. 劳务派遣的特征

劳务派遣最本质的特征就是将传统的"雇佣使用一体型"的两方直接雇佣关系转化为劳务派遣单位(用人单位、法定雇主)、用工单位、被派遣劳动者三方之间的间接雇佣关系。这种雇佣与使用的分离使得传统的单一雇主职能由劳务派遣单位和用工单位共同行使。劳务派遣单位负责招聘、考核求职者,负责向劳动者支付工资、缴纳社会保险费等;用工单位提供具体劳动岗位,指挥监督被派遣劳动者工作。这种分离将传统的两方劳动关系变为三方关系(见图8-2),进而出现了劳务派遣单位、用工单位的经济交易关系以及两者之间用工责任的划分问题[详见"(三)被派遣员工的管理"]。

(二) 劳务派遣实施流程

劳务派遣业务的实施流程包括五步:

第一步,用工单位进行业务咨询,用工单位提供岗位需求信息,与劳务派遣单位初步了解双方意向,严格考察并确认劳务派遣单位的资质;

新修订的《劳动合同法》规定:"经营劳务派遣业务应当具备下列条件:第一,注册资本不得少于人民币二百万元;第二,有与开展业务相适应的固定的经营场所和设施;第三,有符合法律、行政法规规定的劳务派遣管理制度;第四,法律、行政法规规定的其他条件。"同时规定:"经营劳务派遣业务,应当向劳动行政部门依法申请行政许可;经许可的,依法办理相应的公司登记。未经许可,任何单位和个人不得经营劳务派遣业务。"

第二步,劳务派遣单位进行分析考察并制订派遣方案,劳务派遣单位根据用工单位提出的要求对实际工作环境及岗位进行了解,如有必要可实地考察,根据用工单位的实际需求,制订劳务派遣方案;

第三步,双方就派遣方案进行洽谈,用工单位与劳务派遣单位研究、协商劳务派遣方案内容,并在合法用工的前提下修改、完善方案;

第四步,签订劳务派遣协议,用工单位与劳务派遣单位签订劳务派遣协议,明确双方权利和义务;

第五步,履行劳务派遣义务,用工单位与劳务派遣单位严格执行劳务派遣协议的各项约定,履行劳务派遣义务。

(三) 被派遣员工的管理

1. 劳务派遣单位对被派遣员工的管理

劳务派遣单位应与被派遣员工签订劳动合同,劳动合同内容除了包括一般合同所规定的必备条款外,还应注明所要派遣到的企业的名称及岗位等内容。

劳务派遣单位应向被派遣员工按时支付劳动报酬,不得克扣用工单位按照劳务派遣协议支付给被派遣劳动者的劳动报酬。

2. 用工单位对被派遣员工的管理

用工单位有对劳动力的使用权,同时需要履行如下义务:

第一,为被派遣员工提供符合国家劳动标准要求的劳动条件和劳动保护;

第二,告知被派遣劳动者的工作要求和劳动报酬;

第三,支付加班费、绩效奖金,提供与工作岗位相关的福利待遇;

第四,对连续用工的,实行正常的工资调整机制;

第五,用工单位不得将被派遣的劳动者再派遣到其他用工单位。

四、延伸阅读

劳务派遣再出新规 同工同酬成难啃"骨头"

继2013年7月1日新劳动合同法实施之后,人社部上周又对一部旨在规范劳务派遣的部门规章向全社会征求意见。与近年来劳动法规制定所秉持的精神一致,这部《劳务派遣若干规定(征求意见稿)》(下称"征求意见稿")的重心明显偏向于劳动者权益保护而非劳务派遣行业的发展。

意见征求稿对新劳动合同法中劳务派遣法条进行了细化并制定了操作性的细则。针对现实中劳务派遣中出现的滥用、同工不同酬、社保福利差异、异地派遣等损害劳动者权益的现象作了严格规范。

一位了解内情的人士向《第一财经日报》记者透露,虽然劳务派遣自2008年在法律上已有合法地位,但并非决策者"喜爱"的用工方式。加上近年来劳务派遣乱象横生,此次修正案立法试图通过大幅提高门槛等多方面的限制来缩减该行业规模,鼓励企业同劳动者签订直接用工合同。

然而,采用劳务派遣是企业简化人力资源管理和降低人工成本所作出的选择,国有大型垄断企业、大型外企民企,包括高校等事业单位均是劳务派遣的主战场。在劳动力供大于求和企业需求的双重压力之下,以行政介入和数量控制为核心的法条在现实执行中能否达到立法者的初衷仍然是个未知数。

有专家表示,从严规范派遣用工的意义在于从制度上消除身份不同所带来的歧视,有助于维护劳动者的合法权益,但劳务派遣行业则面临着新一轮的洗牌。

辅助性岗位不得超过10%

新劳动合同法规定,劳动合同用工是我国的企业基本用工形式,劳务派遣用工是补充形式,只能在临时性、辅助性或者替代性岗位上实施。征求意见稿在对"三性"做了具体界定的同时,还专门对于辅助性岗位作出了数量限制。第五条规定:"用工单位在辅助性岗位使用的被派遣劳动者数量不得超过用工总量的10%。"征求意见稿指出,辅助性工作岗位是指为主营业务岗位提供服务的非主营业务岗位。用工单位的辅助性岗位由用工单位根据所处行业和业务特点,提出拟使用劳务派遣用工的辅助性岗位列表,经与工会或职工代表大会共同协商确定,并在用工单位内公示,接受监督。由于不同行业不同企业的辅助性岗位千差万别,征求意见稿规定辅助性岗位确定标准是为了防止企业随意滥用辅助性岗位。

劳务派遣的特点是"用人的不雇人,雇人的不用人",该制度起源于20世纪70年代末,最早用于规范外企在华的用工方式。20世纪90年代地方政府为了安置下岗职工和农村富余劳动力纷纷成立劳务派遣机构,2000年后随着市场化步伐的加快,诸多用工单位出于用工弹性的考虑开始大量使用劳务派遣。

传统上劳务派遣比较多的是垄断性央企,如中石油、中石化、电网、邮政、电信等。第二类是金融机构,包括银行、保险公司、资产管理公司等,曾有调查显示央企劳务派遣工的比例超过50%。第三类是事业单位包括大专院校、医院、科研院所甚至国家机关。最近几年外企和民企也大量使用劳务派遣工,在制造业的一些操作性岗位上,劳务派遣工的比例甚至超过90%。辅助性岗位不得超过10%的规定对于这些大量使用劳务派遣的企业来说无疑是"杀手锏"。一旦新规征求意见后获得批准执行,这些企业的用工方式则面临大转型。对此,企业应对方式也很多,主要是将劳务派遣用工变为直接用工,也可以变为非全日制用工或是业务外包。这种转变当然是有难度的,短时间内难以执行。

为了防止企业规避新规的法律风险而强行退回派遣工,征求意见稿提出了一系列过渡性措施。征求意见稿规定,新劳动合同法施行前已依法订立的劳动合同和劳务派遣协议继续履行至期限届满,用工单位不得以不符合临时性、辅助性、替代性岗位规定或超出劳务派遣用工比例或劳务派遣单位未依法取得行政许可为由退回被派遣劳动者。

同工同酬是否为画饼充饥

同工不同酬是劳务派遣最受诟病之处。征求意见稿强调被派遣劳动者享有与用工单位的劳动者同工同酬的权利。用工单位应当按照同工同酬原则,对被派遣劳动者与本单位同类岗位的劳动者实行相同的劳动报酬分配办法。

新劳动合同法规定了劳动者同工同酬、逐步参加工会以及解除合同这三个权利。最让企业"头痛"便是同工同酬。"同工同酬"并非劳动者所理解同样岗位拿同样多的钱,而是制定统一的薪酬分配制度,根据劳动者具体岗位职责、岗位工作量、能力、素质、年资等来进行薪酬分配。征求意见稿还将"告知被派遣劳动者的工作要求和劳动报酬;支付加班费、绩效奖金,提供与工作岗位相关的福利待遇",列入了用工单位应当对被派遣劳动者履行的义务。

上述了解内情的人士称,"以身份定薪酬"是同工同酬最大的障碍,这在央企、金融机构以及事业单位等国有机构中表现得最为明显。这些部门的同工同酬是改革中的一块"硬骨头",显然不是劳动合同法单兵突进所能解决的,需要包括行政体制改革、福利制度改革在内的配套措施。

劳务派遣机构面临洗牌

上述人士称,由于劳务派遣存在的弊端,从2008年起立法宗旨就是对这个行业进行多方面的限制而不是扶持,当年劳动合同法把劳务派遣公司的门槛从零提升到50万时,严格准入使业内人士担忧这个行业会被消灭,但没有想到的是,2008年后劳务派遣越做越大,一些机构甚至得到境外的风险投资还计划上市。

"这与政府的立法初衷完全违背了。"他说,从去年起的新一轮劳动合同法修法中,劳务派遣仍然是热点,立法者继续采取从严管理的原则来制定法条。

最重要的修改是两条:一是把注册资本金由50万提高到200万,规定必须要有固定的营业场所设施,有合法的劳务派遣制度;二是实行行政许可制度。2008年只要按照公司法成立即可,如今规定从事劳务派遣的业务必须要到劳动行政部门去重新登记获得许可,否则就不得再从事劳务派遣业务。

据本报记者了解,之所以要进行行政许可是因为按照中国现实,在哪个部门注册发生纠纷之后就归哪个部门管理,劳务派遣纠纷去找工商局并不对口,但劳动部门又有越权之嫌。但在国务院要求政府各部门下放审批权的当下,增加行政许可与政府行政体制改革的大方向并不相符。

专家表示,新劳动合同法对劳务派遣机构还有一条"厉害"规定是,被派遣劳动者在无工作期间,劳务派遣单位应当按照不低于注册所在地人民政府规定的最低工资标准,向其按月支付报酬。也就是说被派遣者没有工作,派遣单位也要发工资,这与最低工资含义也是不符的。

立法者对于派遣工保护之心可见一斑,但这显然在法理存在瑕疵。征求意见稿对此作出了部分的修正,规定若是因为劳动者自身的原因被用人单位退回,劳务派遣公司可以与他解除劳动关系,若是由于用人单位的原因比如经济形势不好或是结构调整的裁员等等,则派遣公司必须给劳动者安排工作,否则需支付最低工资。

(资料来源:第一财经日报,2013-8-13)

任务三 综 合 实 训

一、任务要求

自行收集有关企业实施人事外包或劳务派遣业务的案例,并对其成功或失败的原因进行总结分析。

二、实训

【实训名称】回顾——本项目学习的收获
【实训目的】通过系统回顾,对本模块内容进行总结复习
【实训内容】认真填写下列表格

回顾本项目学习的收获					
编制部门:		编制人:		编制日期:	
项目编号		学号&姓名		项目名称	
课程名称		训练地点		训练时间	
	1. 回顾课堂知识,加深印象 2. 培养学生思考的习惯 3. 工作任务驱动,使学生带着工作任务去学习				
本项目我学到的三种知识或者技能					

(续表)

本项目我印象最深的两件事情	
一种我想继续学习的知识和技能	
考核标准	1. 课堂知识回顾完整,能用自己的语言复述课堂内容 2. 321记录内容和课堂讲授相关度较高 3. 学生进行了认真思考
教师评价	评分

【实训要求】

(1) 仔细回想本章所学内容,若有不清楚的地方查看有关的知识链接。

(2) 本部分内容以自己填写为主,不要过于在意语言的规范性,只要能分条说清楚即可。

项目九

员工满意度管理

教学目标

知识目标

① 掌握员工满意度调查的具体步骤；
② 理解员工满意度分析的原理及内容；
③ 理解员工满意度的内涵，了解员工满意度的理论基础，了解工作生活质量的提高的手段；
④ 理解盖洛普 Q12 测评法的内容及原理。

能力目标

① 能进行员工满意度实地调查；
② 并能够运用简单的统计工具进行分析员工满意度分析。

案例导入

"爱你的员工吧，他会加倍地爱你的企业的。"

在丰田汽车公司，每个员工被提拔到新的负责职位时，员工的亲属都会收到总经理的祝贺电报。尽管它不一定是总经理亲手写的，但对员工及家属的鼓舞却是极大的。科长以上的干部每年一到结婚纪念日，就会收到公司送来的一束鲜花。这不仅仅体现了公司的关怀，而且对维护员工家庭和睦也有一定的作用。普通员工也能受到细微的关怀和体贴。比如有位员工在家休息，忽然听到敲门声，原来是工段长来了。他还没细想是何事登门，工段长已经递上一只精美的玩具，并热情地说："今天是您孩子6岁生日，我们表示祝贺。""啊！连我都忘记了，你们还想得起来,太感谢了"。这位员工怎么能不好好工作呢?

而不断展示你的笑容,也是一种"爱"。位于美国俄亥俄的美国钢铁和国民蒸馏器公司的 RMI 子公司,生产多种钛制品。多年来,公司的产品质量低、生产率低、利润率低。自大吉姆·丹尼尔到这里任总经理后,情况发生了巨变。大吉姆没有什么特殊的管理办法,只是在工厂四处贴上这样的标语:"如果你看到一个人没有笑容,请把你的笑容分些给他","任何事情只有做起来兴致勃勃,才能取得成功"。这些标语下面都签着名字"大吉姆"。公司还有一个特殊的厂徽:一张笑脸。在办公用品上,工厂大门上,厂内牌板上,甚至在工人的安全帽上都绘有这张笑脸。美国人称之为"俄亥俄的笑容",《华尔街日报》称之为"纯威士忌酒——柔情的口号、感情的交流和充满微笑的混合物"。而且大吉姆自己也总是满面春风,他向人们征询意见,喊着工人的名字打招呼,全厂 2 000 个工人的名字他都能叫得出来。他把工会主席叫到会议上,让他知道工厂要干什么,而这种做法在西方企业里几乎是看不到的。结果只用了 3 年时间,工厂没有增加 1 分钱投资,生产率惊人地提高了近 80%。

问题:促使 RMI 公司生产率大幅度提高的原因是什么?

任务一 员工满意度调查

一、任务要求

理解员工满意度的内涵,了解员工满意度的理论基础,了解工作生活质量的提高的手段。

二、实训

【实训名称】案例分析
【实训目的】加强对员工关系满意度管理本质的理解
【实训步骤】
(1)案例:

员工快乐,我们的责任

根据最佳雇主调查显示,心情愉快的人学习更快,交流更顺畅,并能组成更有效的团队。公司也明确了我们管理的根本任务是让员工快乐、提升士气。本田公司也是以喜悦为宗旨。为什么快乐、喜悦如此重要呢?Denison Consulting 公司的调查显示,在 1996 年至 2004 年间,员工心情不愉快的企业的年销售额仅增长了 0.1%,员工心情愉快的企业的销售额在同期则增长了 15.1%。管理专家梅斯特研究发现,企业若能将员工满意度提高 20%,便可将其财务绩效提升 42%。诸多研究显示,令员工保持愉快的心情会给企业带来以下益处：提高生产率、提升质量、降低缺勤率、减少紧张及疲劳感、吸引最好的员工、降低员工跳槽率等。

快乐的定义

对快乐的解释很多，很多人认为快乐是一种心情、一种满足。儒家则认为知足常乐。从管理学的角度上说，我们认为快乐源泉还是需求的满足。需求的满足并不等同于金钱的满足。有人在饥寒交迫的时候你给他一件破棉衣、一个干馒头，他会感到非常快乐和幸福；当他衣食无忧的时候，他快乐的源泉可能是安全的工作环境，同事、朋友的尊重；当他丰衣足食的时候，他更多地会因为工作的完成、人们的认可而喜悦。但是我们认为，快乐并不等于刺激和奢侈，吸毒的人快乐只有几分钟，贪赃枉法追求名利的人能快乐多久呢？国家统计局显示，近年来国民生活水平不断提高，幸福指数却不断下降，这可以解释奢侈不一定快乐。

员工快乐对企业的重要性

员工若心情愉快，企业会更具创新性。如果员工在某一天心情很好，那在这一天里他们就更容易想出创新的点子，而接下来的一天里他们就更容易想出创新的点子。人们心情好时，似乎会建立起一种认知过程，从而带来更灵活、更流畅、更新颖的想法。心情愉快的员工工作更积极。每个领导都希望员工作积极，每个员工也希望有人激励他们。作为管理者，我们应该创造一个令人愉快的工作环境，这样才能激发员工的工作热情。心情愉快的员工不需要来自外部的激励，他们会自己激励自己。只有在管理心情不佳的员工时，我们才需要外部激励（例如奖赏、表扬）。心情愉快的员工会更好地服务客户。心情愉快的员工也能使客户心情愉快，因为他们心情愉快、工作积极、关心客户，能更好地应对难题、关心质量、精力更加充沛。

（2）思考及讨论：

① 通过案例讨论，你认为为什么要让员工快乐？

② 讨论在你身边能够使得员工快乐的手段？

③ 通过该案例，你还能得到什么启发？

（3）教师总结。

【实训要求】

能够抓住事件的关键点，正确理解案例，联系所学理论，结合案例加以论证，初步学习案例分析的方法。

三、知识链接

美国奥辛顿工业公司的总裁曾提出一条"黄金法则"：关爱你的客户，关爱你的员工，那么市场就会对你倍加关爱。"客户"是企业的外部客户，"员工"是企业的内部客户，只有兼顾内外，不顾此失彼，企业才能获得最终的成功。员工是企业利润的创造者，如果员工对企业满意度高，他们就会努力工作，为企业创造更多价值，以企业为家。员工对企业如果不满意，结果一是离职，一是继续留在企业但是已经失去了积极工作的意愿，这两种结果都是企业所不愿看到的。所以，一个追求成功的企业应当重视如何提高企业内部客户——员工的满意度。

(一) 员工满意概述

一般来说,企业的顾客有两种:一是外部的顾客,二是内部的顾客。外部顾客通称为消费者,"以客为尊,满意至上"是赢得他们青睐与忠诚的不二法门。内部顾客其实就是员工,对他们的管理,事实上比外部顾客更复杂、更麻烦。目前的人力资源管理理论已由支配、控制、命令,代之以尊重、包容、沟通、服务的员工满意管理。因此企业在做好外部顾客满意经营的同时还应当开展有效的内部员工营销,即把员工也当作顾客,通过转变领导观念,找到具备服务态度的员工,改善条件、培训其服务技能,再激励他们为顾客提供优质服务,进而形成热心、专注的员工满意精神,使企业达到可持续发展。

所谓员工满意度,是指员工对在组织中所扮演的角色的感受或情感体验,是员工对其工作或工作经历评估的一种态度的反映,它与工作卷入程度、组织承诺和工作动机等有密切关系。员工满意度调查,是指运用专业方法,向员工收集意见并与员工就有关观点、想法、评价等进行交流,适时了解员工工作状态和企业管理上的成绩和不足,以改善企业管理,提高员工满意度和工作绩效的一种活动。

员工对工作是否满意,是否认为在组织内部有发展机会,这种心理感受会直接影响到员工工作时的情绪。研究表明,人的情绪与工作效率有很大关系,低水平的员工满意度会导致员工情绪的低迷或过分紧张,不利于工作效率的提高。提高员工满意度,可以提高员工的工作热情,降低人才流失率,因而员工满意度调查和测量已成为许多大企业管理诊断的评价标准。更为重要的是,员工满意度是面向未来的指标,关系到企业未来员工队伍的稳定和发展,对于企业提前了解存在的问题,发现隐患,及早准备解决问题的方法具有重要意义。具体讲,员工满意度调查至少具有以下作用:

(1) 预防和监控的手段。通过员工满意度调查可以捕捉员工思想动态和心理需求,从而采取针对性的应对措施,如通过调查发现了人员流动意向和原因,如果改进及时,措施得法,就能预防一些人才的流失。

(2) 管理诊断和改进的工具。了解企业在哪些方面亟待改进,企业变革的成效及其改革对员工的影响,为企业人力资源管理决策提供重要依据。

(3) 广泛听取员工意见和激发员工参与的一种管理方式。通过员工满意度调查能够收集员工对改善企业经营管理的意见和要求,真实地了解员工在想什么、有什么意见与建议、有什么困难、对什么不满意,这种民主参与方式能够激发员工参与组织变革,提升员工对组织的认同感和忠诚度。

(4) 企业管理成效的扫描仪。员工满意度调查可以提供企业管理绩效方面的数据,监控企业管理成效,掌握企业发展动态。调查汇总结果可以为企业和部门业绩提供来自民意方面的量化数据。

(二) 相关理论基础

1. X 理论和 Y 理论

麻省理工学院的麦克雷戈教授(McGregor)首创了人性论,标志是 1960 年出版的《企业的人性》,首次提出了 X、Y 理论,以此来解释人的行为。他认为古典的传统管理理论来源于军队和教会(军人以服从为天职),这种管理理论对人的看法是不正确的:如果一个领导人运用这种管理理论做工作,必然会忽视人的因素、人的作用,把人作为消极因素,因而不能充

分发挥人的潜力。他把这种传统管理理论对人的看法称为 X 理论,主要有以下内容和特点:
① 人类天性厌恶工作,人们想方设法尽可能逃避工作,人之初,性本恶,因此,任何领导工作都要"管"字当头,作为一切管理措施的出发点。② 对大多数人来说必须用强制甚至惩罚的手段,才能使他们完成目标,认为人不能自觉地完成目标。③ 一般地说,人缺乏上进心,不愿负责任,宁愿接受领导,而不愿主动地去承担工作。④ 大多数人的行为动机都是生理和安全的需要,只要给钱就行,就干,别无他求。这种需要是低级的。由此必然主张用监督、控制、强化组织的手段,强调命令,强调服从。麦克雷戈认为 X 理论不符合现实的许多情况,如果仍然以它作为指导思想,必然遭到工人的反对。因此,他又提出了与 X 理论完全相反的 Y 理论,主要有以下内容和特点:① 人并非天生厌恶工作,人之初,性本善,而非人之初,性本恶。人对工作的喜恶取决于工作对他是满足还是惩罚。② 外来的控制和惩罚并不是实现目标的唯一手段,人们在工作中会产生一种自我指挥、自我调节和自我控制的能力,主动地去完成目标。③ 生理和安全的需要以及不愿负责任不是人的本性。在适当的条件下,通过对人们进行某种激励,人们都会努力地去完成工作。④ 想象力、判断力和创造力普遍存在于群众之中,关键是如何激发这种能力。

2. 马斯洛的需要层次理论

20 世纪 50 年代美国的马斯洛提出了著名的五层次需要理论,认为人的需要是多种多样的,同时人的需要又是多层次的、多类型的。他把人的需要分为五个层次:

(1) 生理需要。由于生理原因产生的某些需要,是人类最基本的需要。这一需要得不到满足,就谈不上其他需要。这一需要人和动物是相同的,人们为了能够继续生存,首先必须满足基本的生活需要,如衣、食、住、行等。马斯洛认为,生理需要在所有的需要中是最优先的。

(2) 安全需要。生活方面有了保障后,就要求保证人的身体安全;要求职业生活有保障,不受外界的侵害。不仅要求自己现在的社会生活的各个方面均能有所保证,还希望未来生活能有保障。安全需要大致包括对安全、稳定、依赖的需要,希望免受恐吓、焦躁和混乱的折磨,对体制、秩序、法律和保护者实力的需要等。

(3) 社交需要。社交需要是指人们对于友谊、爱情和归属的需要。马斯洛认为,人是一种社会动物,人们的生活和工作都不是独立地进行的。因此,人们总希望在一种被接受或属于的情况下工作,也就是说,人们希望在社会生活中受到别人的注意、接纳、关心、友爱、同情,在感情上有所归属,属于某一个社会群体。人都需要友谊、爱情、家庭,需要归属于某个组织并得到承认。

(4) 尊重的需要。包括自尊和受人尊重。人们都有取得成就、受人尊敬的需要。

(5) 自我实现的需要。为实现个人某种理想和抱负而贡献一切,追求学术成就、追求某一真理的实现。这是最高层次的需要,产生的力量也是巨大的。

马斯洛认为这些需要有以下特点:第一,五种需要是与生俱来的,是下意识的、内在的,哪一种需要不能满足都会产生激励;第二,人的需要都是从低层次需要向高层次需要发展的;第三,对不同的人在不同的时候总有一个需要支配人的行动。从优势需要到优势动机,再产生行为。

3. 双因素理论

20 世纪 50 年代心理学家赫兹伯格 F. Herzberg 经过大量的调查和研究,在《工作与激励》书中提出了双因素理论。赫兹伯格认为人的需要可以划分为两种因素：保健因素和激励因素。

(1) 双因素理论的内涵

① 保健因素(维持因素)是指维持一个合理而满意的工作所必不可少的因素。没有这种因素或达不到这种因素的条件，人们就不满意，就不努力工作，但这种因素即使超过一定限度，也并不构成激励，就像医疗保健药品，少了它不行，多了也没用，只能防止疾病，不能医治疾病，如：企业政策以及合理的管理制度；工作中必要的监督；和上级、同级、下级关系的搞好；必要的工资；安全、工作环境条件等。保健因素大都属于物质方面的因素。

② 激励因素是指对职工起到强烈激励的因素，如：工作上的成就感；受领导重视、群众赞扬；得到荣誉；得到提升以及工作本身的挑战性和个人的发展前途等。激励因素多为精神方面的因素。

赫兹伯格认为传统的"满意的对立面是不满意"这一观点是不正确的，满意的对立面应该是没有满意，不满意的对立面应该是没有不满意。如图 9-1 所示。

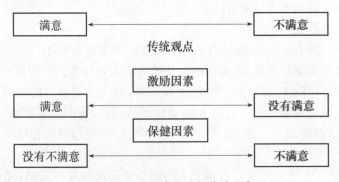

图 9-1 双因素理论与传统观点

(2) 双因素理论在企业管理中的运用

① 工作的丰富化，即工作内容的丰富化、多样化。积极地培养职工的工作兴趣和情趣。

② 工作的扩大化。要求职工同时承担几项工作。

③ 弹性工时。职工在保证完成任务的前提下，除一部分规定工作时间外，其他时间自行安排。

4．威廉大内：Z 理论

Z 理论(Theory Z)是由威廉·大内在 1981 年提出的日本式管理理论。大内选择了日、美两国的一些典型企业(这些企业在本国及对方国家中都设有子公司或工厂)进行研究，发现日本企业的生产率普遍高于美国企业，而美国在日本设置的企业，如果按照美国方式管理，其效率便差。根据这一现象，大内提出了美国的企业应结合本国的特点，向日本企业的管理方式学习，形成自己的一种管理方式。他把这种管理方式归结为"Z 型"管理方式，并对这种方式进行了理论上的概括，称之为"Z 理论"。该书在出版后立即得到了广泛重视，成为 20 世纪 80 年代初研究管理问题的名著之一(《Z 理论》一书与《成功之路》《日本的管理艺术》《公司文化》一起被称为美国管理"四重奏"，其中《日本的管理艺术》作者之一帕期卡尔曾与大内一起研究日本的管理)。

Z 理论的内容基本可以简述如下：

（1）畅通的管理体制。管理体制应保证下情充分上达；应让员工参与决策，及时反馈信息。特别是在制定重大决策时，应鼓励第一线的员工提出建议，然后再由上级集中判断。

（2）基层管理者享有充分的权利。基层管理者对基层问题要有充分的处理权，还要有能力协调员工们的思想和见解，发挥大家的积极性，开动脑筋制定出集体的建议方案。

（3）中层管理者起到承上启下的作用。中层管理者要起到统一思想的作用，统一向上报告有关情况，提出自己的建议。

（4）长期雇佣员工，及时整理和改进来自基层的意见。企业要长期雇佣员工，使工人增加安全感和责任心，与企业共荣辱、同命运。

（5）关心员工的福利。管理者要处处关心员工的福利，设法让员工们心情舒畅，形成上下级关系融洽、亲密无间的局面。

（6）创造生动的工作环境。管理者不能仅仅关心生产任务，还必须设法让员工们感到工作不枯燥、不单调。

（7）重视员工的培训。要重视员工的培训工作，注意多方面培养他们的实际能力。

（8）员工的考核。考核员工的表现不能过窄，应当全面评定员工各方面的表现，长期坚持下去，作为晋级的依据。

大内认为，任何企业组织都应该对它们内部的社会结构进行变革，使之既能满足新的竞争性需要，又能满足各个雇员自我利益的需要。Z型组织也许就接近于这种新的组织形式。

Z理论认为，一切企业的成功都离不开信任、敏感与亲密，因此主张以坦白、开放、沟通作为基本原则来实行"民主管理"。大内把由领导者个人决策、员工处于被动服从地位的企业称为A型组织，他认为当时研究的大部分美国机构都是A型组织。A型组织的特点为：① 短期雇用；② 迅速的评价和升级，即绩效考核期短，员工得到回报快；③ 专业化的经历道路，造成员工过分局限于自己的专业，但对整个企业的了解并不多；④ 明确的控制；⑤ 个人决策过程，不利于诱发员工的聪明才智和创造精神；⑥ 个人负责，任何事情都有明确的负责人；⑦ 局部关系。

相反，他认为日本企业具有不同的特点：① 实行长期或终身雇用制度，使员工与企业同甘苦、共命运；② 对员工实行长期考核和逐步提升制度；③ 非专业化的经历道路，培养适应各种工作环境的多专多能人才；④ 管理过程既要运用统计报表、数字信息等清晰鲜明的控制手段，又注重对人的经验和潜能进行细致而积极的启发诱导；⑤ 采取集体研究的决策过程；⑥ 对一项工作集体负责；⑦ 人们树立牢固的整体观念，员工之间平等相待，每个人对事物均可作出判断，并能独立工作，以自我指挥代替等级指挥。他把这种组织称为J型组织。

大内不仅指出了A型和J型组织的各种特点，而且还分析了美国和日本各自不同的文化传统以致其典型组织分别为A型和J型，这样，就明确了日本的管理经验不能简单地照搬到美国去。为此，他提出了"Z型组织"的观念，认为美国公司借鉴日本经验就要向Z型组织转化，Z型组织符合美国文化，又可学习日本管理方式的长处。比如，"在Z型公司里，决策可能是集体做出的，但是最终要由一个人对这个决定负责"。而这与典型的日本公司（即J型组织）做法是不同的，"在日本没有一个单独的个人对某种特殊事情担负责任，而是一组雇员对一组任务负有共同责任"。他认为"与市场和官僚机构相比，Z型组织与氏族更为相似"，并详细剖析了Z型组织的特点。

四、拓展训练

1. 分析以下案例：

工作生活质量的提高

随着科学技术的发展、社会的发展和繁荣，人们对生活质量的要求越来越高。而工作是人类生活当中最重要的活动，对人类生活方式、社会关系和幸福有着重要影响，因此如何改进工作生活质量（Qualify of work life，QWL）已成为当前人力资源管理的重要问题。

工作生活质量并不是一个全新的概念，事实上早在20世纪30年代之"霍桑试验"中，组织理论家就已经研究了工作本身与组织绩效的关系。在20世纪60年代之前，许多理论家的研究和经验表明在组织内部，人员的工作满意度与组织的绩效有直接的关系，即拥有高满意度的组织比那些低满意度员工的组织更有效率。这也证明了管理领域的一句格言："人们只有是快乐的，才是最有效率的。"在人力资源管理上，高满意度往往意味着低的缺勤率和离职率。

从20世纪60年代以来，由于下列原因，工作生活质量在发达国家发展成为一场普遍的社会运动：

(1) 物质生活水准的提高，使工作者转而追求权利、平等及成功。

(2) 教育水准的提高，使工作者的期望提升及对权威的接受程度降低，而要求参与和影响。

(3) 劳动者权益法的实施、权利的平等化，使劳动者觉悟到自己应有的权益。

(4) 社会民主化进程的发展，使得主雇关系已不是施恩与受惠、指挥与服从，而是员工的自尊与荣誉、主雇间的平等关系。

(5) 新价值观形成，人们普遍认识到就业福利和高水平的生活不再是特权而是权利。

那么，究竟什么是工作生活质量呢？

工作生活质量有多种含义。对于一些人来讲，它意味着组织民主化或在正式组织中更多地参与活动的法律化。对于管理者来讲，这个词的意思是努力通过改进社会心理系统而不是技术与结构系统来提高效率或生产力。有些人，特别是工会和工作团体，将它看成是更平等地分享收入和利润，以及更具有人性的健康的工作条件。另一些人则将它看作是工作扩大化和工作丰富化。

基本上，工作生活质量的定义倾向于三种不同的取向：一种强调工作场所中某些条件的改善；一种强调工作生活品质领域内，工作环境能满足个人需求的程度；一种强调改善个人福利和组织效能的方法。

学者纳达尔（Nadler）和劳勒（Lawler）则从历史发展的角度探讨了不同历史阶段人们对工作生活质量的看法：

(1) 1959~1975。QWL被视为一个变数，观点集中在工作满足感或心理健康等个人面向，亦即强调工作和对个人的影响。

(2) 1969~1974。QWL被视为一种研究取向，基本焦点在个人面向，被看作是有意义的劳资合作。

(3) 1972~1975。视 QWL 为一种方法,用以改善环境品质及创造更具生产性与更满意的环境。

(4) 1975~1980。视 QWL 为一种运动,强调参与管理。

(5) 1972~1982。将 QWL 等同于一切事务,所有有关组织效能和发展的努力都被贴上 QWL 的标签。

我们同意对工作生活质量可采取比较宽泛的定义,承认各种有助于提高员工福利与组织效能的活动,都可视为工作生活质量的范畴。为此,我们将工作生活质量定义为:通过有计划的组织三种方法,以改变更替组织效能与组织成员福利的过程,它包含工作环境和工作安排、员工参与、人际关系、经济报酬和福利、个人自我实现与潜能发挥。也就是讲,工作生活质量实际上表示组织成员在广义的工作环境中,个人的许多需求能被满足的程度,满足程度越高,表示其工作生活质量愈高,反之则愈低。

那么,如何衡量工作生活质量之高低,或者说用哪些标准来衡量工作生活质量呢?对此学者们的看法和标准也存在着差异。学者泰勒(Taylor)认为,衡量的标准包括:① 疏离感(员工流动、离职率);② 经济上的安全感(待遇的满足);③ 自尊(决策的满足、工作技能);④ 自我实现(学习和成长、工作胜任);⑤ 工作环境(身体上的危险、社会的认同等);⑥ 控制和影响(权威、参与);⑦ 组织向心力(与组织目标的一致性);⑧ 生涯的期许(升迁率、期望);⑨ 工作以外的活动(闲暇时间、社区参与);⑩ 家庭;⑪ 其他指标。

另一位学者伯斯坦恩(Bemstein)认为,衡量 QWL 的标准为:

- 决策的参与;
- 经济上的回报;
- 分享管理的信息;
- 权利的保障;
- 独立超然的司法裁判机关;
- 创造一种参与的民主意识。

另外,在美国,据 20 世纪 80 年代初的舆论调研,提出了当代人们最希望的十种工作环境:① 工作中人的相互尊重;② 有意义的工作;③ 重视工作质量;④ 有发展技能的机会;⑤ 主管人员能倾听关于改进工作的建议;⑥ 执行指示时可以考虑自己的情况;⑦ 能了解自己工作的最终成果;⑧ 主管人员重视效率;⑨ 不是过分容易的工作;⑩ 能了解工作的进度情况。

综合诸家看法和经验观察,工作生活质量与以下几个关键问题有着密切的关系:

(1) 如何促使人事制度的公正化,包括录用、升迁、绩效、奖惩等的公平性;

(2) 如何帮助员工发展能使他们实现其能力和兴趣的事业,同时又符合组织事业发展的需求;

(3) 如何使工作本身更有意义和挑战性(包括多样化、成就感和自主性等);

(4) 如何使各种类型的奖酬更有效地激励员工,并保障员工的福利;

(5) 如何建立和促进更为良好、和谐的人际关系和群体间关系;

(6) 如何促进组织成员的参与、民主,并实现权利的均等化;

(7) 建立和保障安全与健康的工作条件和环境;

(8) 如何才能使理想的已经确认的组织目标和变革得以实现。

在今天,当组织的发展是依靠人力资本而不是依靠设备和财政资本时,工作生活质量的意义显得尤为重要。正如学者卡斯特所讲:"这个问题不仅是一个获取更大的人的满意问题;这对于长远的效率、适应能力以及组织的效益和国家的成败也都是重要的。"

任务二 员工满意度内容

一、任务要求

理解员工满意度分析的原理及内容,并能够运用统计工具进行分析。

二、实训

【实训名称】案例分析

【实训目的】理解员工满意度的内容

【实训步骤】

(1) 全班 4~5 人一组,分成若干小组;

(2) 以小组为单位,共同研讨以下案例:

员工究竟需要什么?

肯·布兰佳公司的最新调查"员工激情:工作意愿的新法则"显示,员工有八项需求必须得到领导者的充分关注,从而员工才能做出最佳的工作表现。如果领导者未能关注这些需求,即使是仅仅忽视了其中一项,也将无形中"刹"住组织发展的前行。

(1) 工作的意义:员工需要看到自己工作的意义和价值所在,是否与组织及更大的目标相连接。员工需要明白自己的工作是怎样与整体愿景相联系的,组织文化有什么意义,公司的价值在哪里。

(2) 合作氛围:员工渴望在充满激励的环境下工作,他们希望能和其他员工一起,相互合作,获得成功。

(3) 公平:员工愿意为公平公正的雇主服务,无论是薪资、福利、工作量都公平且平衡,员工之间相互尊重。员工希望感到组织和领导者用同样公平公正的态度来对待他们和客户。事实上,研究表明造成员工离职的最大原因是他们觉得未受到公正和公平的待遇。

(4) 自主:员工希望能自主完成工作任务,他们希望自己有足够的能力和信息来参与关乎自己工作的决策制定。

(5) 认可:员工需要表扬,需要自己的功绩得到认可。

（6）成长：有机会学习、成长、发展技能来实现职业发展，这也是员工的一项关键需求。而且，员工需要感受到自己是职业发展计划进程中的一部分。
　　（7）与领导者的关系：员工希望领导者能与他们分享信息，并能与他们建立良好的伙伴关系。在诚实信任的基础上与员工建立牢固的伙伴关系，这将创造和谐的工作氛围，使员工愿意把工作做得更好。
　　（8）与同事的关系：同上述与领导者的关系一样，与同事之间的良好关系也将促使员工更加努力地工作。

（3）思考及讨论：
① 你认为员工需要与满意度之间有什么关系？试用你自己的语言加以描述。
② 你认为如何才能让员工满意，具体可以采取哪些措施？
（4）每组派代表在全班做总结发言。
【实训要求】
要求语句及内容完整，表述清楚；步骤（2）要求经过讨论，明确所列举的活动属于管理活动；小组代表对小组活动情况的概括应真实、总结性强。

三、知识链接

(一) 进行员工满意度调查要达到的目的

1. 诊断潜在问题

　　员工满意度调查是员工对企业各种管理问题是否满意的晴雨表。进行员工满意度调查可以对企业管理进行全面审核，及时发现企业潜在的管理危机和问题，保证企业工作效率和最佳经济效益，减少和纠正低生产率、高损耗率、高人员流动率等问题。比如，通过调查发现员工对薪酬满意度有下降趋势，就应及时检查薪酬政策，找出不满日益增加的原因并采取措施予以纠正。

2. 找出现存问题的症结

　　员工满意度调查有助于解释出现高缺勤率、高离职率等现象的原因，找出问题的症结。研究表明，满意度与缺勤率之间存在着一种稳定的消极关系，即员工满意度越低，缺勤率越高；满意度与流动率之间也存在负相关关系，且这种相关比满意度与缺勤率之间的相关程度更高，因而提高员工满意度在一定程度上可以降低缺勤率，更能够降低流动率。相对而言，员工不满意在先，缺勤、离职在后，如果能够及时发现员工的不满，并采取有效措施，可以预防一些"人才流失"情况的发生，维护稳定和谐的员工关系。

3. 评估组织变化和企业政策对员工的影响

　　员工满意度调查能够有效地评价组织政策和规划中的各种变化，通过变化前后的对比，管理者可以了解管理决策和变化对员工满意度的影响。

4. 促进与员工间的沟通和交流

　　员工满意度调查是一种有效的群体沟通方式，它创造了沟通氛围，是管理者与员工之间重要的信息沟通和反馈渠道。通过满意度调查，员工能够畅所欲言，反映平时管理者听不到的声音，管理者也可以收集到员工对企业经营管理改善的要求和意见，同时又能激发员工参与企业管理，使管理者能够针对员工的主要需求，加强激励的有效性。

5. 培养员工对企业的认同感、归属感

管理者认真对待员工满意度调查,会使员工感受到企业的关怀和重视,有利于员工在民主管理的基础上树立以企业为中心的群体意识,不断增强员工对企业的向心力、凝聚力。

在以上的五大目的中,第二个目的是最重要的。因为治标要治本,不仅要知其然,而且还要知其所以然。

(二)员工满意度调查的内容

影响员工满意度的因素构成了满意度调查的内容。赫兹伯格在对人的满意度因素研究的基础上,提出了有名的双因素(激励因素、保健因素)理论。洛克(Locke)认为员工满意度构成因素包括工作本身、报酬、提升、认可、工作条件、福利、自我、管理者、同事和组织外成员等十个因素。阿诺德(Arnold)和菲德曼(Feldman)则认为影响员工满意度的因素包括工作本身、上司、经济报酬、升迁、工作环境和工作团体等六个因素。根据行为科学理论,决定员工满意度的因素既有公司政策与管理、督导、工资、同事关系、工作环境等所谓保健因素;又有上进心、责任感、工作本身、赞赏、成就感等激励因素。这些因素在不同时期以不同的程度决定着企业内部不同层次职工的满意程度。根据上述因素可构建如下的员工满意程度指标体系:

1. 对工作条件的满意度

根据行为科学理论,工作条件属于保健因素,改善工作条件虽不能激励员工提高效率,但能够促使员工消除部分不满情绪,维持原有工作效率。员工对工作条件的满意度包括:① 工作地布置满意度。指员工对工作地空间布置的满意程度。具体包括:企业总体平面布置、办公室布置、车间布置等。② 工作地环境质量满意度。包括工作地的空气质量、墙面色彩、光线等。③ 工作手段的满意度。先进良好的工作手段是保证员工工作效率的基础,具体包括:设备的技术水平,工卡量具的配备及其精度等。

2. 对工作本身的满意度

要求工作是人的本能,企业管理的任务就是要给员工安排富有意义、具有吸引力和富有挑战性的工作,使员工在实现企业目标的同时也达到个人目标的实现,具体包括:① 工作适合度。指目前从事工作是否适合员工的兴趣、爱好和特长。② 责任匹配程度。在企业中员工承担的责任应与其享有的权利相匹配。有职无权,难以很好地履行职责;有权无职,必造成权利的架空和人力资源的浪费。③ 自我指挥和控制程度。行为科学理论认为人对于自己参与的工作目标具有实行自我指挥和自我控制的能力,外部控制、操纵、说服、奖罚等不是提高效率的唯一方法,有时甚至会起反作用。④ 工作的挑战性程度。对于那些富于冒险精神、喜欢挑战的员工来说,适度挑战会激发他努力地工作。⑤ 自我价值实现程度。按照马斯洛的需要层次论,追求自我实现是人生的高层次的需要,在实现企业目标的同时若能实现自我价值,必能促使员工情绪饱满地工作。

3. 对工作回报的满意程度

作为一个经济人和社会人,员工在工作之后,必须要求得到相应的回报。令人满意的工作回报,能够极大地激发员工的积极性和主动性。具体包括:① 薪金分配的公平程度。包括分配制度对于公平和效率原则的体现、收入构成、薪金所得与其付出的匹配等;② 事业成就感。事业成就感是需求金字塔中最高层次的需求,一个具有事业成就感的人,往往具有高度的责任心、喜欢挑战性的工作并且不怕疲劳等;③ 工作认可度。期望认可是员工共同的

心理特征,适时、适度的认可、称赞和表扬是激发员工积极性的重要方式;④ 职务晋升的公平程度。赋予能力强、效率高的员工以公平的晋升机会,有利于激发员工的上进心,从而创造性地工作;⑤ 企业福利待遇的满意度。福利待遇的高低对员工的实际收入会产生直接的影响,并最终影响其工作情绪和工作效率。具体包括:企业员工的住房、食堂、冷暖供应、医疗、保险、退离休制度等。

4. 对企业人际关系的满意度

和谐的人际关系是员工保持良好心境愉快工作的关键。具体包括:① 意见沟通度。美国心理学家莱维特指出,意见沟通是影响行为的工具,也是改变行为的有效途径。及时地相互沟通意见,有利于人与人之间传达思想、交换信息,取得信任、理解、支持和帮助。② 非正式组织活动度。行为科学的代表梅奥指出在企业中存在着非正式组织,这种无形的组织有它特殊的感情惯例和倾向等,能够解决正式组织难以解决的人际关系问题。由于它的活动,使得员工之间的距离更为接近,关系更为融洽。③ 冲突协调度。由于人与人之间存在着差异,因此冲突在企业中是客观存在的,无论是建设性的冲突还是破坏性的冲突都会造成人际关系的紧张。协调各种冲突不仅是管理者的重要任务,也是每位员工的一项职责。

5. 对企业整体的满意度

企业是员工之家,对企业整体的满意程度高低与员工是否愿意继续在企业中工作密切相关:① 对企业价值观的满意度。企业价值观是企业员工对企业与外部环境以及企业内部经营管理、人际关系等根本问题的看法。良好的企业价值观,是促使员工成为自我管理主人的关键。② 对企业形象的满意度。调查证实,企业形象与员工满意度存在着高度的正相关。良好的企业形象对于提高企业员工满意度、企业知名度以及企业竞争力至关重要。③ 对参与民主管理的满意度。在企业中由于分工的不同,员工的职位不同,但没有高低贵贱之分,企业管理者应重视让员工参与企业目标的制订和日常的管理工作,促使员工在实现集体目标的同时也达到个人目标的实现。④ 对企业领导素质和能力的满意度。企业领导能力是现代经济社会的稀缺性资源,也是决定企业兴衰的关键,而企业领导的能力强弱与其素质高低密切相关。一个具有高素质和卓越才能的领导班子,会促使企业成为具有强凝聚力的团结的集体,企业会经久不衰。

(三) 如何提高员工满意度

一个人一生的大部分阶段都在工作,而且这段时间是人已经成熟独立以后,真正实现自我生命意义的重要时期。这么长时间的生命投入,自然使员工对于企业有了一种期望,一种对企业评判的权利。从这方面说,企业也应当重视提高员工的满意度,使员工由满意逐渐变为忠诚,自愿地努力工作。企业提高员工的满意度可以从以下几个方面入手。

1. 创造公平竞争的企业环境

公平体现在企业管理的各个方面,如招聘时的公平、绩效考评时的公平、报酬系统的公平、晋升机会的公平、辞退时的公平,以及离职时的公平等。

公平是每个诚实的员工都希望企业具备的特点之一。公平可以使员工踏实地工作,使员工相信付出多少就会有多少公平的回报在等着他。公平的企业使员工满意,使员工能够心无杂念地专心工作。

在工作中,员工最需要的就是能够公平竞争。在麦当劳的每个员工都处在同一个起跑线上。首先,一个有文凭的年轻人要当4~6个月的实习助理,做最基层的工作,如炸薯条、收款、烤牛排等,学会保持清洁和最佳服务的方法。第二个工作岗位则带有实际负责的性质:二级助理。每天在规定的时间内负责餐厅工作,承担一部分管理工作,如订货、计划、排班、统计……在实践中摸索经验。晋升对每一个人都是公平的,适应快、能力强的人晋升的速度就会快。

松下公司则重点推行资格制和招聘制,大大增加了人事管理的公平性和透明度,提高了员工的竞争意识和组织活力。公司首先在内部提出某个需要公开招聘的职位,各类员工均可应聘,但必须提出自己的工作计划,参加类似设计比赛的竞争活动,并接受相应的资格测验。经过各项定量的考评之后,最终确定相应的人员。为了资格制和招聘制的实施,松下还改革了工资制度,工资总体上分为资格工资和能力工资,使人事考评公开化。

2. 创造追求进步的企业氛围

企业不断追求进步表现为:重视培训、重视员工的职业发展。

社会发展速度越来越快,工作中所需的技能和知识更新速度加快,因此培训已成为企业提高员工工作效率、增强竞争力的必要职责。从员工的角度来看,自身的发展进步已经成为他们衡量自己的工作生活质量的一个重要指标。一个企业,发展的机会多,培训的机会多,就意味着晋升的机会多。所以,培训也是员工选择企业的一个优先的指标。

培训的方式可以分为:职前培训、矫正培训、晋升培训、交叉培训、再培训等。

大通曼哈顿银行就非常重视员工的培训,它每年的教育经费支出就达5 000万美元。银行要求员工每年搞一个自我培训计划,并把培训与晋级、提升、奖金等政策紧密结合,来调动员工参加培训的积极性。

3. 创建自由开放的企业氛围

现代社会中人们对自由的渴望越来越强烈。员工普遍希望企业是一个自由开放的系统,能给予员工足够的支持与信任,给予员工丰富的工作生活内容,员工能在企业里自由平等地沟通。

古语说:"疑人不用,用人不疑"。所以,要想使企业员工的满意度提高,必须给予员工足够的信任与授权,让他们自主地完成工作任务,放开手脚,尽情地把工作才能发挥出来。韩国三星集团的老板李秉哲就一直坚持这一用人之道。在"三星商会"开业不久,他大胆地起用了一直没找到工作、被别人视为危险人物的李舜根。除银行的巨额贷款、大批量的原材料进口等少数重要问题外,他把几乎全部的日常业务都交给了李舜根。后来的事实证明,李舜根是可靠的人,对推动"三星商会"的迅速发展起到了重大的作用。

在自由开放的企业氛围里,企业领导充当的角色应当是教练的角色。教练工作不仅是训练,而且是辅导、参谋、揭露矛盾、教育。训练工作要求领导人员具备倾听的能力以及表达真实的赞赏、感谢的能力。通常在"首次"做某事之前或之后要进行特殊的鼓励时,或在纠正错误时,需要进行训练工作。辅导就是帮助能力出众的人体现出自己的能力的工作。参谋就是当发生问题、工作受到影响时,给予员工建设性意见、支持和鼓励,并进行双向的讨论。揭露矛盾就是把工作中存在的问题、员工的重大工作失误正面地公布出来,由众人一起来解决问题,纠正错误。教育也就是我们一般所说的培训。

自由开放的企业应当给员工提供工作轮换的机会,让员工到本职以外的部门和工作岗位上任职。这种任命一般是暂时的。索尼公司就实行工作岗位定期轮换的制度,以保证员工有更多的发展机会,对工作保有新鲜感。

自由开放的企业应当拥有一个开放的沟通系统,以促进员工间的关系,增强员工的参与意识,促进上下级之间的意见交流,促进工作任务更有效地传达。在通用电气公司,从公司的最高领导到各级领导都实行"门户开放"政策,欢迎职工随时进入他们的办公室反映情况,对于职工的来信来访妥善处理。公司的最高首脑和公司的全体员工每年至少举办一次生动活泼的"自由讨论"。通用公司努力使自己更像一个和睦、奋进的大家庭,从上到下直呼其名,无尊卑之分,互相尊重,彼此信赖,人与人之间关系融洽、亲切。

4. 创造关爱员工的企业氛围

人是社会性动物,需要群体的温暖。一个关爱员工的企业必将使员工满意度上升。关爱员工的企业要给予员工良好的工作环境,给予员工足够的工作支持,使员工安心地在企业工作。

关爱员工的企业善于鼓舞员工的士气,适时地给员工以夸奖和赞扬,在员工做出成绩时向员工公开地、及时地表示感谢,并组织一些联欢活动使员工分享成功的喜悦。

关爱员工的企业重视员工的身心健康,注意缓解员工的工作压力。企业可以在制度上做出一些规定,如带薪休假、医疗保险、养老保险、失业保障等制度,为员工解除后顾之忧。丰田公司就设有自己的"全天候型"体育中心,里头有田径运动场、体育馆、橄榄球场、足球场、网球场等。丰田公司积极号召员工参加运动部和文教部,使职工在体育运动和爱好的世界中寻求自己的另一种快乐。这样既丰富了员工的生活、强健了他们的体魄,同时培养了他们勇于奋斗的竞争精神,根本目的是更好地促进生产。丰田还大力提倡社团活动,如车间娱乐部、女子部等,促进人与人的关系。丰田对社团活动所寄予的另一个莫大期望,是培养领导能力。因为不管社团的规模大小,要管理下去就需要计划能力、宣传能力、领导能力、组织能力等。另外,整个丰田公司的活动也很多,包括综合运动大会、长距离接力赛、游泳大会等,每月总要举行某种活动。在这些活动中,总经理、董事等领导只要时间允许都要参加,一起联欢。所有这一切,在不知不觉中提高了员工的素质,增进了员工对公司以及领导的感情。

以上四点是提高员工满意度的基本方法,当然达到这一目标的手段是多样的。关注员工满意度,并采取各种措施提高员工满意度,还应当注意对这些措施的反馈控制,要定期进行员工满意度调查,以修正或强化企业为提高员工满意度所付出的努力。

四、拓展训练

分析以下案例:

提高员工工作满意度的 10 个"C"

提高员工工作满意度是员工不再跳槽的关键,工作满意度包含工资、福利,但更多的是指组织的承诺和关心、组织在非现金方面的认可。提高员工满意度主要包含以下十点,如表 9-1 所示。

表 9-1 提高员工工作满意度的 10 个"C"

10 个"C"	含义	
Control	控制	使员工对如何完成工作的重大决策具有掌控能力,也就是授权
Commitment	承诺	向员工展示工作前景和方向以促使其努力工作
Challenge	具有挑战的工作	给员工安排具有挑战性的工作,以提供学习新技能的机会
Collaboration	合作/团队协作	将员工组成团队进行工作
Culture	文化	营造欢快、令人兴奋和开放式的环境
Compensation	报酬	与员工分享收益/赞誉
Communication	交流	公开地、毫无保留地经常与员工分享信息
Concern for Due Process	领导	尊重个人尊严并接纳不同作法/风格
Computer	电脑和技术	向员工提供令其工作更便捷的方法和技术
Competence	能力	确保员工具备完成工作的技能

任务三 员工满意度调查十步曲

一、任务要求

掌握员工满意度调查的具体步骤,并能进行实地调查。

二、实训

【实训名称】员工满意度调查
【实训目的】掌握员工满意度调查的具体步骤
【实训步骤】
(1) 全班 4~5 人一组,分成若干小组;
(2) 以小组为单位,集体选择一个调查对象,制作简要的背景介绍;
(3) 以小组为单位,制订进行员工满意度调查的详细计划,并说明行动理由;
(4) 每组派代表在全班做总结发言。

【实训要求】
(1) 要求步骤要详细,具有可操作性;
(2) 要写明小组成员的具体分工。

三、知识链接

根据员工满意度的调查目的和公司的实际情况,各个公司的流程也是有所区别的。但是一般而言，员工满意度调查分为十步，主要是围绕着"一个中心、两个基本点"进行的。"一个中心"就是以员工的利益为中心；"两个基本点"是一头一尾，一头就是要取得管理层的支持，一尾则指对行政计划进行跟踪。把握这"一个中心、两个基本点"对于做好员工满意度调查至关重要。

（一）取得管理层支持

取得管理层支持的最大障碍是管理层对满意度调查中可能出现的一些情况表示担忧，所以要想获得管理层的支持，就要提前通过预防性措施尽量杜绝出现管理层最为担心的问题（见表9-2）。

表9-2　管理层最担心的问题及预防性措施

管理层最担心的问题	预 防 性 措 施
员工期望太高很难满足	事先有效沟通
员工填写是否诚实、是否敷衍了事	声明是匿名的
出现你没想到的结果	恭喜，那正是最有价值的地方
经理加压给员工以期得到好的分数	培训

（二）计划实施时间等细节

计划实施时间等细节一定不要选在员工和经理最不愿意配合的时间内，因为员工不配合的后果主要表现为在进行满意度调查时敷衍了事，从而达不到预期的效果。一般来讲，在以下4种时候不要进行员工满意度调查：

(1) 年底人员突出业绩或旺季的时候；

(2) 马上快要放假的时候；

(3) 快要评奖金、升迁的时候；

(4) 组织进行很大的内部调整的时候。

例如在"快要评奖金、升迁的时候"时，即使公司单纯地进行员工满意度调查，员工会受到"满意度调查一定会跟奖金或升迁挂钩的暗示"，从而导致做出的调查丧失真实性。

（三）制定调查方案

时间达成一致后，下一步就要制定调查方案。

制定调查方案首先要规定时间；接着确定具体的沟通方法，可以召开会议商讨，也可以通过邮件等电子手段联系；同时在做调查之前给全体员工做一个培训，主要是讲授一下调查的每一个目的是什么、问卷怎么填写等；同时还要准备书面的员工满意度调查指南，从而指导员工在填写问卷时知道应该怎样填、部门应该怎么选；在策划方案中还需要明确调查方法，例如，是使用的访谈法还是每个人都填一份问卷或者是抽样调查；另外，如果有一些外地的分公司，还要把问卷邮寄过去，问卷要注意及时回收，在策划方案中要写清楚"什么时候寄走、什么时候收回"；最后，还要确定报告出来以后用什么分析方法，例如，是柱状图还是文字版或者电子版等。

整体观之，其实在员工满意度调查的十部曲中，第三步"制定调查方案"虽然最烦琐，要做到事无巨细，每一个细节都是为了整体方案的顺利实施。

（四）HR与管理人员同时与员工沟通

制定完方案以后人力资源部的人和管理人员要与员工进行沟通。大多数公司觉得，这一步是很容易的甚至可以忽略，直接让员工填写员工满意度调查表。实际上，这一步的好坏直接决定了以下步骤能否顺利进行。

要想实现与员工的良好沟通，不仅需要总经理的号召，还要求助于内部网站的提醒以及利用醒目的海报，适当的培训也是必要的。

（五）收集调查资料

收集调查资料就是让员工填满一个问卷调查。

1. 收集调查资料的三种方法

（1）纸面的，也就是问卷调查。每个人都要填写。

（2）访谈的，不用填卷子。可以普及每个人。

（3）抽样调查法。只取其中的有代表性的一些员工，例如老员工抽几个人，新员工抽几个人，部门经理抽几个人，副总抽几个人，这就叫抽样调查法。

2. 收集调查资料的注意事项

（1）表格的长短。注意不要过长，否则容易令人反感。

（2）要注意访谈时的场地和布置，最好不要让老板在旁边听见。如果这样员工就不愿意说真话了；另外，面谈者是要经过严格培训的，他知道该问什么、不该问什么，员工在说老板不好的时候，他不能马上跟着攻击，所以对面谈者应该有至少四个小时的培训；同时，访谈的规则是要给每个人发言机会，绝不能进行个人攻击。

（3）最后要注意的是这个访谈者一定要保持中立立场。

3. 满意度调查内容的排序

（1）员工的基本情况；

（2）工作满意度；

（3）培训与发展；

（4）工作团体；

（5）工作条件；

（6）生产力/质量；

（7）管理层支持；

（8）薪酬与福利；

（9）其他建议。

（六）HR或者第三方顾问分析并出报告

第六步是人力资源部或者第三方的顾问公司根据满意度调查中大家的答卷算出得分并作出分析报告。报告类型是文字加柱状图。报告内容包括从员工最认可的项列到最不认可的项目、员工回答的比率、员工各年龄段、各部门的满意度趋势报告。另外，最好有同行业其他公司的报告以作比较。

（七）HR或者第三方顾问与管理人员分享调查结果

1. 形式

首先需要跟公司的总经理单独沟通报告所反映出来的问题，然后再跟部门经理沟通，最后是召开部门经理会议。

在部门经理会议上一般由总经理或者人力资源部具体负责，主要是解释满意度调查结果的好处是什么、不好的地方是什么。

2. 分享结果时要提出关键问题

在分享结果的时候要提出关键的问题,以及解决的方案。

(八) HR及管理人员与员工沟通调查结果

满意度调查问卷一般要在两周或三周之内形成最终的调查报告,然后马上开始沟通。

1. 必须沟通的两个信息

(1) 报告汇总必须同时包括企业的长处和短处。

(2) 管理层针对此调查要采取的行动。

公司管理层一定要针对员工满意度调查结果进行沟通讨论,并且针对此调查要采取的行动,以及下一步马上可能采取的行动与员工进行沟通。可以采取举行员工大会,利用邮件、网络、内部杂志、海报等多种方式进行沟通。沟通可以由部门经理在部门例会上进行,也可以由HR和员工沟通,其中最正式的是总经理和人力资源部给员工开会进行沟通。

2. 沟通的原则

(1) 事先声明这次会后多长时间会跟员工沟通行动计划。

(2) 同时沟通长处和短处,但对事不对人。员工沟通时一定要注意,在沟通短处时一定要对事不对人,否则容易导致员工将更多的心思用于猜测这条是谁写的,说的是哪个经理的什么事儿,从而达不到沟通的效果。

(3) 员工满意度调查以及沟通结果的目的是解决问题,而不是找出谁对不好的结果负责,但是在上一步经理层的沟通中一定要找出谁对事情负责,跟员工沟通时则不需要。

(九) 管理人员和员工共同制订行动计划

1. 认识行动的重要性

满意度调查本身是不会改变组织本身的,只有组织利用调查的信息来计划和实施变革的时候才会发生。

2. 行动计划的关键信息

行动计划必须是白纸黑字的,包括以下关键信息:问题报告、目标、建议的行动、时间限制和跟踪的程序。具体就是:问题出现在哪儿;改进问题的目标是什么;针对这个目标我要采取的行动是什么;预计什么时候完成这个改进。也就是说要符合所谓的SMART原则,即:目标必须是具体的(Specific);目标必须是可以衡量的(Measurable);目标必须是可以达到的(Attainable);目标必须和其他目标具有相关性(Relevant);目标必须具有明确的截止期限(Time-based)。

3. 特殊问题的处理

对于一些很敏感的话题,比如涉及管理风格、领导力和公司政策等的话题,管理层须做出倾听的姿态并且真正地倾听员工的心声。要学会利用头脑风暴法请员工说出改进的措施,这是一个双赢的方法,它既可以激励员工,也会帮助公司的管理层开拓思路,提出具体可行的解决方案和行动方案。

(十) HR与管理人员共同对行动计划进行跟踪

人力资源部和管理层的人员对行动计划进行跟踪是获得调查效果的保证。跟踪需要注意以下几点:

1. 告诫员工要有耐心

组织方面的变化不会在昼夜间发生,是需要时间的。哪怕满意度的分数做出来非常低,公司一下采取了很多变革措施,马上开始变革,效果也不是一时半会儿就能出现的,但是员工心里往往很着急,这就需要事先跟员工沟通,让他们耐心等待。

2. 经常性、固定时间段的沟通

HR和部门经理需要经常地、在固定时间与员工沟通公司在政策、流程等方面的变化,否则员工会认为满意度调查后什么事情都没有发生。比如一个月一次,然后慢慢三个月一次等,总之要在固定的时间跟员工沟通公司有什么变化、公司有哪些新策略和新流程等。

3. 可采用月度例会、年会、内部刊物、内部邮件等方式与员工沟通

其中,内部邮件的方式尽量少用,因为员工对其不太重视。尽量将内部邮件换成富有创意的海报、flash动画等形式。

四、延伸阅读

HR如何做好员工满意度问卷调查

走上工作岗位也有一段时间了,身边也多了几位HR朋友,在与这些HR谈论各自的工作之后才知道,其实做HR的很不容易,除了人力资源管理的六大模块外,HR还需要配合企业作一些内部调查。

关系最好的HR小吴告诉我她的老板比较看重内部员工的价值,因为老板坚信员工是企业利润的创造者,是企业生产力最重要和最活跃的要素,同时也是企业核心竞争力的首要因素。为了了解员工的工作能力、员工需求,还有员工对企业管理、上司的满意度等,老板让她进行调查。但这些调查都属于不同方面,需要分开进行,这也就意味着要做不同类型的问卷,如员工满意度、360度评估、培训需求等。

一开始,小吴是用传统的调查方法进行调查的,也就是纸质问卷。制作问卷的时候小吴觉得还行,因为百度文库里有些模板,下载下来稍微改一下就可以了。但是当问卷收回来之后,小吴就呆了,大家的选项都不一样,公司有五十几个员工,而且为了体现自己的认真,还做了二十四个题目,因此小吴用了一天的时间统计数据。

传统方法不可行,小吴便利用网络找到了一个问卷网站,这个问卷网站能够提供模板,而且还自动统计数据,但使用某些功能需要花钱。为了能够顺利地完成任务,小吴说服老板购买了3个月的使用期限。

刚用网络时小吴感觉很生疏,花了一些时间琢磨后终于能够大致掌握了。可是做了几份问卷后,小吴发现这些调查并不需要经常进行,剩下的期限就浪费了,很不划算。于是,小吴又开始百度搜索了,不久就搜索到一个完全免费的在线问卷调查网站-问卷网。起初,小吴还不相信,抱着尝试的心态,便点了进去……

为了让更多的HR减少内部调查的烦恼,我们跟着小吴一起来看看问卷网是怎样帮她完成员工满意调查的吧。

HR设计一份问卷并不能简单地引用网站提供的模板,而是必须明确自己想要获得什么样的信息,并罗列出来以方便设置题目。小吴利用问卷网进行的员工满意度调查就是想了解企业管理制度的缺陷、薪酬的合理性、员工的需求以及对企业的意见和建议。

清楚了问卷的调查目的之后就可以设计问卷了,一份问卷都会有前言,为了能够让员工真实的填写问卷,小吴在前言中花费了一些心思,很真诚地表述了诚意和调查的目

的、意义,并且问卷采用匿名制。

前言结束了,接下来就是正文了,正文是问卷的主体部分,也是问卷设计的关键,主要就是将所要获得的信息,具体化为一些问题和备选答案。但是设计的调查问卷必须方便数据统计分析,其结果能回答 HR 所想了解的问题,不要将问卷设计得很复杂,题目设置太多,一般 15～30 题就可以了。小吴将问卷题目设为两种形式,封闭式和开放式,封闭式就是单选题、多选题、打分题,开放式就是填空题、排序题,当然在整份问卷中最多的还是程度性问题,就是"满意、不满意"之类的。为了了解员工对工作回报的满意度,小吴设计了多个问题,如"相对于自己的实际付出而言,我对工资回报感到","与同类企业相比,我对自己的工资感到"等组合起来以便更全面的获得想要的信息。在设计的过程中,小吴还通过问题一层一层的去深入,先设置一个单选题"您对公司最不满意的方面是?",接着是填空题"对您最不满意的方面,您觉得应该如何改进?"

在问卷中的题目都设计好后,小吴并没有急着发布问卷把问卷发给员工填写,而是仔细地阅览设计好的问卷,将设计的题目分类排放,好让员工清晰了解问卷架构,在排列的过程中,小吴还注意其中的逻辑性,由简到难。在问卷题目之间没有问题后,小吴才发布问卷,并发给自己的好友填写,以便发现自己没注意的问题并确定填写问卷所需时间范围。

对问卷进行最终修改后,小吴将问卷通过企业邮箱发给了企业内部的所有员工,并规定了填写问卷的时间。接着小吴就等着问卷网自动收集问卷,统计数据了,在规定的时间到了后,小吴便从问卷网上导出了问卷数据。在分析的过程中,小吴发现封闭式题目比较好分析,她发现只有65%的人对薪酬感到满意,在企业管理方面,满意的人多一些,有78%,但还有13%的人不满意,在"对公司最不满意的方面"这一题中,每个选项都有人选择,而作为填空题的开放式题目"对您最不满意的方面,您觉得应该如何改进?",就比较难得出结论,因为大家的建议都不一样,但是想要的信息都能得到,从这些建议中小吴就可以知道企业内部存在的不足,然后根据员工合理的建议制定一些措施进行改进了。

这次问卷调查不仅让小吴了解了员工的需求,企业内部制度的不足,而且还培养了员工对企业的认同感、归属感,员工对企业的向心力和凝聚力也增强了。

(资料来源:http://blog.ceconlinebbs.com/BLOG_ARTICLE_209661.HTM)

任务四 盖洛普 Q12 测评法

一、任务要求

理解盖洛普 Q12 测评法的内容及原理,学会进行员工满意度调查并进行分析。

二、实训

【实训名称】分析横向公众

【实训目的】了解横向公众类型,学会分析具体组织的横向公众

【实训步骤】

(1) 全班4~5人一组,分为若干小组;
(2) 每个小组自创虚拟公司,确定经营范围和具体地址;
(3) 分析该自创公司横向公众类型,各举例说明;
(4) 以小组为单位,以书面形式提交讨论成果。

【实训要求】

公司为虚拟公司,但经营范围和公司地址要具体明确;横向公众分内部公众和外部公众,外部公众可对政府公众、消费者公众、媒体公众、社区公众、同业公众等主要公众类型举例说明。

三、知识链接

(一) 什么是盖洛普Q12测评法

1. 基本含义

盖洛普曾经花了60年时间对企业成功要素的相互关系进行了深入的研究,建立了描述员工个人表现与公司最终经营业绩之间的路径,即盖洛普路径。显然,一个公司的股票增长依赖于公司的实际利润的增长,而实际利润的增长取决于营业额持续增长。多数企业只关注最上面的这三个财务指标,但是当这些指标发生时,已经成为过去,故称为后滞指标。而其他前导指标正是产生后滞指标的根本原因。公司营业额的增长是源于我们有一定的忠实顾客群和愿意为他们服务的员工,这些高度敬业的员工又源于优秀经理的管理,而优秀经理的选拔则归功于公司的知人善用。从整个路径中可以看出,我们只有从"发现优势"到"忠实客户"的前导指标达到先进水平后,才能改进后三个阶段的关键业绩。

Q12就是针对前导指标中员工敬业度和工作环境的测量:盖洛普通过对12个不同行业、24家公司的2 500多个经营部门进行了数据收集,然后对它们的105 000名不同公司和文化的员工态度的分析,发现12个关键问题最能反映员工的保留、利润、效率和顾客满意度这四个硬指标。这就是著名的Q12。

盖洛普认为,对内没有测量就没有管理,因为你不知道员工怎么敬业、客户怎么忠诚。盖洛普拥有员工自我评测忠诚度和敬业的指标体系,Q12就是员工敬业度和参与度的测量标准。盖洛普还认为,要想把人管好,首先要把人看好,把人用对。给他创造环境,发挥他的优势,这是管人的根本。用中国人的话来说,使每个员工产生"主人翁责任感"——盖洛普称作敬业度,作为自己所在单位的一分子,产生一种归属感。

盖洛普公司发明的Q12方法在国际大企业中引起了很大反响,其主旨是通过询问企业员工12个问题来测试员工的满意度,并帮助企业寻找最能干的部门经理和最差的部门经理。

盖洛普在用Q12方法为其他公司提供咨询时,这套方法早已在盖洛普公司得到检验。所有盖洛普员工,每年要接受两次Q12检验,经理们还会与员工进行很多交流,来确保公司队伍的优秀和寻找优秀的部门经理。

2. 来源

盖洛普公司的两位专家马库斯·白金汉与柯特·科夫曼在1999年出版了一本很有新意的畅销书《首先,打破一切常规》。他们曾对不同行业的大批优秀经理进行过深入研究。

在书中,他们将自己的研究发现与盖洛普独创的评测和管理基层员工工作环境的工具 Q12 结合在一起,全面展示了 Q12 的魅力。这 12 个貌似简单的问题,居然可以有效地识别出一家企业最优秀的部门,也证明了员工民意与企业生产效率、利润率、顾客满意度和员工保留率之间的关联。

(二) 盖洛普 Q12 测评法的作用及特点

(1) 简明扼要,突出重点,易于操作。

(2) 全员参与,面向基层。盖洛普认为,企业文化建设的关键在于一线经理。如果基层管理不得力,则高层意志和决策难以贯彻。Q12 调查以部门/班组为单位,重在评测基层工作环境,其所涉及的问题,均在基层管理者和员工控制之下,易于改进。

(3) 与企业业绩挂钩。Q12 问卷虽然简短,但涵盖评测工作环境和企业文化的主要维度,并能通过元分析等高级统计分析工具,与员工保留率、顾客满意度、生产效率、利润率、安全等企业经营业绩指标相联系。

(4) 具有可比性。盖洛普拥有庞大的数据库,能将被测部门的结果与全球业内外其他公司对比分析。

(5) 重在行动。许多传统员工调查之所以收效甚微,主要在于忽视行动。盖洛普咨询人员将在调查基础上,针对各部门/班组编制简明易懂的"盖洛普工作环境质量得分表",并使用统一教材,对各级经理进行培训,帮助他们理解 Q12 结果和管理理念,实施员工反馈并制订改进方案。

(6) 推广先进。盖洛普研究表明,不同于传统的员工满意度调查,Q12 有助于区分优秀部门/班组(Q12 得分高的部门往往经营业绩优良)。盖洛普咨询人员将根据调查结果,挑选若干优秀部门,帮助其总结经验并向全公司推广。

(7) 问卷统一,便于跟踪。

Q12 最大的特点就是从测量和行动两个方面为基层管理工作指出了方向。作为评测指标,Q12 可以用来了解部门中每个员工的工作状态和感受,进而评测基层部门的工作环境;作为管理指标,Q12 指出了一线经理应该关注的 12 个工作维度,为管理工作指出了重点。

(三) 盖洛普 Q12 的问题

1. 主要内容

盖洛普的 Q12,是测评一个工作场所的优势最简单和最精确的方法,也是测量一个企业管理优势的 12 个维度。它包括 12 个问题:

Q1:我知道公司对我的工作要求。

要求是我们衡量自身进步的里程碑,知道公司对自己的要求如同知道通往成功的路径。

Q2:我有做好我的工作所需要的材料和设备。

向员工提供做好工作所需的材料和设备是支持员工工作的首要行为,同时也是最大限度发挥员工潜力的前提基础。

Q3:在工作中,我每天都有机会做我最擅长做的事。

员工只有在工作中用其所长时,才能充分实现其潜力。当一个员工的天生优势与其所任工作相吻合时,他就可能出类拔萃。知人善任是当今公司和经理们面临的最重要挑战。

Q4:在过去的七天里,我因工作出色受到表扬。

认可和表扬如同建设良好的工作环境的砖和瓦。我们作为个人都需要获得认可,以及由此而生的成就感。盖洛普在研究中发现，表扬已成为了一种与员工有效的沟通方式。

Q5：我觉得我的主管或同事关心我的个人情况。

离职的员工并不是要离开公司，而是要离开他们的经理和主管。在现在的公司管理中，经理和主管对员工的影响很大，对员工的关心可以增加双方的信任度，而这种信任会左右员工对公司的看法。

Q6：工作单位有人鼓励我的发展。

我们的工作使我们有机会每天接触新情况和发现新方法来迎接挑战。盖洛普发现，在今天的工作场所，终生受雇于一家公司已过时。新的重点是终生就业机会。优秀的经理们会挖掘员工的自身优势、才干并鼓励他们在适合自己的方向上发展。

Q7：在工作中，我觉得我的意见受到重视。

所有员工都希望他们的意见受到公司的重视，而是否使员工有此种感觉又取决于公司如何倾听和对待他们的意见。这个问题往往被称为员工的"内部股价"，它测量员工对工作和公司所产生的价值感，并能增强员工对公司的信心。

Q8：公司的使命/目标使我觉得我的工作很重要。

员工如果能将公司的价值、目标和使命与他们自己的价值相联系，就会有很强的归属感和目标感。如果员工认为他的工作对公司整个目标很重要，这将加大他的成就感。

Q9：我的同事们致力于高质量的工作。

盖洛普在研究中还发现，员工对工作质量的精益求精也是影响团队业绩的关键因素。员工高质量的工作能增强团队精神，继而在整体上提高效率和改进质量。

Q10：我在工作单位有一个最要好的朋友。

高质量的人际关系组成一个良好的工作场所，良好的工作场所会帮助员工建立对公司的忠诚度。公司往往关注员工对公司的忠诚度，然而，最优秀的公司领导认识到，忠诚度同样存在于员工之间。员工之间关系的深度对员工的去留会产生决定性的影响。

Q11：在过去的六个月内，工作单位有人和我谈及我的进步。

员工往往并不了解他们的才干在具体行为中会如何表现，他们需要从经理那里获得反馈来发挥才干和产生效益。优秀经理常常会不断地与员工进行工作交流，并会谈及员工的进步，帮助员工认识和理解他具有的才干以及如何在每天工作中发挥出来。

Q12：过去一年里，我在工作中有机会学习和成长。

学习和成长是人类的天然需要。学习和成长的一个途径就是寻找更有效的工作方法。对员工来说，只要有机会学习才能更好地、更有效地工作，获得快速成长。

在调查中对每个问题设非常满意、比较满意、较不满意、不满意四个供选择的答案。

这12个问题，构成了衡量企业工作环境的核心内容，它在公司的层面科学系统地衡量员工的敬业度。同样，其他类似的指标，比如利润率、生产效率、员工保留率等，也可以通过Q12加以量化。

2. 逻辑关系

这12个问题的有机排列具有一定的内在逻辑关系。盖洛普将解答这12个问题的过程比作登山，并将具体的问题比喻为登山途中的四个驿站。

(1) 大本营：我的获取。Q12的第1、2个问题，当员工取得一个新职位时，他的需求是最基本的。他想知道企业对他有什么要求、他将挣多少钱，甚至他也会很关心上下班的路途、是否会有一间办公室、一张写字台,乃至一部电话。此时,员工一直在想的问题是——从这个职位"我能得到什么"。这个阶段好比登山的"大本营"阶段。

在12个问题中,前两个问题就是用来测量大本营的准备工作的进展。

(2) 一号营地:我的奉献。Q12的第3至6个问题,当员工爬到一定高度,他的视角会发生变化。于是,在为登山开设的"一号营地"休憩时,他想知道自己是否称职,向自己提出这样的问题——"我在目前的岗位上干得好吗?别人认为我很优秀吗?如果不是,他们又是怎样看待我的?他们会帮助我吗?"这一阶段,员工的问题主要集中在"我能给予什么",他特别关心的是个人贡献和别人的看法。前述问题3到问题6可以测量"一号营地"阶段的状况。这4个问题不仅能帮助员工了解自己是否胜任现职(问题3),而且能帮助他了解别人是否看重他的个人业绩(问题4),以及别人是否看重他的个人价值(问题5),是否打算对他的发展投资(问题6)。这些问题关注的焦点是个人的自尊心和价值。

(3) 二号营地:我的归属。Q12的第7至10个问题,如果员工在"一号营地"得到了满意的答复,他会精力充沛地开始继续攀登,很快他就会达到"二号营地"。在这儿,他的眼界拓宽了,他会环顾四周,问自己:"我属于这里吗?"他也许是一个服务至上的人,但身边的人是不是也都像他一样,整天为客户操忙;也许他的独到之处是拥有无穷的创造力,但身边的人是不是都在锐意创新呢?不管他有什么样的价值观,攀登到这一阶段,他真正想知道的是自己是否适应周围的环境。因此,他会问自己前述的问题7到问题10,以测量自己的现状。

(4) 三号营地:共同成长。Q12的第11、12个问题,"三号营地"是登顶前的最高阶段。在这儿,员工会急于看到每个人都有所提高。所以,他会问:"我们如何共同成长?"这一阶段告诉经理们——唯有经历了前面三个阶段,才能卓有成效地进行革新。要进行革新,并把新点子用于实际,就必须关注正确的期待(大本营),必须对自己的专长充满信心(一号营地),还必须对周围的人是否接受自己的新点子做到心中有数(二号营地)。如果他对上述所有问题不能作出肯定的回答,就会发现,要把所有的新点子用于实际几乎没有可能。最后的两个问题就是用于测量"三号营地"效果的。

(5) 山顶:风景独好。如果员工对以上所有12个问题都能作出肯定的回答,他就可以顺利到达山顶了。但想长期待在山顶是不容易的,因为脚下的土地会不时变动,强风也会从四面八方袭来。不过,只要待在山顶,自然会有一种特殊的感受。企业管理者应该可以看出,要想建立一个良好而充满活力的工作场所,关键在于满足员工在"大本营"和"一号营地"阶段的各种要求。这也是管理者应当集中精力的地方。如果员工较低层面的需求长期得不到解决,那么,企业此后为他们做的所有事情都将毫无意义。反之,如果企业能成功满足这些需求,诸如团队建设和革新措施等问题便会迎刃而解。

3. 高敬业度团队特征

Q12主要是针对团队的工作环境和员工的敬业度方面的测评,这12个软性问题与公司硬性的业绩指标紧密联系。研究发现:员工敬业度高的公司与低的公司相比,员工的保留率将提升13%,生产效率提高5%,顾客满意度增加52%,公司利润率高出44%。并且,通过案例表明:员工敬业度上升5个单位,顾客满意度将上升1.3个单位,最后将使公司收益增长水平上升0.5%,由此看出,高度敬业的员工将开启企业踏上成功之路的大门。

盖洛普基于其近30年来对优秀员工和团队的研究经验,发现在公司中,具有高敬业度的班组或团队往往有以下特征：56%更有可能拥有高出业界平均值的顾客忠诚度。忠诚的顾客将为公司带来长期、持续、稳定的发展。33%更有可能创造高出业界平均值的利润。50%更有可能实现高于业界平均值的生产率。44%更有可能拥有高于业界平均值的员工保留率。

四、拓展训练

根据下面××酒店 Q12问卷调查的任意选择一个调查单位进行员工满意度并分析。

（一）原理及背景

1. 调查情况

本问卷是站在Q12的肩膀上，结合酒店行业特色而编制出来的一套调查问卷。共下发调查问卷327份，收回320份。

2. ××酒店简介

××酒店是一家四星级商务酒店。酒店地处某市繁华商业区；是某市唯一一家专为商务客人设计、建造与服务的国际四星级商务酒店。酒店有员工500多人，拥有各类客房248套。

（二）调查内容

Q01 你知道酒店对你的工作要求吗？——"给我方向"

数据统计：54%认为非常清楚 39%认为比较清楚 7%认为知道一部分

Q02 为了工作，你所需要的物品及相关资源是否能及时供应？——"给我工具"

数据统计：16%认为几乎总是能够及时供应 31%认为经常能够及时供应 46%认为有时能够及时供应 7%认为经常不能及时供应

Q03 在工作中，你有很多机会做你最擅长做的事吗？——"发挥我的优势/特长"

数据统计：2%认为总是 17%认为经常 39%认为有时 21%认为较少 21%认为几乎没有

Q04 当你工作出色时上司是否对你表示赞赏？——"认可我"

数据统计：14%认为总是 16%认为经常 44%认为有时 26%认为极少

Q05 你觉得你的上级或同事关心你的个人情况吗？——"关心我"

数据统计：7%认为总是 30%认为经常 49%认为有时 14%认为很少

Q06 在酒店里，有人鼓励你的发展吗？——"帮助我发展"

数据统计：5%认为很多 17%认为较多 41%认为一般 23%认为较少 14%认为非常少

Q07 在工作中，你觉得你的意见受到重视了吗？——"倾听我的呼声"

数据统计：11%认为深受重视 25%认为较受重视 53%认为既不被重视也不被轻视 11%认为被轻视

Q08 酒店的目标/特色使你觉得你的工作重要吗？——"帮助我认识自身重要性"

数据统计：12%认为很重要 47%认为重要 32%认为一般 9%认为不重要

Q09 为了向顾客提供高质量服务，你的同事们致力于高质量的工作吗？——"提高服务"

数据统计：8%认为极其努力　53%认为努力　39%认为一般

Q10　你在酒店里是否有一个最好的朋友？——"建立相互信任"

数据统计：84%认为有　5%认为没有　11%认为不确定

Q11　在过去工作中，部门有人和你谈及你的进步吗？——"帮助我回顾我的贡献"

数据统计：14%认为经常　47%认为有时　21%认为极少　18%认为几乎没有

Q12　你在工作中有机会学习和成长吗？——"挑战我"

数据统计：11%认为总是有　30%认为经常有　44%认为有时有　5%认为不经常　10%认为几乎没有

Q13　对酒店的管理工作的看法、期望及建议——"开放式问答"

酒店在工作流程设计上应该更符合实际，随实际情况不断更新，并考虑工作流程的合理性。管理人员存在情绪管理问题，不注意对员工说话的语言艺术，伤害了员工的自尊心。管理层要有效地激励下属，不能只提缺点，也要看到优点，并及时鼓励。能够理解员工的想法，从员工角度出发，在结果处理上人性化。员工工作压力大，在工作量的分配上，应该在保证工作满负荷的同时，尽量避免工作超负荷；同时，应更加合理地安排员工的工作时间，做到劳逸结合。人员配置不够，工作大多累积到老员工，老员工年假无休或按小时休，这样会影响到服务质量。上司太严厉，缺少人情味，分配工作不合理，稍有不慎就会犯错误受处罚，有时候实在受不了如此大的压力。

目前的工资收入与本地区同行业相比，工资稍低，很多优秀员工在工作中渐渐失去了热情等。

（三）可行性意见与改进措施

1. 沟通——构造优秀团队

（1）加强与员工沟通，促使员工参与管理。第一线员工比管理者更了解顾客的需求和要求，更能发现工作中存在的问题。酒店应营造一种和谐的大家庭气氛，使员工能充分发表意见，积极参与管理，如以总经理接待日等方式，通过与员工双向沟通，使酒店管理者可以作出更优的决策。

管理者也要重视与"跳槽"员工的交流。这些员工比酒店现有员工更能直接、详实地指出管理中存在的问题。

员工参与管理，能进一步发挥员工的主观能动性，增强员工的工作责任感，使员工更清楚地了解管理人员的要求和期望，更愿和管理人员合作，做好服务工作。还可把一部分决策下放给员工，让员工根据具体情况对客人的问题作出迅速的反应。

（2）人本管理，关心员工。服务产品质量的高低直接取决于服务的提供者的服务技能和服务热情的高低。员工一般工作压力较大，可自由支配的时间较少，管理者应把员工当作渴望得到关怀、理解和尊重的有血有肉的人来看待，充分尊重他们的劳动，维护他们的权益，从生活上多关心员工，为员工提供各种方便。如重视员工宿舍、餐厅的建设，为员工提供各种文体活动场所，丰富业余精神生活，为员工营造一个"家外之家"。这样做，能够增强他们的自信心，激发他们的工作热情，提高他们对饭店的满意度和忠诚度，降低员工的流动。

2. 薪酬与激励

（1）提供多种晋升途径。酒店现行的晋升制度，主要是从基层提拔优秀的服务人员。但有不少优秀的服务人员无法做好行政管理工作，第一线却失去了一批骨干。可为前台服务人员和后台服务人员制定两类不同的晋升制度，并为每个职位设立几个不同的等级或服务技能职称。优秀的服务人员可晋升到更高的职位级别或更高的技能职称，增加工资，却不必脱离服务第一线。

（2）建立合理的薪酬体系。切实提高员工的薪酬福利水平，包括直接报酬、间接报酬、非物质报酬三方面内容。其中，最突出的问题应该是非物质报酬。管理人员应注意到：不同的员工的精神满足是不同的。根据员工个人的差别有针对性地采用各种非物质激励手段。

3. 职业生涯管理与职业发展

（1）定期工作变动。长期从事重复的工作容易产生厌烦情绪，服务质量也会降低。通过工作轮换，安排临时任务等途径变动员工的工作，给员工提供各种各样的经验，使他们熟悉多样化的工作。通过员工交叉培训、工作轮换，既可以在一定程度上避免员工对单调岗位工作的厌烦，提高员工的工作积极性，又能节约酒店人力成本。此外，通过轮岗，使员工不仅掌握多种岗位的服务技能，同时还熟悉其他岗位的服务程序，有助于提高部门之间工作的协调。

（2）重视培训和员工的职业发展。针对员工的特点提供一系列的培训指导，除了课堂培训外还有临时代理主管负责等参与式、启发式等多种方式。员工培训是全方位的，除了各种岗位技能培训，还有全面的素质培训。帮助员工制订个人职业发展计划。员工要树立正确的职业发展计划必须要充分认识自己、了解自己，从而才能确定切实可行的职业目标。酒店为员工制定个人发展计划，协助员工学习各种知识和技能，特别是专业性的知识和技能。通过个人职业发展计划，使每位员工对自己目前所拥有的技能进行评估，使员工能了解到自己最大的潜能和最适合从事的职位，从而能很快地确定自己的发展方向，并在实践中最大限度地发挥自己的潜能。

（四）附录：××酒店员工问卷调查表

××酒店员工问卷调查表

你好！非常感谢你填写下面的问卷。本调查问卷共有13题，其中选择题均为单选，请选择一个最符合你实际的选项。最后一个问题请你按自己的实际想法回答。本问卷将采取不记名方式，你的任何答题情况和个人信息都将严格保密，不会泄露给他人，所以你可以放心作答。你的选择没有对错之分，我们只想比较大家对该问题观点的差异；你对问卷中任何题目的回答，都将是公司管理改进的重要依据，请你按实际情况坦率和自由地表达您的观点，否则将影响调查结果。感谢你的配合！

1. 你知道酒店对你的工作要求吗？
   A. 非常清楚　　　B. 比较清楚　　　C. 知道一部分　　　D. 很模糊
   E. 几乎不知道

2. 为了工作，你所需要的物品及相关资源是否能及时供应？
   A. 几乎总是能够及时供应　　　　　B. 经常能够及时供应

C. 有时能够及时供应　　　　　　　D. 经常不能及时供应

E. 几乎总是不能及时供应

3. 在工作中，你有很多机会做你最擅长做的事吗？

A. 总是　　　B. 经常　　　C. 有时　　　D. 较少

E. 几乎没有

4. 当你工作出色时上司是否对你表示赞赏？

A. 总是　　　B. 经常　　　C. 有时　　　D. 极少

E. 几乎从不

5. 你觉得你的上级或同事关心你的个人情况吗？

A. 总是　　　B. 经常　　　C. 有时　　　D. 很少

E. 几乎没有

6. 在酒店里，有人鼓励你的发展吗？

A. 很多　　　B. 较多　　　C. 一般　　　D. 较少

E. 非常少

7. 在工作中，你觉得你的意见受到重视了吗？

A. 深受重视　　　　　　　　　　B. 较受重视

C. 既不被重视也不被轻视　　　　D. 被轻视

E. 严重被轻视

8. 酒店的目标/特色使你觉得你的工作重要吗？

A. 很重要　　　B. 重要　　　C. 一般　　　D. 不重要

E. 非常不重要

9. 为了向顾客提供高质量服务，你的同事们致力于高质量的工作吗？

A. 极其努力　　　B. 努力　　　C. 一般　　　D. 并不努力

E. 一点都不努力

10. 你在酒店里是否有一个最好的朋友？

A. 有　　　B. 没有　　　C. 不确定

11. 在过去的工作中，部门有人和你谈及你的进步吗？

A. 总是　　　B. 经常　　　C. 有时　　　D. 极少

E. 几乎没有

12. 你在工作中有机会学习和成长吗？

A. 总是有　　　B. 经常有　　　C. 有时有　　　D. 不经常

E. 几乎没有

13. 您对酒店的管理工作还有什么看法、期望及建议：

您的职位：　　　　　　所在部门：

任务五 综合实训

一、任务要求

通过填写表格回顾本项目的学习内容和技能。

二、实训

【实训名称】回顾——本项目学习的收获
【实训目的】通过系统回顾,对本模块内容进行总结复习
【实训内容】认真填写下列表格

回顾本项目学习的收获					
编制部门:			编制人:		编制日期:
项目编号		学号&姓名		项目名称	
课程名称		训练地点		训练时间	
	1. 回顾课堂知识,加深印象 2. 培养学生思考的习惯 3. 工作任务驱动,使学生带着工作任务去学习				
本项目我学到的三种知识或者技能					
本项目我印象最深的两件事情					
一种我想继续学习的知识和技能					
考核标准	1. 课堂知识回顾完整,能用自己的语言复述课堂内容 2. 321记录内容和课堂讲授相关度较高 3. 学生进行了认真思考				
教师评价				评分	

【实训要求】

(1)仔细回想本章所学内容,若有不清楚的地方查看有关的知识链接。

(2)本部分内容以自己填写为主,不要过于在意语言的规范性,只要能分条说清楚即可。

项目十

离职与裁员管理

教学目标

知识目标

① 理解员工辞退的内涵及难点;
② 掌握员工辞退的程序;
③ 了解裁员的类型及相关法律规定;
④ 掌握裁员的步骤及技巧。

能力目标

① 能够按照员工辞退流程设计相关的应用表格;
② 能够进行辞退面谈;
③ 掌握裁员的通常做法;
④ 能在合法前提下合理实施裁员。

案例导入

被强行"炒鱿鱼"员工堵公司大门[①]

三九集团已进入华润时代,笔架山脚下曾经车马喧嚣的总部日渐门庭冷落。但前昨两日早晨,平静被打破,三九集团后勤保障部数十名员工将总部大门封堵,原因是"110名老员工被强行'炒鱿鱼'"。市、区两级劳动部门及维稳等部门

---

① 丰雷.被强行"炒鱿鱼"员工堵公司大门.南方都市报.2010-3-4.

派员到场协调,该公司有关人士表示,裁撤后勤保障部是大势所趋,方案不会变,但对个别补偿会作相应调整。

一、员工账户已收到"补偿金"

前日上午7时许,数十人陆续赶来将三九集团总部大门堵住。据堵门的员工代表说,他们都是三九集团后勤保障部的员工,该保障部是三九企业集团全资子公司,对外称呼是深圳市先达明物业管理公司。春节前,公司突然通知员工将全部被裁员,而补偿金却很低。昨日一大早,这些员工再次将大门堵住。

左女士说,她在后勤保障部工作了17年,今年1月15日,公司突然开会说要解散后勤保障部,110余名员工都被"炒鱿鱼",事前一点商量都没有,而且,就在开会后,员工账户上被打入"补偿金",员工连计算"补偿金"的时间都没有。

据员工代表说,很多员工在三九集团干了20余年,有深圳户籍,如今都已是四五十岁的"老员工"了,而补偿方案中,最高的补偿也不过10余万元。他们说,目前大多数员工都住在公司的廉租房,被炒鱿鱼后就不是公司员工了,应该很快就会被赶出廉租房,靠这点补偿金,在深圳怎么养家糊口。

二、公司:裁员方案整体不会变

事发后,市、区两级劳动部门及维稳等部门派员到场协调。

该公司有关人士表示,先达明物业管理公司原是三九集团下属的全资子公司,员工基本都是清洁工、电工等,主要服务集团大院,三九集团重组后,大院内的单位基本搬空了,所以先达明物管公司的经营无法继续,故出台方案进行经济性裁员,否则不利于重组大局。

"这和劳动合同是否到期无关。"该人士表示,裁员方案从今年1月15日启动,到2月28日结束,但先达明物管公司的员工有意见,主要集中在房子是否能继续租住,补偿标准是否太低等问题上。但公司认为,补偿标准已经很高了,后勤部门的人工资本来就很低,拿到这样的补偿已经不错了。此外,员工仍可以继续租住原来的房子,除非公司要对这块地进行开发改造。

该负责人表示,下一步将与市、区劳动部门继续沟通,和员工继续协商,但裁员方案整体不会变,不过,针对个别情况、个别人的补偿会做相应调整。

任务一 离职管理

一、任务要求

通过案例分析以及知识的学习,理解辞退员工的难点。

二、实训

【实训名称】 案例分析

【实训目的】理解企业辞退员工需要从事的工作
【实训步骤】
(1) 案例：

> **试用期内辞退员工需要理由吗？**
> 2007年3月份，罗小姐应聘到一公司，签订了为期两年的劳动合同，其中试用期2个月。上班后才知道该公司经常要工人加班，有时候一天要工作12个小时，星期天也不让休息。今年4月16日晚上加班时，罗因头痛感到身体不适，在车间凳子上小睡了一会，被车间管理人员发现，罗按规定作了书面检讨。4月22日下午，车间管理人员又通知加班，罗某拒绝了加班，与车间管理人员发生口角。4月24日该公司以违反劳动纪律不服从管理人员的指挥为由将罗辞退。

(2) 思考及讨论：
① 分析以上案例中公司的行为是正确的吗？你认为试用期辞退员工需要理由吗？
② 你认为在正常合同期内辞退员工需要理由吗？它们有什么不同？
(3) 以书面形式提交分析结果；
(4) 小组选派代表发言；
(5) 教师点评。

【实训要求】
紧密结合劳动合同法以及劳动法来进行分析，可以借鉴一些具体的管理行为。

三、知识链接

(一) 辞退概述

1. 辞退管理的意义

在经济不景气时期，辞退员工常成为企业降低人工成本、提高劳动生产率和企业竞争力的重要手段。今天，辞退已不是"绩差"、"破产"企业的专用名词，许多业绩好的企业也从组织长远发展的角度进行辞退员工。在企业管理中辞退员工已成为一种现代组织的标准做法，一种组织管理的规范和组织惯例，甚至成为组织文化的一个部分。

一般而言，辞退员工并不是简单地将员工从工资发放清单上清除而已，辞退员工是有成本的。辞退员工的成本包括对员工的补偿成本、重新招聘的成本、企业的短期调节成本以及对留任员工的心理影响等，这些成本都会影响企业行为目标和企业效率。因此，企业在面临裁员时需要仔细考虑的问题是：裁员是唯一的解决办法吗？如何对裁员对象进行筛选、确认？如何最大限度地减轻对留任员工和被裁员工的伤害？最佳的沟通途径是什么？

通常，正式辞退员工的费用要高于预算额。为确保企业利润最大化，避免辞退员工成本和负面影响过大，企业在面临辞退员工时，可以对一些辞退员工替代方案进行比较，例如：冻结人员的进入；停止增加工资、停发奖金；不鼓励甚至限制加班；变更劳动合同；减薪；工作分享；减少工作日；停止带薪休假等额外福利。

辞退员工一方面可以降低成本，提高企业竞争力，另一方面也可能带来负面影响。为降低这些负面影响，企业在制订辞退员工方案时应注意以下问题：向员工传递正面、积极、公平的信息；辞退员工方案应有利于减轻在制定、实施雇佣决策时一线经理的压力；注意维持一种企业内外的融洽关系。在市场经济条件下，保持员工的合理流动，既有利于企业不断引进新的人才、淘汰不合格员工，又可以强化现有员工的职业危机感，促使他们努力工作，提高工作效率。

2. 辞退员工的程序

当企业需要大规模辞退员工的时候，可能会辞退一些优秀员工，也可能会辞退一些在正常工作情况下表现不太好、绩效不佳的员工，在这些情况下一般要遵守同样的辞退员工的程序，如图10－1所示。

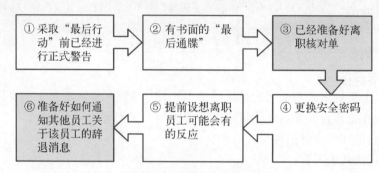

图10－1　辞退员工的程序

（1）采取"最后行动"前已经进行正式警告。要保证在采取最后行动之前，已经与员工进行过正式的沟通。要让员工有一点心理准备，至少不感到突如其来。特别是对那些犯错误的员工要保证在采取最后行动之前已经经过了正式警告。

（2）有书面的"最后通牒"。仅仅有了正式的口头警告是不够的，还要有经过双方签字确认的书面警告，只有做到这些，公司才算具有了辞退这个或这些员工的资格。

（3）已经准备好离职核对单。书面的离职核对单可以告知员工他下一步应该到哪儿还钥匙、去哪儿交文件、怎样去财务部报销等，这个书面离职通知单，能够帮助员工疏解紧张的心理，不会让他在失去工作的那一刻感到束手无策。

（4）更换安全密码。辞退员工后要马上更换公司的密码锁、门卡等，同时收回这些员工的钥匙等物件。

（5）提前设想离职员工可能会有的反应。要永远准备着应对被辞退员工可能马上或稍后会有的反应冲动或不理智行为，提前设想可能发生的情况，并做好相关的预防工作。

（6）准备好如何通知其他员工关于该员工的辞退消息。要事先想好怎样告诉其他部门那些留下来的员工关于这个员工被辞退的消息，如果憋在自己心里不说，其他员工就会有可能传播不实的小道消息。

一般不要采用书面通知、海报、大字报那样的方式，最好召开一个非正式的、类似聊天式的部门会议，借机把这个不好的消息告诉大家，以避免造成群情激愤、胡乱议论的后果。

3. 临时性裁员的方法

临时性裁员是指暂时因为不需要这么多人工作就将其遣散，但是一旦有工作的时候会首先考虑把这些人再招回来。这种裁员的规则是先来后到。

临时性裁员还有其他备选方案，主要有以下三种：自动减薪、自动无薪休假和招聘临时工。如果所有人自动减薪,保证大家都有活干,这样就可以不裁员;也可以所有人无薪休假几个月或者是几个星期;还有一种方法就是能招临时工的时候不招长期工,因为临时工意味着随时可以解聘,所以在招聘的时候就要注意有的职位能用临时工的绝不用长期工,以免以后临时裁员的时候影响工作。招聘临时工是三种方法中最常用的一种。

(二)辞退面谈

1. 辞退面谈现状

很多公司在员工由于各种原因离开时都进行离职面谈,通常由 HR 执行。一般来说,离职面谈的主要目的是收集关于工作和公司的一些信息,如哪些做得对还是不对。

离职面谈的前提是假设员工离开公司前是愿意说实话的,但是实际上可能存在员工利用这个机会打击报复某人,或隐藏事实只是因为不想找麻烦的情况。数据显示离职面谈时38%的员工将原因归为"工资福利",只有4%归为"主管的原因";但是18个月后再调查,就有24%怪罪于主管,只有12%归因于"工资福利"。

由此可见,离职面谈存在一定的陷阱,所以,要想在离职面谈中挖掘到真正原因,就需要掌握高超的技巧。

2. 辞退面谈的步骤

(1)计划。任何大小项目永远是开头的那一步计划最重要,辞退面谈也不例外。辞退面谈的计划要做好以下几点:

① 至少一天前作计划。要至少提前一天做好周密的书面计划,这是对人力资源部和负责裁员的经理而言的,具体内容包括几点几分干什么,几点几分收钥匙,几点几分把公司的网络断了,等等。

② 保证员工守约前往。

③ 不要在电话里通知员工。这是一定要遵守的一条,面对面地谈事情有利于良好沟通,电话里的沟通是最容易出错的。越敏感的话题、越严重的话题、越不好沟通的和很复杂的话题越要想办法面对面,电话沟通是千万要杜绝的。

④ 面谈中至少留10分钟时间通知员工。也就是不能拿起电话要求员工跑步前往人力资源部,这是不礼貌的。最好请员工半个小时后到人力资源部,为他提前做好准备,这样员工的心理压力就会比较小。

⑤ 避免周末、假日或者员工的重要纪念日通知员工。这一点是非常关键的,在周末、假日、员工生日、他父母的生日、结婚纪念日、孩子的生日这样的日子里最好不要辞退员工。这些个人信息在员工信息管理库中可以清楚地查到,管理人员一定要提前仔细考察,避免在那些员工认为很重要的日子里把他辞退,否则,只会带来强烈的抵触情绪。这一点很容易被忽略,一定要特别注意。

⑥ 使用自然的场所,尽量不要用经理办公室。辞退面谈时要尽量使用自然一点的场所,比如公司的咖啡厅或者公司里的会议室,但是不能有他人在场,尽量不要使用经理办公室。因为经理办公室一般都是方方正正的,很容易让人产生距离感,容易造成员工心理上的障碍。

⑦ 面谈前先准备好相关材料、事先准备好员工协议、人事档案和一切其他必需的文件。通知后经理要留一段时间以便员工有问题要问,这段时间能够使员工平复情绪。准备好急救中心和安全部门的电话,必要时请助理或秘书留心紧急情况的发生。

(2) 切入正题。切入正题时有两点需要注意：第一，辞退面谈不是闲聊天，尽量避免不要假意避重就轻地谈一些天气或者其他轻松的话题，否则只会令员工知道真相时情绪更激动；第二，员工一进入会议室（或你选择的其他场所），待他稍微坐好就马上告诉他你的决定，避免拖延时间，因为拖延时间是对员工心理上的一个打击。

(3) 描述情景。描述情景是辞退面谈中比较有难度的一步。情景描述最好做到以下几点：

① 首先要用几句话描述为什么要让他离开，比如："你负责的产品下降了4%，而且质量持续出现问题。我们在过去的3个月里已经谈过若干次此事，但是仍未改善。我们不得不有所变化。"这样言简意赅的几句话，会让员工明白这个决定是对事不对人的。

② 切记重事实而非攻击员工的人格，千万不要说出例如"你最近表现真不怎么样"这样的话语。

③ 重点强调这个决定已经做出并且是不可更改的。强调其他内部机会已经考虑过，管理层已经批准，而诸如绩效、工作负担等问题也已经考虑过了。

④ 辞退面谈不要超过10~15分钟。辞退面谈尽量要短而又短，如果是话题扯得过长，往往成了体力上的较量，要耗费很大的精力，这是描述情景时候要格外注意的一点。

(4) 倾听。在沟通中、在跟别人的交往中倾听是所有技能里最难的一步，因为人们往往习惯于说而不习惯于听。但是，当员工已经被辞退的时候，他最希望有人倾听他心里的感受。所以，辞退面谈要持续到被辞退的员工可以稍微冷静地接受这个事实以及接受离职赔偿的条款为止。经理在完成辞退通知以后，不要和员工辩论，而要慢慢仔细地倾听，并且以非语言性的方式例如点头、微笑或者稍微沉默来配合他说话，让他把心中的怨气发泄出来，这样可以帮助他平复情绪。

(5) 沟通赔偿协议中的内容。沟通赔偿协议中的内容要注意以下几点：

① 跟员工仔细讲述一遍赔偿的支付金额、具体算法、福利、其他资源如推荐信等。

② 不要在已经商定好的条款上当场承诺增加任何内容。

③ 不要承诺会"调查一下事后给予答复"，这样会把辞退程序复杂化，以致难以收拾。

(6) 明确下一步。以上步骤均已完成后，就要进行辞退面谈的第六步工作了。被辞退的员工也许不确定下一步该怎么做，所以，这时候要给员工离职流程图，并告诉他一步一步如何做，越详细越好。

另外还要做好离职面谈，这是非常重要的一环。员工在马上要离开公司的时候，往往最容易说真话，这个时候趁热打铁做离职面谈很有可能帮助你发现企业存在的一些问题，所以这个环节是必不可少的；同时，如果员工真的很沮丧、自尊心很受挫，就要为其提供心理帮助，也就是心理辅导。

（三）辞退中员工可能出现的反应和相应对策

被辞员工在刚刚获知被辞的消息时，会有各种不同的反应和感觉。为了切实做好辞退工作，相关的管理人员一定要熟悉几种主要的反应并且掌握正确的应对方法，以免因为自己的不当处理而为公司乃至自身带来不必要的麻烦。以下就是被辞员工的五种主要反应以及相应的对策：

1. 反应和相应对策1

如表10-1所示。

表 10-1　反应和相应对策 1

反应 1	敌意、生气
感觉 1	很受伤,生气,失望
相应对策 1	▶ 用试探性的语言总结你听到他的话,如"听起来你对这件事情很生气"同情心! ▶ 避免正面面对他生气,不要发生争吵 ▶ 保持客观态度,坚持事实,并给员工提供对他日后有帮助的信息

2. 反应和相应对策 2

如表 10-2 所示。

表 10-2　反应和相应对策 2

反应 2	防卫性强、讨价还价
感觉 2	罪恶感、害怕、不确定感、不信任感
相应对策 2	▶ 让员工知道你知道这是一个困难处境,如果是你,你跟他的感觉一样 ▶ 不要掺入任何讨价还价的讨论 ▶ 提供将来可能提供的帮助,必要时引入心理辅导程序

3. 反应和相应对策 3

如表 10-3 所示。

表 10-3　反应和相应对策 3

反应 3	正式的、程序化的
感觉 3	抑制着、控制着情绪,但想要报复
相应对策 3	▶ 给员工自由谈论的机会,只要他不离题 ▶ 尽量避免顾左右而言他,不要谈论所谓"办公室政治" ▶ 保持平静的语调

4. 反应和相应对策 4

如表 10-4 所示。

表 10-4　反应和相应对策 4

反应 4	坚忍克己
感觉 4	震惊、不信任感、麻木
相应对策 4	▶ 跟员工沟通说你理解他的震惊。如果员工不反对,立即跟员工沟通下一步的做法 ▶ 问员工此时是否有什么具体问题。如果没有,告诉员工下一步公司可以提供的帮助是什么

5. 反应和相应对策 5

如表 10-5 所示。

表10-5 反应和相应对策5

反应5	哭哭啼啼
感觉5	忧愁、悲伤、焦虑
相应对策5	▶ 提供纸巾让员工哭够了再说 ▶ 避免诸如"哭什么,这有什么大不了的"之类的话语 ▶ 当员工平息下来后,解释事实及下一步的计划

四、拓展训练

试分析下面的《员工辞退管理细则》的不足之处。

员工辞退管理细则

一、目的

为加强公司劳动纪律,提高员工队伍素质,增强公司活力,促进本公司的发展,特制定本细则。

二、辞退原则

公司对违纪员工,原则上经劝告、批评、教育或行政处分后仍不改者,有辞退的权利。

三、辞退形式

辞退的形式包括辞退、开除。

四、辞退条件

符合下列条件之一的员工,部门主管可提出辞退建议。

1. 试用期未满,被证明不符合录用条件或能力较差,表现不佳,不能保质保量完成工作任务的。
2. 工作态度差、工作缺乏责任心和主动性的。
3. 严重违反劳动纪律或公司规章制到的。
4. 不服从公司的正常岗位调动,在规定的到岗时间不予报到的。
5. 严重失职、营私舞弊、贪污腐化或有其他严重不良行为,对公司利益或声誉造成损害的。
6. 滋事干扰公司的管理和业务活动的。
7. 对公司存在欺骗行为的。
8. 散布谣言,致使同事、主管或公司蒙受损失的。
9. 泄露商业或技术秘密,使公司蒙受损失的。
10. 其他情形。

五、辞退员工的操作流程

1. 部门主管根据公司规定的辞退条件,实事求是地对照员工的现实能力、表现或某特定的事实提出辞职建议,填写"员工辞退建议及评审报告单"(以下简称"报告单")。
2. 部门经理接到"报告单"后,调查了解相关情况,进行条件审查,如果符合辞退条件则签署意见并报行政部审核。

3. 行政部接到"报告单"后,必须与拟辞退员工谈话,了解拟辞退员工的思想反映和意见,根据事实情况确认是否需要辞退。如确认需辞退的,管理部负责人签署辞退意见;如属不应辞退的,并与有关部门经理沟通后,协商安排工作。

4. 如果拟辞退员工为试用期员工,应将"报告单"送交人力资源部。人力资源部在收到"报告单"后,需进行适当的调查和确认,与拟辞退员工谈话,了解情况,如确认需要辞退的,签署意见后送人力资源部经理核查,再送报总经理(或其授权人)审批;如属不应辞退的,人力资源部与相关部门经理沟通,协商解决办法。

5. 总经理批准辞退建议的,由人力资源部通知相关部门;总经理为批准辞退的,由人力资源部及相关部门与员工谈话,视情况对其工作岗位作适当的调整。

6. 被辞退人员的处理结果要经人力资源部备案。

7. 部门经理通知被辞退员工办理辞退手续。

8. 完成以上流程的时限要求:

(1) 部门主管收到"报告单"后,在两个工作日内作出明确答复。

(2) 部门经理收到"报告单"后,在三个工作日内作出明确答复,相关人员联合签署意见并报送人力资源部。

(3) 人力资源部收到"报告单"后,在三个工作日内调查确认。

(4) 公司总经理签署意见后,人力资源部在五个工作日内协调解决问题。

9. 辞退申诉

拟辞退的员工有权按公司规定的申诉渠道进行申诉,但不得扰乱正常工作秩序以及公司领导的工作。

六、违反上述规定的处理办法

1. 如果管理者未按公司规定而随意辞退员工,经人力资源部查证后,提出对管理者的考核意见。

2. 符合公司规定的辞退条件而部门主管不及时提出辞退建议,造成不良后果或不良影响的,相关人员要承担相应责任。

七、本制度自签署之日起效,此前与本制度相抵触的条款自动失效

八、本制度由人力资源部负责解释和修订

任务二 裁 员 管 理

一、任务要求

通过小组讨论和案例分析,掌握裁员的必要步骤、企业依法应履行的义务。

二、实训

(一)【实训名称】合法裁员

【实训目的】掌握经济性裁员的相关规定

【实训步骤】

(1) 全班4~5人一组,分为若干小组;

(2) 根据后面提供的相关法律链接,归纳提炼经济性裁员的条件、程序及注意事项;

(3) 以小组为单位,以书面形式提交讨论成果。

【实训要求】

通过阅读相关法律规定,掌握裁员的条件、程序及注意事项。

(二)【实训名称】案例分析

【实训目的】进一步熟悉裁员的合法程序,明确裁员的必要步骤

【实训步骤】

(1) 案例:

盛大酷6裁员事件

2011年3月,酷6创始人兼CEO李善友"光荣"退休;两个月后再爆裁员高潮。

2011年5月18日上午,时任酷6高级运营副总裁(销售部负责人)的郝志中和销售部副总裁曾兴晔被紧急从上海召回北京总部,突然被告知要将销售部190余名员工裁减至40余人;两位副总裁颇感吃惊,表示反对。当日下午,公司在内部邮件中宣布了对郝志中和曾兴晔的撤职决定,同时任命了新的销售副总裁,裁员继续进行。

突如其来的大规模裁员引起酷6员工的不满,他们纷纷表达此举太突然、太无耻。有员工在微博上直播了公司裁员现场,酷6上海办公室已有HR人员、律师、保镖等与员工交涉,要求员工当天留下电脑及门卡,电脑如不归还将按照折旧费从赔偿金中扣除,办公室已换锁。一位员工称,大家都在整理东西,确实太突然,也很茫然,HR小房间还在逐个谈话,但没有人签"不平等条约",律师们和"保镖们"在大会议室。另有微博指出双方争执不断,还引发肢体冲突,至少有一名女员工胳膊受伤。

5月19日晚,人力资源总监俞鹏对于外界指责的"暴力冲突"进行否认,"暴力绝对是谣言,我们派去上海谈判的是三个女孩子,面对的是30多个员工,不足以形成暴力"。俞鹏同时介绍了本次酷6减员补偿原则和条件:第一是"遵守劳动法",第二是"尊重人",第三是"讲道理"。但郝志中对本次裁减提出质疑,认为不符合《中华人民共和国劳动法》相关条款。

5月25日上午9时,曾兴晔和近40名北京地区被裁员工赶到北京市海淀区人力资源和社会保障局劳动人事争议仲裁院,以集体名义正式递交投诉书,就5月18日的裁员事件经过作了书面陈述,认为"盛大闪电暴力裁员的行径,堪称不沟通、不书面、不解释",员工的"法律、经济权益得不到保障","人格得不到尊重",请求相关部门对"不合法、不合理的裁员行为"进行监督,责令改正并加以处罚。劳动人事争议仲裁院在进行调查后依法作出裁定,认定酷6"5·18裁员事件"为违法行为,确认此次裁员无效,责令酷6于5月30日前限时整改。正式整改文书已下达酷6网相关负责人。

(资料来源:孙宏超,《商界评论》,2011-7-13)

(2) 思考及讨论:

① 为何此次裁员引起如此大的争议?

② 用人单位在哪些情况下可以进行裁员？
(3) 以书面形式提交成果。

【实训要求】
紧密结合案例分析企业裁员的合法程序，包括裁员前的准备、合理的补偿方案及解聘理由；试进一步分析盛大酷6在处理该事件中的不足。

三、知识链接

(一) 裁员的概念与类别

1. 裁员的概念

裁员是因用人单位的原因而解除劳动合同的情形，是用人单位在法定的特定期间内依法进行的集中辞退员工的行为，属于非自动性离职。

2. 裁员的类别

根据裁员的动因不同，裁员分为经济性裁员、结构性裁员和优化性裁员。

经济性裁员是由于市场因素或企业经营不善，导致经营管理状况出现严重困难，盈利能力下降，此时企业为了生存和发展，降低运营成本，被迫采取裁员行为来缓解经济压力；

结构性裁员则是企业的业务方向、提供的产品或服务发生变化而导致内部组织机构的重组、分立、撤销而引起的集中裁员；

优化性裁员是为保持人力资源的质量，根据绩效考核结果解聘那些业绩不佳的、不能满足企业发展需要的员工的行为。

(二) 裁员实施的步骤

1. 准备阶段

(1) 做好组织机构、制度和物资准备，全面了解拟裁员对象的情况，在裁员面谈中占据主动。

(2) 建立领导工作机构或明确各职能机构所负有的责任。

(3) 为裁员制定一系列的规章制度、组织纪律、操作规范等。

(4) 做好裁员管理费用支付的预算，如落实宣传教育开支、考核测试费用等经费，安排好裁员执行人员进行技能培训工作的费用、筹集裁员的经济补偿与安置经费。

(5) 全面了解裁员对象各方面的情况，如连续性的全面工作考核等方面的档案资料、工作岗位、劳动技能、工作年限乃至家庭状况，对特殊情况的员工给予区别对待，在裁员面谈中占据主动，做到公平公正，预防裁员纠纷的发生。

2. 告知

对于非经济性裁员，宣传动员主要是提前、书面正式通知将要被裁的当事人；对于经济性裁员，主要是告知员工企业裁员的必要性、相关劳动法律法规的内容等。

3. 向劳动行政主管部门报告、备案

如果是实施经济性裁员，企业应当获得政府及有关劳动行政管理部门对经济性裁员的认可。

4. 通过裁员方案

企业制订的裁员方案须提交工会或员工代表大会讨论，请代表充分发表意见，经修改后通过。

5. 公布并实施裁员方案

企业正式公布经过工会或员工代表大会讨论修改后的裁员方案并执行该方案。

相关法律链接

《劳动合同法》

第四十一条　有下列情形之一,需要裁减人员二十人以上或者裁减不足二十人但占企业职工总数百分之十以上的,用人单位提前三十日向工会或者全体职工说明情况,听取工会或者职工的意见后,裁减人员方案经向劳动行政部门报告,可以裁减人员:

（一）依照企业破产法规定进行重整的;

（二）生产经营发生严重困难的;

（三）企业转产、重大技术革新或者经营方式调整,经变更劳动合同后,仍需裁减人员的;

（四）其他因劳动合同订立时所依据的客观经济情况发生重大变化,致使劳动合同无法履行的。

裁减人员时,应当优先留用下列人员:

（一）与本单位订立较长期限的固定期限劳动合同的;

（二）与本单位订立无固定期限劳动合同的;

（三）家庭无其他就业人员,有需要扶养的老人或者未成年人的。

用人单位依照本条第一款规定裁减人员,在六个月内重新招用人员的,应当通知被裁减的人员,并在同等条件下优先招用被裁减的人员。

第四十七条　经济补偿按劳动者在本单位工作的年限,每满一年支付一个月工资的标准向劳动者支付。六个月以上不满一年的,按一年计算;不满六个月的,向劳动者支付半个月工资的经济补偿。

劳动者月工资高于用人单位所在直辖市、设区的市级人民政府公布的本地区上年度职工月平均工资三倍的,向其支付经济补偿的标准按职工月平均工资三倍的数额支付,向其支付经济补偿的年限最高不超过十二年。

本条所称月工资是指劳动者在劳动合同解除或者终止前十二个月的平均工资。

四、延伸阅读

阅读"联想大裁员"案例,并思考和讨论:面对这样的处境,为使公司更好发展,应采取何种措施实施裁员? 如何处理与各种利益相关者的关系?

联想大裁员

联想集团在2000年通过三大举措进军互联网,分别是:4月份斥资一亿元港币开通网络门户FM365;8月份出资3 500多万美元收购财经网站赢时通40%的股份;12月份出资5 000万元与新东方学校合作成立新东方网校。三大举措后来全部失败,初尝了多元化苦果。

2001年,联想集团与神州数码分拆之后,杨元庆一再强调:"不要让3年之后,人们提起联想时只想到PC"。由此开展了新的多元化扩张,通过收购或合作,利用厦华、汉普咨询、智软、中望四家公司的力量,进入了手机制造业、IT咨询服务、保险业软件和电信业系统集成四个领域,组建了消费IT、企业IT、移动通信、互联网服务、IT服务、合同制造等六大业务群组。

之后的两年,杨元庆称为"对高增长和多元化的过分追求与有限的能力和资源不匹配,以至于造成联想业务的广种薄收"。事实上比薄收还要严重,新开设和收购的业务大都严重亏损,2003财年联想手机业务亏损7 460万港元,IT服务业务亏损5 800万港元,海外业务亏损近5 000万港元。与此同时,由于之前的几年四处出击,联想PC主业的市场竞争力逐渐下滑,曾经稳居国内、亚太PC销量第一的宝座正在动摇,2003年联想在国内PC市场的占有率从30%以上下滑到28%左右。一直图谋联想霸主地位的戴尔,2003年在中国市场创造了38%的增长率。

这时的联想集团已经出现了局部危机,危机正在扩散和蔓延。为了阻止和化解危机,联想集团从2003年到2004年进行了大规模的整顿和重组,把原来的六大业务群组压缩调整为三大群组(PC、移动通信、IT服务),采取了大裁员、关闭FM365、把IT服务业务出售给亚信科技等一系列措施。更为引人注目的是,联想集团以总价12.5亿美元(6.5亿美元现金和6亿美元的联想股票)收购IBM的PC业务,以此来体现专注PC、重归主业的战略。

亲历联想大裁员:公司不是家

2004年3月,联想公司实施了历史上规模最大的一次裁员,由一位联想员工写的文章《亲历联想大裁员:公司不是家》在各媒体到处转载,作者简要描述了裁员工作的周密部署和雷厉风行的行动节奏,然后以写实的手法记录联想公司裁员中一些令人伤感的镜头。例如:

所有这一切,都是在高度保密的过程中进行。即使我是责任经理,我也只知道由我陪同离职的员工——坐在我隔壁办公位的、朝夕相处两年多的一个女孩。我不再说话,坐在电脑边发呆,等待着那一刻的到来。电话终于响了,我走到她面前,先和她握手,再叫她去楼下的会议室。她知道去会议室意味着什么,也不用多说什么,不到五分钟,就结束了所有谈话,在解除劳动关系合同上签了字,走了出来。她是FM365转过来的,经历过FM365那次疯狂的裁员,她那次也送过好多人,所以她很清楚这一切。到午饭时间了,她说,先去食堂吃饭吧。但我不忍心告诉她,她的IC卡现在已经被注销了,所以我劝她去外边吃。但另外一个人的责任经理却直接说出来了。当时她明显非常失落,感觉突然和公司一点牵连都没有了。她在联想工作三年了,可就在两个小时之内,联想就不再有她的任何痕迹。被公司抛弃了。就这么抛弃了?转眼工夫,就不再是曾经引以为豪的"联想人"啦?

这次裁员的重点,是新来的员工,和待了好多年的老联想。工作10年的,奔50的人,也照样该走就走了。我真想和他们谈谈心,50岁的时候被公司抛弃,不知道会有什么样的感触。我不敢想。

我突然想起来二战时某位著名将军说的话:我让士兵上战场的时候,我会把他们想象成一堆蚂蚁,而不是人。因为我一想到他们有妻子、孩子、父母,我就不忍心让他们去送死。不知道领导在讨论名单的时候,是把我们想象成蚂蚁吗?

作者在写实性记录之后,也进行了理性的思考,他写道:

我在联想的这三年,亲眼见到联想从全面扩张到全面收缩的全过程。当年提出的口号是:高科技的联想,服务的联想,国际化的联想。现在,高科技仅剩下关联应用或者……而且还不知道能不能成功。代表服务的IT服务群组被划归为C类业务,自身难保了。软件设计中心也即将和联想没有任何关系了。联想四面出击,却伤痕累累。这是谁的错?是领导的错!包括FM365在内,这些方向都是看好的,都是挣大钱的,但为什么联想会失败?我不想在这里深究,但只是觉得,领导犯下的错,只有我们普通员工来承担。

这是我亲历这两次重大战略调整,所得出的结论。我想,我比许多人都体会深刻。员工和公司的关系,就是利益关系,千万不要把公司当作家。

当然,这不是说我工作会偷懒。我仍然会好好工作,我要对得起联想。同时,我也觉得联想没有欠我的。联想给了我这么好的工作环境,这么好的学习机会,还有不错的待遇。但,公司就是公司,公司为我做的这一切,都是因为我能为公司做贡献,绝对不是像爸爸妈妈的那种无私奉献的感情。认识到这一点,当我将来离开时,领导会肯定我的业绩,我也会对领导说谢谢,不再会感伤。

柳传志谈裁员

联想集团总裁柳传志在2004财年誓师大会上的讲话中,表达了不同的看法。柳传志总裁既表示了对员工看法的充分理解,也对自己的决策失误进行了检讨,同时又站在股东代表和决策层的立场,从更高层面上阐述了自己对大规模裁员的看法。柳传志讲话摘要如下:

联想集团作为一家领跑的中国企业,率先遇到了一个带有典型意义的问题。一家三十亿美元营业规模的中型企业,向一百亿美元大型企业迈进的时候,应该如何寻求突破?在PC领域,在中国本土市场,我们已占到了27%的市场份额。而本土PC市场的发展空间有限,因此,或是跃出本土,或是跨出PC领域,是我们要达到向规模企业发展的必经突破。不管选择哪条道路,都有很大的难度。

前三年,我们做了非常的努力,但是没有取得突破性的进展,现在高层管理层重新审视,总结方向,准备进行第二次冲击。仗要打胜,有多方面的因素,但是有一点是不可或缺的,就是士气必须高昂。

借今天这个机会,我想谈谈对战略裁员问题的看法。一个月以前,联想集团战略性裁员,在社会上,在我们内部,都引起了很大的反响。一名联想员工写的《公司不是家》的文章登在网上,委婉哀怨,记载的是他的真实感受。我看了以后,心里很难过。在裁下去的员工中,有一些是我当年直接指挥过的老员工,他们谁都没有打电话给我,在默默地接受一切,这让我心中更加产生歉意。我想这其中的更多员工是元庆的直接下属,他的心情一定更胜过我许多。我在想,一个企业应该遵循的最根本的原则就是发展,只有发展才能做到为股东、为员工、为社会几个方面负责;而从发展的角度出发,企业就必须上进,内部就必须引进竞争机制。因此员工在联想既要感到有温馨的一面,更会有要求他奋勇争先而感到压力的另一面。因此,在正常时期也应该有一定比例的人员流动,用考核和择优汰劣来保持企业的朝气,因此不能把企业当成一个真正意义上的家是必然的。在家里,子女可以有各种缺点,犯各种错误,父母最终都是宽容的。企业则不可能是这样的。企业对员工负责,就是要正确地考核、激励员工,培训员工,使他能在最合适的岗位创造价值。当然对竞争中落败的员工要有情有义,要尽量安排好。在联想控股的某家子公司,总经理由于不能善待离职的员工而受到了严厉的批评,以至警告。

有一点,对我,对元庆,都是极其重要的,就是在处理人事问题上的公正性。选拔人,奖励人,惩处人,进人,裁人,必须公正,不能徇私。我们允许犯水平不高的错误,也就是"才"的错误,但是绝不允许犯态度的错误——也就是"德"的错误。

自联想创立以来,创业者制定了几条规律:一是自己的子女不进公司;二是凡是客户关系、领导关系介绍的有关人员必须进公司的,一定要三个副总签字,以表示和私人无关。这些规矩直到今天,我一直在严格地执行着。在元庆表扬我的话里,我最心安理得而经常引用的一句是"柳总在交班时,没有给我在管理上留有任何障碍",而我对元庆最看重的一点,也是他的一腔正气。由于他有正气,整个企业就有正气。至今在裁员问题上,我还没有听到过关于处理公正性方面的抱怨。而这种正气就是企业文化的根基,就是企业遇到了挫折,遇到了困难,依然能够不乱阵脚的根基,就是所谓斯巴达克方阵的根基。

在《公司不是家》这篇文章里,提到了战略性调整是由于领导的错,却要普通员工负责任的问题。我看到这个观点时,停下来作了思考。我想,他说的是对的。这次,有一部分员工被裁是和领导的决策失误有关,包括战略制定的失误是有关的。这是非常沉痛的事。所以,我们应该向因此而被裁的员工诚恳地说"对不起"。但是我,作为董事长,以企业发展为根本追求,我应该要求杨元庆他们怎样工作呢?一种做法是尽量小心谨慎,避免受损失;一种是要求突破、创新,就一定会犯错误。我们是在一种很困难的情况下打仗,在资金、技术积累,管理细则,方方面面都和外国企业都有相当大差距的情况下做的,但是我们必须去争,去抢,去拼!我们必须在毫无经验的情况下进入新的领域,投入人力、物力去尝试,由于我们看不清方向,由于我们没有掌握好的方法,我们都会被碰得头破血流,付出惨重代价。在我直接负责的十几年中,不知犯了多少错误,付出了多大代价,只不过领导宽容,没有跟我算账罢了。在惠阳联想工厂的马路对面,有四十万平方米的土地,至今闲置,价值六千万,是97年前后联想买的。当时我拍板准备发展制造业,由于后来资金上要全力支持别的业务,我把它停了。98年联想全年的利润也就两三个亿,六千万是多大的分量啊,负责组织这项工作的同事也都全部调整,也有一些因此就离开了联想。另外从88年联想向海外进击起,分分合合多少次,在这些整合中,我已经说不清有多少支队伍离开了联想。说来惭愧,由于我作为主要负责人的失误,可能会改变一些人一生的命运。

当我想起这些事情的时候,我会问自己,我应该怎么办?在今天同样遇到了这样的情况,我要回答的问题是我应该怎么样要求杨元庆?我对元庆说的只能是:一、要牢记你的目标,牢记你的责任,进取、创新、突破!此外没有别的出路;二、要爱惜资源,特别要爱惜员工,牢牢记住以人为本;三、去打仗,十仗中胜七仗就是优秀的指挥官!

我很抱歉地对《公司不是家》的作者说,我们考虑问题的角度不同,元庆只能从企业发展的角度,从大局的角度看问题,这才是最根本的以人为本,最根本的为员工负责。如果元庆真的用为局部员工负责的思想方法去考虑问题,企业就会陷入一片儿女情长之中,完全无法发展,中国就会失去联想。因此企业前进的主旋律只能是战鼓,是激昂。

以元庆为代表的联想高层领导承受着巨大的压力,拼命努力工作,他们绝不仅仅是为了个人的物质待遇去拼命。据我所知,他们之中的一些人是拒绝过猎头公司高薪诱惑的。驱使他们不断向上的是责任,是为联想股东、联想员工的企业责任,同时也有崇高的社会责任。广大员工会对他们有很高的要求。员工们说:"我们把生命中最好的时光交给你们了,带好我们,不要走错!"股东们更是不停地在说:"发展!利润!增长!"同行则是要抓住每一个机会,给我们以致命的打击,在这无休止的竞技场上,稍有不慎就会鼻青脸肿,头破血流。我是过来人,我知道个中滋味。因此我们——股东们,员工们,对他们——企业管理的直接负责人,要严格要求,要批评,要提意见;同时也要鼓掌,要呐喊,要叫好!我们上下一心,精诚团结,打了胜仗,我们不骄不躁;打了败仗,我们互相鼓励,依然战歌嘹亮!这才是我们,这才是真正的斯巴达克方阵!

这一次联想集团战略路线调整的主要是专注。业务专注在 PC 领域。这肯定是一个阶段性的路线,我们的专注是为了今后的发展。但是在今天,我们必须专注,我们也只能专注!PC 领域是我们多年经营的阵地,是我们赖以生存的生命线,是我们寻求突破发展的基础,这个基础必须坚实。事实上,由于国际竞争对手威力的显现,由于我们前三年力量的过于分散,这块我们脚下的基础已经有开始变软的苗头,现在我们要全力砸实脚下的地基,否则不但发展是一句空话,甚至连活命都会成为问题。现在特别要做的,是一句大家全说的话:执行,执行,再执行!

(资料来源:《联想员工亲历联想大裁员:公司不是家》,搜狐 IT,2004-7-20)

任务三 综合实训

一、任务要求

通过填写表格回顾本项目的学习内容和技能。

二、实训

【实训名称】回顾——本项目学习的收获
【实训目的】通过系统回顾,对本模块内容进行总结复习
【实训内容】认真填写下列表格

回顾本项目学习的收获					
编制部门:		编制人:		编制日期:	
项目编号		学号&姓名		项目名称	
课程名称		训练地点		训练时间	

(续表)

	1. 回顾课堂知识,加深印象 2. 培养学生思考的习惯 3. 工作任务驱动,使学生带着工作任务去学习
本项目我学到的三种知识或者技能	
本项目我印象最深的两件事情	
一种我想继续学习的知识和技能	
考核标准	1. 课堂知识回顾完整,能用自己的语言复述课堂内容 2. 321记录内容和课堂讲授相关度较高 3. 学生进行了认真思考
教师评价	评分

【实训要求】

（1）仔细回想本章所学内容,若有不清楚的地方查看有关的知识链接。

（2）本部分内容以自己填写为主,不要过于在意语言的规范性,只要能分条说清楚即可。

项目十一

员工申诉与争议处理

教学目标

知识目标

① 理解员工申诉的内涵；
② 掌握申诉的种类以及内部申诉制度的建立准则；
③ 理解引起劳动争议的原因。

能力目标

① 能够制定员工申诉管理制度；
② 能够制订预防劳动争议的措施。

案例导入

当傲慢员工成火药桶

傲慢、敬业而又才能兼备的员工固然不可或缺，但其傲慢的态度有可能影响团队士气与凝聚力，并会在员工中树敌过多而处于被孤立的地步。HR的干预需要三思而后行。

人力资源部经理孙燕的心情，如同室外的阴霾天，阴沉得可怕。"我必须对这样一个有潜力、有才华的员工的离职承担责任！"她在人力资源部的例行工作总结会上这样表示，"由于我的工作疏忽，导致公司失去了一位如此优秀的员工，并对公司的部门工作造成了不必要的被动……"

尽管时间已经过去二个多月了，孙燕在每次的部门例会上，都会总结员工关系管理的各种得失。"我必须改变过去的管理员工关系的陈旧观念，对干预员工之间的关系冲突把握要适度。"孙燕说。

1. 公司"最有才华"的员工

2005年7月,市场部新聘用了一位市场主管吴峰,孙燕至今仍然记得面试结果。"他是当时所有候选人中最优秀、最突出的,"孙燕回忆说,"他对公司产品市场的理解、趋势走向、推广手段等非常有见地,对市场方案的撰写也表现出相当的经验。"

参与面试的市场部经理廖丽雯也非常满意,并对人力资源部的工作表示了感谢,"在正式录用吴峰二个月后,廖丽雯向人力资源部提出允许将吴峰提前转正,并用'公司最有才华的员工'这句话来形容她的这位下属。"孙燕说。

在市场部与人力资源部的推荐下,公司很快批准了吴峰的提前转正。"这是公司市场部第一位获得提前转正的员工。"孙燕说。

2. 傲慢员工遭投诉

收到对吴峰的第一份投诉,是在他转正批复后不到一周。当时,一位员工以匿名邮件的方式告诉孙燕:我尊重吴峰的付出与才华,但不能忍受他的傲慢与专横!"当时邮件上列出了吴峰对同事傲慢无礼的一些表现形式,并没有举出实例。"孙燕说,"我复函要求这位员工举出实例,让 HR 有理有据去做好沟通工作,但这位员工并没有做出答复。"

由于公司中高层都表现出对吴峰格外欣赏,孙燕据此猜测认为,这不排除是市场部个别员工对吴峰的一种妒忌。所以,"我犯了一个错误:没有把这封邮件转给市场部经理,也没有与她沟通这个问题。甚至简单地作出了一个结论:一种妒忌表现,无须考虑!现在回想起来,发这封邮件的员工肯定是担心吴峰正如日中天,举出实际案例的话,公司可能会做出偏护吴峰的举措而对他本人不利。"

不到一个月,孙燕又一次收到市场部员工的投诉:吴峰太过目中无人,让身边的同事极其受伤!这位员工举出了一个例子:吴峰与客户服务部的同事沟通时,埋怨与他配合做策划方案的一位同事做事拖拉,根本就不懂做方案,只会对他已经做好的方案作一些文字上的修修改改。这些话让这位同事感到非常屈辱。

"当时,我作出了第二次草率的判断:吴峰信心爆棚的一种表现。"孙燕说,据此,她回复了这位员工的投诉,表示会与吴峰沟通,鼓励这位员工看到吴峰好的一面,不要太过计较个人性格。

孙燕在不到二周后,收到了吴峰的抱怨信,牢骚满腹地抱怨同事有意避开他,部门经理也没有像以前那样支持他的工作,对他特别冷淡。

开始意识到可能存在问题的孙燕与廖丽雯做了一次面对面的正式沟通,一个月前还对吴峰赞不绝口的廖丽雯,提及吴峰的名字都直皱眉,"他现在哪还把我这个经理放在眼里?因为我的一个决策失误,他就和其他部门的员工说,我做市场部经理不行。"廖丽雯对此非常苦恼,"以前我觉得他能力的确不错,对他的工作非常放心,就过问不多。现在他经常越过我,直接指挥市场部的员工干这做那,我也不太好说他,脾气也非常急躁,在部门会议上顶撞我已经不是一次二次了。现在大家都必须顺着他的意思,一句话不对,说出来的话就非常伤人。"

孙燕感觉到问题的严重性,她觉得,她需要与吴峰好好地进行一次沟通。

3. 无效沟通激化矛盾

在孙燕的办公室,孙燕针对吴峰倾诉的孤立感,委婉地提醒吴峰:是否需要修正一下自己在平时的处事中的傲慢?

听了孙燕转述的几个例子后,吴峰非常气愤,"他认为这是同事包括上司对他的一种妒忌表现,他本人并没有任何傲慢与专横的想法或初衷,如果有什么错,只是与其他部门的同事之间话太多,但所说的'全部都是事实'。"

"我最大的疏忽是,没有分析他的性格,也没有足够的调查就直指他的不是,匆促地提出了解决方案。所以他听到上司对他的不满评价后,反应异常激烈。"孙燕对此后悔不迭,"他直接告诉我:既然上司与同事都如此评价、疏远他,他在这个部门继续工作显然已经没有必要了。"

吴峰急躁的脾气再次显现出来:不理孙燕的劝说,离开她的办公室后,马上给公司高管层发出了一封语气坚决的辞职信。

尽管事后吴峰也承认自己的辞职决定过于草率与急躁,但以"泼水难收"为由,谢绝了公司的挽留。而更让孙燕感到意外的是,市场部的员工在吴峰离职后,士气极度低落。

"HR干预部门内的员工冲突需要三思而后行。"孙燕说,"傲慢而又才能兼备的员工往往也有着不可避免的性格缺陷,自尊心格外强,脾气也急,是典型的火药桶。管理这类员工需要讲求技巧。"

4. 管理傲慢员工的六个步骤

(1)收集信息。针对傲慢员工的一些表现行为进行书面记录,包括HR的亲自观察、员工的投诉等。同时,也要对其他员工对该位员工的刻意性排斥或隔离的表现行为同样记录在案。在本案例中,孙燕对此没有任何准备,甚至没有关注吴峰的委屈:他正被员工排斥与隔离!正是HR对此的忽视,严重挫伤了吴峰的自尊心。

(2)与其他团队成员进行个别式沟通。给他们一个表达不满的机会,详细了解他们是否试图不理睬、排斥吴峰以及这样做的原因。同时,要注意发现是否所有的团队成员都对吴峰的能力感到不安,或是对他们的绩效感到了压力等。据此了解整个问题的要害,提升干预能力。

(3)与吴峰进行一对一的面谈。在面谈之前,HR一定要重申:HR的干预是扫除影响团队关系的障碍!因为任何员工都会拒绝管理人员对人际关系的干预。然后,先听取吴峰的牢骚与抱怨,再从这些抱怨出发,与吴峰一起寻根探源,告诉吴峰:同事排斥、隔离他的原因是什么。以诚恳的方式建议一起合作改善工作环境,而不要在这个时候直接提出尖锐的解决方案。让吴峰明白HR并没有偏护任何一方,计划通过双方的对话解决问题。

(4)寻求解决方案。召集两个对吴峰有牢骚的员工,与吴峰一起碰面,寻求解决方案。但一定要选择在客观性与情绪方面平衡得比较好的员工(如本案例中,直接上司廖丽雯的立场就是比较客观的)。

(5) 与市场部的整个团队面谈,寻求谦虚与排斥感的彼此的理解。HR主导这个会议,承认团队成员都需要作出改变。而且这个改变是紧迫的,需要整个团队的共同努力。

(6) 与吴峰进行再次面谈。了解他对这次团队沟通的认识与理解。同时每周一次与整个团队进行个别员工的会面,监控改善流程。也可以考虑为整个团队提供沟通方法及解决冲突的技巧培训。

(资料来源:Workforce.com)

问题:你认为造成不利后果的原因是什么?应该如何避免?

任务一　员工申诉管理

一、任务要求

用自己的语言准确表述什么是申诉,掌握申诉的种类以及内部申诉制度的建立准则。

二、实训

(一)【实训名称】明确申诉的内容

【实训目的】理解申诉的含义

【实训步骤】

(1) 全班4~5人一组,分成若干小组;

(2) 以小组为单位,每人用一句话说明什么是申诉;

(3) 以小组为单位,每人说出1~2件生活中观察到的申诉活动;

(4) 每组派代表在全班做总结发言。

【实训要求】

说明什么是申诉要求语句及内容完整,表述清楚;步骤(2)要求经过讨论,明确所列举的活动属于申诉活动;小组代表对小组活动情况的概括应真实、总结性强。

(二)【实训名称】案例分析

【实训目的】根据公共关系基本原则分析具体案例,加强对公共关系本质的理解

【实训步骤】

(1) 案例:

小王于5月份参加了某一期职场招聘类节目,经过自我介绍和相关才艺展示,A公司愿意录用小王并开出了3 500元的薪资;一个月后,同样的节目,同样的A公司,但由于当期竞争较为激烈,A公司给予小王学习经历和能力相当的小刘开出的薪资是4 500元。小王听说后表示不满,并抱怨为什么我们是同一类高校毕业生,我不明白我比小刘差在哪里,公司给我开出的薪资要低1 000元。

(2) 思考及讨论:
① 作为 A 公司的员工关系专员,面对小王的抱怨和质疑,你将如何回答?
② 通过该案例,你还能得到什么启发?
(3) 教师总结。

【实训要求】

能够抓住事件的关键点,正确理解案例,联系所学理论,结合案例加以论证,初步学习案例分析的方法。

三、知识链接

(一) 申诉的概念及意义

关于申诉的含义,学者有不同的界定。如朱西斯(Micheal J. Jucius)认为,"申诉(grievance)系来自员工对机构有关事项,感到不公正或不公平时而表示出来的任何不满。"戴维斯(K. Davis)也说,"申诉可以说是员工对其雇佣关系所感到的任何真实的或想象的不公平。"换言之,所谓申诉,是指组织成员以口头或书面等正式方式,表示出来的对组织或企业有关事项的不满。

企业组织内员工申诉制度的建立,具有如下意义:

(1) 提供员工依照正式程序,维护其合法权益的救济管道;
(2) 疏解员工情绪,改善工作气氛;
(3) 审视人力资源管理制度与规章的合理性;
(4) 防止不同层次的管理权的不当使用;
(5) 与集体协议结合,成为集体协议的适用与解释上的行政机制,并用以对抗不法的争议行为;
(6) 减轻高层管理者处理员工不满事件的负荷;
(7) 提高企业内部自行解决问题的能力,避免外力介入或干预,使问题扩大或恶化。

(二) 申诉的种类

1. 个人申诉

个人申诉多是由于管理方对员工进行惩罚引起的纠纷,通常由个人或工会的代表提出。其内容范围从管理方的书面警告开始,到最终员工被解雇整个过程中可能引发的任何争议。争议的焦点,是违反了集体协议中规定的个人和团体的权利,如有关资历的规定、工作规则的违反、不合理的工作分类或工资水平等。

2. 集体申诉

集体申诉是为了集体利益而提起的政策性申诉,通常是工会针对管理方(在某些情况下,也可能是管理方针对工会)违反协议条款的行为提出的质疑,集体申诉虽不直接涉及个人权利,但却影响整个谈判单位的团体利益,通常由工会委员会的成员代表工会的利益提出。例如,管理方把协议中规定的本应在企业内部安排的工作任务,外包给其他企业,这一做法可能并没有直接影响到某一单个的员工,但它却意味着在谈判单位内部,雇佣的员工会更少,工作岗位也会更少,因而工会可以以团体利益为基础提出申诉。

(三) 申诉的范围及程序

1. 申诉的范围

员工申诉制度的主要作用,在于处理员工工作过程中的不满,其范围一般限于与工作有关的问题。凡是与工作无关的问题，通常应排除在外，例如员工的私人问题、家庭问题，虽然可能间接影响其工作绩效，但并不是申诉制度所应该或所能够处理的问题。一般而言，员工在劳动关系中可能产生的不满，可以通过申诉制度处理的事项主要有：薪资福利、劳动条件、安全卫生、管理规章与措施、工作分配及调动、奖惩与考核、群体间的互动关系以及其他与工作相关的不满。

2. 申诉的程序

处理申诉的程序，因企业规模大小、事情轻重，以及有无工会组织而有所不同，有的只有一两个阶段，有的则多达五六个阶段，申诉程序很可能因企业不同而不同。但一般而言，申诉的起始阶段多由申诉人与其管理者直接协商，然后由工会代表和工厂主管洽商，如争端仍未获解决，最终则通过外力仲裁。原则上，问题如果能在第一阶段获得解决，申诉就不再进入第二阶段。

在无正式工会组织的企业，员工若有任何抱怨与不平，大多直接由申诉人与其主管直接协商，如果没有解决，则依序向上一级提出，直至其最高主管来解决。在有工会组织的企业内部，员工申诉程序往往通过正式的流程来处理。处理员工申诉，不管企业内部是否有工会组织，其主要程序可以归为四个阶段，如图 11-1 所示。

（1）雇员与监督人及工会职员会谈，提出申诉。大部分抱怨能在这一层得到解决。

（2）如果抱怨未能在第一步得到解决，在中间经理及工会官员（商业代理机构或工会委员会）之间要举行会议。

（3）在这一层资方高层的代表和工会高层官员（如工会主席）尝试解决问题。

（4）双方（工会及管理层）将申诉交给仲裁人作决定，仲裁一般由双方同意的个人或奇数个人组成的委员会实施。

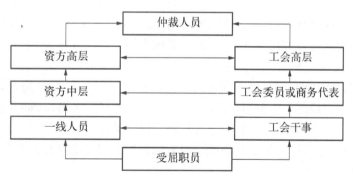

图 11-1 申诉程序（有工会组织的情况）

在有工会的组织内，决定任何抱怨结果的重要因素是劳资关系。当劳资关系环境是积极时申诉可能得到比较好的解决。当关系环境是合作性的或和谐的，申诉能在较低处理层就得到解决或部分，解决的机会大增；然而当关系疏远的或有敌意的，更多的申诉会被拒绝或撤销。

3. 解决问题

管理者在了解员工申诉的事实真相之后，应设法加以解决，并明白告诉事实的本来面目，免除员工的误解。

解决员工申诉的方法主要有：
(1) 提供与抱怨发生有关的原因信息；
(2) 对各项事实真相迅速给予解释；
(3) 在特殊情况下，对员工个人表示充分同情；
(4) 对苦恼的员工保证并说明事实绝非他所想象的恶劣；
(5) 承认个人的人格尊严和价值；
(6) 必要时给予有效的训练；
(7) 协助员工勇于面对现实；
(8) 帮助员工解决私人所遭遇的各种困难；
(9) 利用工作轮换，解决冲突；
(10) 改变物质上的不利条件。

(四) 内部申诉制度的建立准则

企业内部申诉制度的建立，是为了化解员工的不满情绪，解决组织内部不合理的制度安排。除了非正式的申诉处理制度(如当事人之间的私下沟通)，组织应建立一个明确的申诉制度，给员工提供正常、合法的申诉管道。一般而言，内部申诉制度的建立，应当遵循以下准则：

1. 申诉规则的制度化

申诉制度和程序必须要明确加以说明和明示，这对于保护员工及企业的合法权益具有重要作用。值得注意的是，企业在制定申诉制度过程中，应仔细聆听员工意见，不能单方自行制定，否则将难以为员工所接受和遵行。

2. 申诉机构的正式化

企业内部申诉机构应力求正式化，建立正式的申诉机构，不仅能确保申诉管道的畅通，而且也使管理者能够通过正式管道了解员工的工作状况和心理反应。非正式化的申诉运作，除了会使企业处理申诉问题不方便之外，还容易产生直属主管刻意隐瞒事实的弊端。正式的申诉机构应由劳资双方代表共同组成，以确保申诉处理的客观、公正。

3. 申诉范围的明确化

明确界定申诉问题的范围，可以准确判断申诉事件是否成立，以及是否值得进一步加以调查。界定员工可以提起申诉的事项范围，可以使组织和员工了解申诉的问题所在，从而使申诉制度运作方向更为明确。同时，对申诉问题加以分类，可以使组织尽早发现问题，这样，不仅可以及时平息员工的不满，而且由此可以发掘组织管理制度存在的不合理之处。

4. 申诉程序的合理化

虽然申诉制度的设计和运作，受到组织规模大小的影响，但一个合理的申诉程序应具备以下特征：员工有机会表达其意见；企业有接受意见并处理的机构或执行者；申诉处理依正式的管道和程序进行；问题处理必须能反馈给申诉者，明示申诉处理过程及结果；企业应定期整理并公布申诉处理的事件及问题特征，让员工了解申诉问题的重点及处理情形。

5. 申诉处理的技巧化

处理员工申诉，应把握如下原则：确实做好保密工作，减少申诉者的疑虑；摒除本位主义，以超然、公正及客观的立场处理员工申诉；掌握处理时效，避免久拖不决；答复员工问题时，力求精确明示，切忌语意不明，模棱两可。遵循这些原则，可以确保申诉制度的正常运行,并使员工对该项制度具有信心,发挥其效用。

四、拓展训练

1. 分析以下案例:

不满申诉制度[①]

美国的不满申诉制度是由集体合同和国家的有关法律共同确定的。所有的集体谈判协议都包括某种不满程序,国家有关立法只是确认了集体合同的效力以及建立一定的协助措施。

1926年的《铁路劳工法》首次在联邦一级将利益争议和不满的争议作了区分,并规定了不同的处理程序,1936年修订后的《铁路劳工法》将其适用范围扩大到所有的航空运输业。它规定的不满争议的处理与1947年的《劳资关系法》的规定不同。在《铁路劳工法》中,不满的仲裁是法定的,而不是由雇主和工会谈判确定是否仲裁。1947年的《劳资关系法》中对不满争议处理作出如下规定:"根据由双方一致同意最后采取的处理方法是处理不满情绪的合适方法"(第203段)。依该法案第301段,有关对不满情绪仲裁的协议可以在联邦法院中实行。1947年的《劳资关系法》明确了联邦调停和调解机构的一项职能,即对雇主和工会为解决不满情绪而共同寻求一致性的处理方法给予支持。(注:参见国际劳工组织:《劳动争议调解与仲裁程序比较研究》,李德齐、江漠辉、乔建、徐寒译,中国工人出版社1998年1月第1版,第86页。)

劳动关系依协议确定后,资方享有管理权,其指挥雇员并制定有关规章制度;雇员有义务遵守管理人员的命令,即使他们认为资方违反了集体合同的约定。"不满",一般来讲是工人宣称自己的权利受到了侵犯,如雇主违反集体合同、违反了联邦或者州法律、违反了过去的习惯做法或公司的制度。工人的不满和劳资双方因集体合同的解释发生的争议,首先应通过由集体合同规定的不满申诉程序加以解决,即企业的各个管理层与工会举行会议,最后一层是由企业的最高经理层与工会间举行讨论;只有在企业内部就不满或合同解释达不成解决意见时,才通过外力干涉,即由双方自愿选择的第三方仲裁,仲裁有执行力;但对仲裁过程的程序问题可通过法庭诉讼解决。对非工会企业的任意解雇行为,法院可依有关法律、公司的人事政策、制度来处理。(注:参见[美]丹尼尔·奎因·米尔斯:《劳工关系》,李丽林、李俊霞等译,机械工业出版社2000年10月第1版,第377~379页。)

不满申诉程序。一个正式的不满申诉程序是由工会化的企业中工会与雇主建立的。具体包括:第一步,与雇员的主管人员谈话。雇员的不满一般因主管人员的管理而产生,雇员的不满首先应向主管人员提出,如果主管人员无法解决雇员的不满,就由一个雇员所属的工会委员会的成员和一个工厂委员会的成员会见这个雇员的主管人员;雇员也可直接将不满向工会提出,由工会委员会的成员和一个工厂委员会的成员会见其主管人员。第二步,工厂委员会与公司的劳工关系部召开会议。如果通过与主管人员谈话、协调仍无法解决,工厂委员会就要与公司的劳工关系部召开会议,讨论解决不满情况。第三步,地区工会与公司有关人员的会议。如果不满还未解决,并且工会权衡各方面的情

---

① 张荣芳.美国劳资争议处理制度及其借鉴.法学评论,2004年第1期.

况后决定将不满进行下去,雇员的不满就会作为工会的不满,通过召开有地区工会负责人、公司的工厂委员会的主席、公司的人事负责人、公司的劳工关系的负责人参加的会议讨论解决。第四步是全国级的协商会议,由全国工会的不满委员会主席、地区工会代表和公司的最高负责人讨论解决。(注:参见[美]丹尼尔·奎因·米尔斯:《劳工关系》,李丽林、李俊霞等译,机械工业出版社2000年10月第1版,第372~373页。)到此为止,雇员、工会的不满都是在劳资双方内部通过各个不同层次的会议协商解决的,没有第三方力量的介入。但雇员的不满不能通过工会和资方自己解决时,就会借助第三方的力量通过仲裁来解决。第五步,不满仲裁。依集体协议的约定,如果通过工会和资方不能解决不满,可通过仲裁解决,自愿仲裁具有强制力,任何一方都可以开始仲裁程序,仲裁庭一般由一名雇主代表、一名工会代表和一名中立人士组成。仲裁裁决作出前一般要组织一个听证会,听证会后由仲裁庭作出裁决,裁决对双方有约束力。

非工会化企业雇员不满的处理。非工会化企业雇员不满的处理程序差异很大,在劳动标准高的非工会化企业设有不满程序来处理雇员的不满,处理决定最终由雇主作出。如Northrap公司的不满程序如下:① 有意见的雇员与他(或她)的主管人员谈话,一位人力资源部门的人员充当调解员。如果双方不能达成一致的意见,这位人力资源部门的人员将接受雇员提出的正式不满,并在雇员准备提出不满时充当他(她)的咨询人员;② 在雇员所在部门的副总裁面前举行听证会,审理不满案件并作出决定。雇员可请一名同事帮忙,但不能请律师。而劳动标准低的非工会化公司,雇员的不满往往被忽视,其结果只能有两种,一种是随雇员不满的加深,雇员被解雇。另一种是雇员团结起来怠工、停工等,导致激烈的雇员与雇主的冲突。(注:参见[美]丹尼尔·奎因·米尔斯:《劳工关系》,李丽林、李俊霞等译,机械工业出版社2000年10月第1版,第373页。)

不满程序与诉讼。仲裁裁决是一种准司法行为,法庭通常不复审裁决的实质问题。雇员可就仲裁程序中的某些问题向法庭申诉,请求认定裁决无效,如仲裁裁决是靠欺诈或是武断地、任意地作出的,或者仲裁者与争议方有利益冲突,或仲裁者超出了集体协议赋予的权力,或者裁决违反了联邦法律的情形,法庭均可能会宣布仲裁裁决无效;最后,法庭越来越愿意调查一个仲裁裁决,看看仲裁者在作出裁决时是否引用了集体协议的某个条款,如果没有,法庭有时会宣布仲裁裁决无效。(注:参见[美]丹尼尔·奎因·米尔斯:《劳工关系》,李丽林、李俊霞等译,机械工业出版社2000年10月第1版,第386页。)

问题:你从该案例中得到那些启示?

2. 分析以下案例:

员工合理化建议和申诉制度

1 目的

为充分发挥员工才智,集思广益,调动广大员工的积极性,维护员工的合法权益,促进企业管理的规范化、制度化、科学化。

2 范围

公司全体员工。

3　责任

公司各级管理人员。

4　程序

4.1　员工建议

4.1.1　公司鼓励所有员工提出合理化建议,并以适当的方式给予答复。

4.1.2　员工建议的范围主要为公司经营管理等各个环节。

4.1.3　员工建议应本着合理、可行、科学的原则,一般以书面的形式提出。

4.1.4　公司领导应认真地阅读员工提出的合理建议并及时给予答复,为员工建议构建有效的渠道。

4.1.5　对于能改进公司经营管理或提高公司技术水平、拓宽经营渠道等合理建议,根据公司的奖惩制度规定,将给予建议者相应的奖励。

4.2　员工投诉

4.2.1　员工对公司有关决定或处理方式存在异议的,可以进行投诉。

4.2.2　员工投诉应以事实为依据,以维护公司和员工利益为目的,其范围为：

4.2.2.1　上级领导处事不公,滥用职权。

4.2.2.2　损害公司利益、蒙骗公司、徇私舞弊。

4.2.2.3　偷盗公司财物及包庇偷盗行为。

4.2.2.4　上级领导故意推诿、渎职,不行使职权,严重不作为,互相"踢皮球"。

4.2.3　员工投诉应按规定程序进行。发现问题,首先向投诉对象的直接上级领导提出,若未能得到合理解释或满意答复的,可直接向其更高一级领导提出申诉。逐级投诉,直至公司最高领导。若发现重大问题,需及时处理的,可直接向公司领导投诉。

4.2.4　员工申诉应以书面的形式提出,且书面申诉必须注明部门及姓名,并对内容的真实性负责。不得无中生有、恶意诽谤,否则一经查实,按奖惩制度严肃处理。

4.2.5　为保护申诉人的合法权益,投诉受理者应对申诉人的行为保密。

4.2.6　接到员工的申诉,受理人员应及时进行调查,将事情查明白,确定事实后,追究有关人员责任,并应在十天内以书面形式给投诉者作出相应的答复。

4.2.7　在员工投诉过程中设置障碍、威胁利诱,在调查过程中敷衍塞责、隐瞒事实,或事后打击报复的,一经查实,将严肃处理。

（资料来源：http://www.ahluwang.com/display.asp? id=64）

问题：你认为这份制度有哪些优缺点？

任务二　劳动争议处理

一、任务要求

理解引起劳动争议的原因,掌握预防劳动争议的措施。

二、实训

【实训名称】案例分析
【实训目的】根据公共关系基本原则分析具体案例,加强对公共关系本质的理解
【实训步骤】
(1) 案例:

十年加班工资索赔案

1998年9月孙先生进入北京某物业公司工作,一直在公司做电梯维修工,其工作为综合计算工时制,按月综合计算工时,法定节假日和双休日赶上轮班也不能休息。据孙先生称,按照公司的规章制度以及电梯维修工的职责,其从事的工作全年无休,24小时不间断在岗。但是进入公司工作11年来,公司却没支付过他任何加班费和经济补偿。2008年《劳动合同法》实施后,孙先生依据该法起诉,要求公司支付其1998年9月1日至2008年2月29日的加班费及经济补偿金共计17万余元。北京市西城区法院判决某物业管理公司支付该公司员工孙先生11年的加班费和25%的经济补偿金共计6万余元。物业公司不服,上诉至北京市一中院。

在审理中,孙先生向法院提供了相关证据,向企业讨要11年内法定节假日和双休日的加班工资。该物业公司提出孙先生的起诉已经过了诉讼时效,请求驳回孙先生的诉讼请求。

法院认为,按照法律规定,一般民事案件的诉讼时效为两年,劳动争议案件的诉讼时效为60天,但是像孙先生这种一直在一个企业连续工作如何认定诉讼时效,在《劳动合同法》中却没有明确规定。目前法官审理这类案件只能根据北京市高院的精神,对于职工翻老账索要加班费诉讼时效在两年以上的案件,两年以内部分由企业举证,两年以上部分由职工举证。如果职工能够证明企业10年或者20年一直拖欠加班费,法院应该支持职工的诉讼请求。

据此,北京市一中院于2009年4月作出终审判决,维持原判,支持了孙先生索要11年加班费的诉讼请求。

(资料来源:边一民《公共关系案例评析》)

(2) 思考及讨论:
① 该案例是否体现了公共关系诚实信用和平等互利原则?
② 使用该案例如何说明公共关系长期努力和全员公关原则?
③ 在该案例情境下,如何做到不断创新?
④ 通过该案例,你还能得到什么启发?
(3) 教师总结。
【实训要求】
能够抓住事件的关键点,正确理解案例,联系所学理论,结合案例加以论证,初步学习案例分析的方法。

三、知识链接

如果员工的不满不能在组织内部获得满意解决,则双方都可以诉诸第三者或公权力来仲裁。仲裁者的角色有如法官,对员工的申诉进行裁决。在我国,劳动争议仲裁委员会对争议进行裁决之后,双方当事人不服,可以在规定的期限内向人民法院提起诉讼。

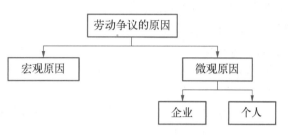

图 11-2 劳动争议原因的层次图

(一) 劳动争议的原因

劳动争议的产生主要有宏观和微观两方面的原因,其中微观原因又包括企业和个人两个层次,如图 11-2 及表 11-1 所示。

表 11-1 劳动争议的原因

劳动争议的原因	宏观原因	① 劳动关系主体双方的具体经济利益差异性更加明显 ② 劳动立法及劳动法规的制定滞后且不配套 ③ 人们的法制观念淡薄 ④ 我国劳动力供过于求 ⑤ 过去劳动关系中长期遗留问题的显性化
	微观原因 企业层次	① 企业内部劳动规章制度不合理、不健全或不依合理程序制定 ② 企业法制观念淡薄,人力资源管理人员缺少在劳动争议管理方面的专业训练 ③ 企业改制和一些企业经营困难导致劳动争议的产生 ④ 一些企业知法犯法造成劳动争议
	微观原因 个人层次	① 贪图私利,钻企业政策空子的心理 ② 法制观念淡薄 ③ 习惯观念制约

(二) 劳动争议的裁决

在多数西方国家,员工申诉一经仲裁裁决,双方必须完全服从;但如果裁决被证明不实、不当、有重大错误或显然违反法律,则可以请求法院予以撤销。申诉仲裁大多属于自愿仲裁,当事人可以自由确定仲裁员。

在有工会的企业,通常集体协议都包含有仲裁条款,即在协议有效期内,当双方不能自行解决争端时,向第三方寻求裁决的规定。一般要求约定双方都认可的仲裁者或中立的第三方——通常为有资格从事仲裁活动的律师或大学教授——在某些情况下,也可以是一个由仲裁者、工会代表和雇主代表组成的三方委员会。但如果双方不能就仲裁员人选达成共识,那么任何一方可以申请劳动部长任命一名仲裁员。仲裁员一旦选定,接下来就是安排案件的审理时间,选定双方都满意的审理地点。在安排和审理案件过程中,仲裁员必须确保遵守法定的程序,为每一方提供充足的机会,以陈述案件的事实、理由和驳斥对方的陈述。案件的审理既要传唤、询问证人,又要参考以前的相似案件所作的裁判结果。因此,审理程序要严格地按照法律规定,通常双方都会聘请律师作为其委托代理人。

对于处罚或解雇案件的争议,主要由雇主承担举证责任。因为雇主不但必须拥有"合理的理由"才能处罚雇员,而且还必须证明他所作出的处罚是公平的,或与"自然公平"的原则相一致。通常,对于处罚员工引起的争议案件,仲裁员可能很难作出裁决,因为虽然多数集体协议中都有一些条款规定了管理方有权惩处员工,并要有适当理由,但却没有具体规定处罚的程序或措施。因此,仲裁员不仅要确认处罚是否有"适当的理由",而且还必须确认所实施的惩处是否与"自然公正"原则相一致。仲裁员在作出裁决时,通常会考虑诸如雇员有无前科、为雇主服务的年限、所犯错误的严重性、有无减轻处罚的情形,以及雇员是否愿意承认并为其错误道歉等情况。

另外,仲裁人员须确认是否使用了"渐进性惩处"(progressive discipline),它要求雇主必须首先对违纪的员工进行警告,指出其行为或表现是不能接受的,而且对雇员的处罚也是逐渐加重的。例如,对一个经常迟到的雇员,首先要对他进行口头警告,如果不见效,可以给书面警告,然后停薪停职一天、一个星期,最后是永久地解雇。对一些严重的犯罪行为,渐进性惩处也就变得不那么重要。但如果是初次犯错误就给予解雇的话,仲裁员可能会认为处罚过于严厉,应该再给当事人一次机会。

仲裁结果对双方具有约束力。当事人不服仲裁裁决,可以诉诸法院审判,但必须证明仲裁员有下列情形之一:超越其仲裁审理的权限,或者违反集体协议的规定;因个人利益或偏见导致仲裁裁决有失公平(如与申诉方有亲戚关系或持有公司股权);没有遵循法定的程序;对集体协议或法律的含义产生了实质性的误解。实际上,除非有充分、明显的根据才能质疑仲裁者的资格和清廉,否则仲裁员的裁决就是最终的裁决,双方当事人必须遵守。

(三)企业处理劳动争议应注意的几点

1. 健全和完善企业人力资源管理制度

关于如何健全和完善企业人力资源管理制度,详见第二章有关内容。

2. 提高争议预见能力

人力资源管理者应提高劳动纠纷产生的预见能力,并在纠纷产生之前做好准备工作,对问题员工处理要预先准备好充分证据。一般而言,管理者在做出处理前收集证据比较容易,而在这以后,证据的收集就显得十分困难。要注意尽快、尽可能地收集证据,把证据准备好,再处理问题员工。员工关系管理者只有主动工作,提高预防争议的能力,才能有效避免争议或在争议中败诉。

3. 依法保护权益,增强仲裁时效意识

目前,企业的时效意识偏低,其仲裁时效意识更是薄弱。《劳动法》明确规定,当事人应当在劳动争议发生之日起60日内申请劳动争议仲裁,即仲裁时效为劳动争议发生之日起60日,超过仲裁时效申请劳动争议仲裁的,仲裁机构不予受理。

4. 几种特殊争议处理应注意的问题

(1)企业追索员工培训费争议的处理

这类争议多见于员工要求调动、解除劳动关系、违约出走时发生。处理这类争议应注意以下几点:

① 享有向员工追索培训费权利的用人单位,必须是有支付货币凭证的出资对员工进行各类技术培训的用人单位,否则,不能享有追索培训费的权利。

② 在试用期内,即使用人单位出资培训了员工,若员工要求解除劳动关系,用人单位也

不得要求员工支付培训费用。

③ 如果合同期满,员工要求终止劳动合同,用人单位也不得要求劳动者支付培训费。

④ 只有在试用期满、合同期内,员工要求解除劳动关系时,用人单位可要求员工支付培训费用。具体支付办法是:约定服务期的,按服务期等分出资金额,以员工已履行的服务期递减支付;没约定服务期的,按合同期限等分出资金额,以员工已履行的合同期限递减支付;没有约定合同期的,按五年服务期等分出资金额,以员工已履行的服务期限递减支付;双方对递减计算方式已有约定的,从其约定。

⑤ 如果是由用人单位出资招用的员工,员工在合同期内(包括试用期)解除劳动关系,则该用人单位可按照《违反〈劳动法〉有关劳动合同规定的赔偿办法》第四条第一款规定向员工索赔。

(2) 精神病患者解除劳动合同争议的处理

企业招用的合同制员工在试用期内发现患有精神病不符合录用条件的,可以解除劳动合同。合同制员工试用期满,合同期内患精神病的,在规定的医疗期内治愈或病情很轻并得到控制,经劳动鉴定委员会鉴定具有劳动能力的,用人单位不得解除劳动合同,应安排适当工作。在规定的医疗期满未治愈,经劳动鉴定委员会鉴定确实丧失劳动能力的精神病患者,可以解除劳动合同,并由企业发给经济补偿金和医疗补助费。

(3) 员工未缴纳风险抵押金、股金等而被开除、辞退、安排下岗的争议处理

用人单位收取风险抵押金等,主要有两种情况。一是建立劳动关系时收取抵押金,不交者不与之建立劳动关系,交了的建立劳动关系之后又解除劳动关系时,抵押金不予退还;二是建立劳动关系后全员收取抵押金,不交者予以开除、辞退或安排下岗等。因这两种情况发生的劳动争议,劳动争议仲裁委员会均应受理。用人单位在建立劳动关系时非法收取的名目包括:集资款、风险基金、培训费、抵押金、保证金等。在建立劳动关系之后或解除劳动关系之时,如果员工对建立劳动关系时用人单位的非法收费提出争议并申请仲裁,仲裁委员会应依据有关规定,要求企业将非法收取的费用退还员工。企业的收费行为违反了《劳动法》关于订立劳动合同应遵循平等自愿、协商一致、合法原则的规定。因用人单位强制在职员工缴纳风险抵押金、股金而发生劳动争议,并申诉到仲裁委员会的,仲裁委员会应依据有关规定,要求企业撤销其强制行为,废止其强制性内部规定和措施,按照自愿原则依法调整收取风险抵押金和员工入股的内部规定和措施。对有别于上述风险抵押的情况,如出租汽车公司实行承包经营,将运营车辆交员工使用,向员工收取一定的车辆抵押金,饭店为员工制作若干套工作服,有的质量还比较高级,向员工收取一定的服装抵押金等,应根据公平、合理、对等、合乎实际的原则来处理。

四、延伸阅读

三兄弟维权[①]

一、找工故事

已经走了五六十家工厂了,刘光进还没找到一份合适的工作。坐在佛山高明三洲沧江工业园的一间宿舍里,他有点着急。与此同时,他还希望通过法律和律师的帮助,能够

---

① 潘逸滨.三兄弟维权.南方都市报.2010-2-26.

从前任东家那里讨得一些赔偿——去年放假前一天,他与堂哥刘光辉被工业园里的一家陶瓷釉厂辞退,至今没有任何解释。为了讨回公道,同在陶瓷釉厂的另一个堂哥刘光灿与他们一起,将工厂告上劳动仲裁庭。

二、吃完年夜饭,无故被辞退

刘光进老家在云南曲靖的一个农村,来佛山之前,他一直待在家里种田。因为几个堂哥都在广东打工,2007年过完春节,他便跟着老乡一起出来了。三年来,刘光进一直待在佛山高明区三洲沧江工业园里,换过三家工厂。如果不是被陶瓷釉厂突然辞退,刘光进还打算长期干下去,尽管工作比较辛苦。

去年吃完年夜饭当晚,车间主管突然告诉刘光进,工厂今年要裁员,他被辞退了,与刘光进一起被辞退的,还有他的堂哥刘光辉。刘光进心有不甘,便要车间主管写个辞退书,他希望这个"辞退书"能为他讨点赔偿,但车间主管不仅没写,过了几天,还将原本给刘光进和刘光辉兄弟俩住的宿舍锁了起来,直至现在,刘光进的行李还被锁在宿舍里。

三、为维权翻烂《劳动法》

"我们之前曾多次要求工厂与我们签订劳动合同,但车间主管说合同只是一张纸,根本没什么作用。"刘光进说。但直到他们被辞退那天,他们都没有任何合同,甚至还不知道自己的老板是哪一个。

被辞退后,刘光进与刘光辉找到高明区劳动局,将情况反映给一名工作人员,该工作人员回复他们将去调查一下,但几天后,他们始终没有得到答复。感觉希望渺茫,刘光进等人便找到了之前曾经获得工伤赔偿的一个工友,工友给他们介绍了一个律师,随后,该律师指导他们,工厂没有签订劳动合同,属于非法用工,可以向劳动局提出申诉。刘光进说,一本《劳动法》,也是此前该工友受伤期间从医院里带回来的,为了维权,他把这本小册子的封皮都翻烂了。

决定要到劳动局状告陶瓷釉厂后,同在一家厂里打工、并没有被辞退的另一个堂哥刘光灿也加入了进来。

四、满大街找律师

刘光灿今年40岁,带着妻子,以及17岁的儿子、13岁的女儿租住在工业园一间员工宿舍里。刘光灿说,去年年中时工厂有一次提出要减工资,他们全体12个工人都到劳动局投诉,后来工厂老板打电话来应承不减工资,他们才回去上班。这次,他决定跟兄弟几个讨回公道。

由于文化水平比较低,刘光进几个决定聘请律师帮他们写材料递交给劳动局,"我们算过了,请律师费用估计也就三四千块,几个人平摊下来,也都可以承受。"刘光灿说,几个人来佛山后就没出过工业园,请律师那天,他们专门搭乘城巴来到禅城区,然后随便坐上了一趟公交车,见到路边有一个律师所便下车,然后进去找到了一位姓唐的律师,经过讨价还价,他们最终以赔偿款的5%聘请了唐律师全权代理。至今,他们还不知道那个律师所在什么路,只有一个该律师的电话号码。不过,让刘光灿感到欣慰的是,劳动局已经受理了他们的申请。

任务三 综合实训

一、任务要求

通过填写表格回顾本项目的学习内容和技能。

二、实训

【实训名称】回顾——本项目学习的收获
【实训目的】通过系统回顾,对本模块内容进行总结复习
【实训内容】认真填写下列表格

回顾本项目学习的收获						
编制部门:			编制人:		编制日期:	
项目编号			学号&姓名		项目名称	
课程名称			训练地点		训练时间	
本项目我学到的三种知识或者技能		1. 回顾课堂知识,加深印象 2. 培养学生思考的习惯 3. 工作任务驱动,使学生带着工作任务去学习				
本项目我印象最深的两件事情							
一种我想继续学习的知识和技能							
考核标准		1. 课堂知识回顾完整,能用自己的语言复述课堂内容 2. 记录内容和课堂讲授相关度较高 3. 学生进行了认真思考				
教师评价						评分	

【实训要求】
(1)仔细回想本章所学内容,若有不清楚的地方查看有关的知识链接。
(2)本部分内容以自己填写为主,不要过于在意语言的规范性,只要能分条说清楚即可。

附　　录

附录1：某公司招聘录用管理制度

1　目的

为加强本公司员工队伍建设，提高员工的基本素质，促进招聘工作的规范化、程序化，以适应公司的发展需要，特制定本制度。

2　适用范围

本制度适用于公司内各部门及愿意加盟经营的所有求职者。

3　责任

3.1　总经理室

负责建立健全公司内部的控制机制，确保本制度的产生、修改、取消和管理的基本要求能够有效地执行。

3.2　人力资源部

负责制定、解释、修订本制度，是公司员工招聘工作的归口管理部门；

负责公司人才库的建立、人事相关资料的归档保管。

3.3　办公室

办公室负责年度招聘计划及编制外招聘事宜的审核、审批。

3.4　各部门

各部门及单位应协助人力资源部共同组织实施招聘工作。

4　招聘原则

4.1　年度招聘计划

各部门应结合现有人力资源状况及定岗定编计划向人力资源部提交本部门《年度人员需求计划表》。人力资源部审核并汇总报公司审批。

4.2　日常招聘计划

各部门应根据实际人员需求状况并确认无内部横向调职的可能性后编制《部门用工申请单》报人力资源部，人力资源部组织相关招聘。如属定编外的招聘需求（新设岗位需编制该职位《岗位说明书》）需报办公室、总经理审批后方进行招聘。

4.3　内部招聘

各部门在确认用工需求有内部选拔的可能性后报人力资源部，由人力资源部通过内部通知面向全公司发布内部招聘信息。内部招聘应遵循"公开"、"公正"、"公平"原则,坚持能力为先,择优录用。关键岗位可采取"竞争上岗"形式。

4.4 外部招聘

外部招聘方式主要有：内部推荐、现场招聘会、广告招聘、网络招聘、猎头公司等。

招聘信息发布：招聘信息由人力资源部统一对外发布。

5 招聘条件

应聘用人员所学专业与所从事岗位专业要求对口或工作经验与岗位要求匹配度较高,具有符合岗位要求的身体素质,并经考核符合岗位资格要求。

属下列情况之一的,不得聘用：

受聘于其他单位,尚未解除劳动关系（借聘人员除外）；

与岗位要求专业不对口且工作经验也与岗位不匹配；

在学历、经历、年龄、婚姻状况等方面有隐瞒、欺骗行为；

有肝炎、肺结核等急、慢性传染病或其他严重疾病,医生认为影响正常工作的；

正在孕期和哺乳期女性的应聘者。

6 招聘流程及注意事项

6.1 招聘流程

6.1.1 内部招聘流程

6.1.1.1 人力资源部发布内部招聘信息,应聘员工填写《内部自荐表》。

6.1.1.2 人力资源部初步筛选合格者,由用人部门进行面试,完成必要的测试,按岗位要求进行评估。

6.1.1.3 由人力资源部将综合测试合格者报总经理审批。

6.1.1.4 审批同意后,由人力资源部通知人事聘用名单,并办理人事入职手续。

6.1.2 外部招聘流程

6.1.2.1 管理人员招聘

（1）招聘资料收集：人力资源部发布招聘消息,收集应聘资料。

（2）人力资源部初步筛选：人力资源部对应聘者的简历进行初步筛选,组织应聘者填写《报名表（管理人员）》,并进行初试（笔试、HR软件测评及简单面试）,确定可以进入下一步面试人选,并推荐到用人部门进行面试。

（3）用人部门再次筛选：用人部门认真对应聘者的工作经验、工作能力、岗位匹配度作出公正、公平、客观、全面的评价,并及时将面试合格人员名单反馈给人力资源部。

（4）复试确定录用名单。人力资源部将面试合格名单、《试用审批表》、《面试问题记录表》和各种相关资料报董事长或总经理审批,并根据岗位的重要性组织必要的复试,确定最终录用名单。

6.1.2.2 非管理人员招聘

（1）招聘资料收集：人力资源部发布招聘消息,应聘者填写《报名表（非管理人员）》。

（2）组织面试：人力资源部通知应聘者进行面试,具体面试由生产事务部主任/厂长负责进行。

（3）录用名单审批：用人部门应及时将面试合格名单报人力资源部,人力资源部进行审核并将拟录用名单转交总经理审批,通过审批确定最终录用名单。

6.2 面试相关注意事项

6.2.1 申请资料审核

人力资源部应根据岗位要求，不分材料来源，一视同仁审核所有申请资料；

人力资源部应视情况对面试合格者在最终录用前做有效的背景调查；

人力资源部面试考察重点：应聘者的外表、谈吐、学历、理解力、应聘动机、基本技能应用等；

用人部门面试考察重点：应聘者的资历经验、工作才能、发展潜力、对应聘岗位的认识等。

6.2.2 面试注意事项（面试问题可参照《面试交流问题构成表》）

6.2.2.1 面试过程注意事项

(1) 面试房间环境、光线、座位的合理布置；
(2) 尽量使应聘者感到亲切、自然、轻松；
(3) 了解自己所要获知的答案及问题点；
(4) 要尊重对方的人格；
(5) 将面试结果随时记录于《面试问题记录表》。

6.2.2.2 信息介绍注意事项

(1) 实事求是地介绍公司信息；
(2) 准确描述空缺职位情况；
(3) 准确描述工作环境（班车、午餐、保险、办公场地等）；
(4) 不要透露如公司会有海外培训安排、几年后晋升等敏感问题；
(5) 鼓励求职者提问题。

附录2：某公司员工满意度调查方案

1 目的

为了充分调动员工积极性，激励员工努力工作，真实了解员工的满意程度，了解员工对公司的期望和需求，为员工配备必要的健康、安全及劳保措施，鼓励员工积极参与企业组织的各项活动，对员工进行必要的培训，逐步提高员工各方面的素质，特制定本方案。

2 适用范围

公司员工满意度调查。

3 调查时间选择

3.1 企业进行管理变革时期。

3.2 大多数员工出现情绪浮动时期。

3.3 高层认为确有必要时。

4 调查实施程序

4.1 公司高层确定员工满意度调查时间。

4.2 成立跨部门调查项目小组；一般由行政管理部负责组织召集，成员包括各部门相关人员。

4.3 调查小组拟订员工满意度调查的目标和计划。
4.4 调查小组将拟订的计划提交高层审核批准。
4.5 根据已经批准的调查目标和计划确定满意度调查问题。
4.6 调查小组选择若干员工作为代表就调查问题征求意见,确定调查问卷最终版本。
4.7 由行政管理部与各部门配合进行员工满意度调查。
4.8 行政管理部负责对调查问卷回收、整理。

5 调查问卷内容设计

5.1 行政管理部在公司指定的时间进行员工满意度调查,确定调查问卷内容并经高层批准后实施。
5.2 调查内容可以包括:
5.2.1 工作条件、工作场地、设备。
5.2.2 健康和安全的预防措施。
5.2.3 员工与管理层的联系。
5.2.4 工作方面要求的知识。
5.2.5 质量方针和企业战略的知识。
5.2.6 参与质量活动。
5.2.7 成绩的表扬与奖励制度。
5.2.8 管理风格等。

6 调查方式选择

6.1 员工满意度调查形式多样,可分为:记名调查和不记名调查、整体调查,按部门分组调查和按人员类别调查、抽样调查等。
6.2 员工满意度调查进行之前应事先以一定形式(如通知、会议等)向员工说明满意度调查目的和调查结果的用途。

7 调查结果反馈

7.1 行政管理部收回调查表进行统计分析、计分。
7.2 通过调查问卷了解员工满意度情况。分析不满意项目形成原因并提出改进意见;分析讲评满意项目。有条件时,可与上次调查结果进行比较分析,了解员工满意度变化。分析不满意项目形成原因并提出改进意见;分析讲评满意项目。
7.3 调查结果提交高层,管理例会讨论满意度调查结果,制定并落实不满意项目的改进措施。
7.4 员工满意度调查结果以一定形式(如公告、会议等)向全体员工反馈,高层决定优先改进的重点。
7.5 必要时成立专项改善项目小组,提出改进意见。
7.6 相关部门实施最终决定,调查项目小组负责检查执行效果。
7.7 员工满意度调查问卷和报告由行政管理部归档保存。

拟定:　　　　审核:　　　　批准:

资料来源:http://wenku.baidu.com/view/7be4c1dace2f0066f53322ed.html。

参考文献

刘磊,韩佳.员工关系管理实务.中国物资出版社,2011.
宋湛,詹婧.企业员工关系管理文案全程指引.首都经济贸易大学出版社,2010.
李艳,赵淑芳.员工关系管理实务手册.人民邮电出版社,2009.
陈兴华.中小企业员工手册编制"四步法".人力资源,2008(12).
朱瑜.企业员工关系管理.广东经济出版社,2005.
易纲,海闻.现代企业中的人力资源管理.上海人民出版社,1998.
刘秋英.企业文化与人力资源的互动策略研究.集团经济研究,2006(1).
程延园.员工关系管理.复旦大学出版社,2005.
郑小明.人力资源管理导论.机械工业出版社,2005.
张德.人力资源开发与管理.清华大学出版社,2003.
刘新民.员工关系管理实务.机械工业出版社,2011.
张晓彤.员工关系管理.北京大学出版社,2003.
吴慧青.如何进行员工关系管理.北京大学出版社,2003.
程向阳.辞退员工管理与辞退面谈技巧.北京大学出版社,2003.
罗伯特·博尔顿.交互式听说训练.新华出版社,2004.
孙健敏,徐世勇.压力管理.企业管理出版社,2004.
冉斌.员工满意度测量手册.海天出版社,2002.
金才兵.服务人员的五项修炼——专业服务技巧训练.机械工业出版社,2008.
龙立荣,李晔.职业生涯管理.纺织工业出版社,2003.

图书在版编目(CIP)数据

员工关系管理/田辉主编. —上海:复旦大学出版社,2015.3 (2020.3 重印)
(复旦卓越·人力资源管理和社会保障系列教材)
ISBN 978-7-309-11246-7

Ⅰ.员… Ⅱ.田… Ⅲ.企业管理-人事管理-高等学校-教材 Ⅳ.F272.92

中国版本图书馆 CIP 数据核字(2015)第 029016 号

员工关系管理
田　辉　主编
责任编辑/宋朝阳

复旦大学出版社有限公司出版发行
上海市国权路 579 号　邮编:200433
网址:fupnet@fudanpress.com　http://www.fudanpress.com
门市零售:86-21-65642857　团体订购:86-21-65118853
外埠邮购:86-21-65109143
上海华业装潢印刷厂有限公司

开本 787×1092　1/16　印张 15.75　字数 364 千
2020 年 3 月第 1 版第 3 次印刷

ISBN 978-7-309-11246-7/F·2121
定价:39.00 元

如有印装质量问题,请向复旦大学出版社有限公司发行部调换。
版权所有　侵权必究